U0785588

汉译世界学术名著丛书

法国革命论

〔英〕柏克 著

何兆武 许振洲 彭刚 译

商务印书馆
创于1897 The Commercial Press

Edmund Burke
REFLECTIONS ON THE REVOLUTION IN FRANCE
Penguin Books Ltd, 1979
根据企鹅出版公司 1979 年版译出

汉译世界学术名著丛书
出 版 说 明

我馆历来重视移译世界各国学术名著。从五十年代起，更致力于翻译出版马克思主义诞生以前的古典学术著作，同时适当介绍当代具有定评的各派代表作品。幸赖著译界鼎力襄助，三十年来印行不下三百余种。我们确信只有用人类创造的全部知识财富来丰富自己的头脑，才能够建成现代化的社会主义社会。这些书籍所蕴藏的思想财富和学术价值，为学人所熟知，毋需赘述。这些译本过去以单行本印行，难见系统，汇编为丛书，才能相得益彰，蔚为大观，既便于研读查考，又利于文化积累。为此，我们从 1981 年至 1998 年先后分八辑印行了名著三百四十种。现继续编印第九辑。到 2000 年底出版至三百七十种。今后在积累单本著作的基础上仍将陆续以名著版印行。由于采用原纸型，译文未能重新校订，体例也不完全统一，凡是原来译本可用的序跋，都一仍其旧，个别序跋予以订正或删除。读书界完全懂得要用正确的分析态度去研读这些著作，汲取其对我有用的精华，剔除其不合时宜的糟粕，这一点也无需我们多说。希望海内外读书界、著译界给我们批评、建议，帮助我们把这套丛书出好。

商务印书馆编辑部

2000 年 6 月

译者序言

一

柏克(Edmund Burke,1729—1797 年)是 18 世纪下半叶英国最享盛名的政治理论家,《法国革命论》则是他最享盛名的一部作品。这本书写成于法国大革命爆发之次岁,它和大革命前两年英国作家扬(Arthur Young)所写的《法国旅行记》同为研究法国大革命的当时英国两部最重要的第一手历史文献。

柏克生于爱尔兰首府都柏林的一个中产阶级家庭,他的父亲是英国国教徒,母亲是天主教徒;他本人也是英国国教徒,但自幼受的是贵格会(Quakers)的教育。这种宗教信仰的背景或许有助于解说为什么他毕生要主张宗教宽容。他先在都柏林就读于三一学院,21 岁时去英格兰学法律,后又改学政治和文学。1756 年他写成《自然社会的论证》一书,书中讥讽了流行一时的博林布鲁克(Bolingbroke)的理论,而且还冒名是博林布鲁克本人的作品。博林布鲁克曾认为,文明社会的出现必然要伴随着贫困和苦难,并且还认为基督教可以归结为当时流行的自然神教(Deism)。柏克则辩论说,如果是这样的话,一切政治社会就都会成为一片混乱和无秩序了。次年(1757年)他写成了一部美学著作《对崇高观念和优美观念之起源的哲学研究》;此书不但奠定了他的学术地位,而且在美学史上也已成为一部经典性的著作。它标志着18世纪早期古典形式主义的审美理论朝向浪漫主义思潮的过渡。古典主义认为美的本质在于它的合规则性和明确性。此书则相反地提出了,最伟大和最崇高的事物都是无穷的和无限的,所以不可能是有规则的和明确的;最能激发人们想象的,并非是我们可以明白加以表述的东西;激发了我们的敬畏之情的,乃是我们对于事物的无知。正是我们的敬畏才构成为崇高感的内容。这一论点在尔后的美学史上有着重大的影响。1759年,他开始主编《年鉴》(Annual Register)杂志,名噪一时。同年他担任国会议员汉密尔顿(W. G. Hamilton)的秘书,1761年参与主管爱尔兰事务;他在返回爱尔兰时目睹了爱尔兰的种种腐败,因之极力主张改革。1765年他担任辉格党领袖罗金厄姆(Rockingham)侯爵的私人秘书,不久任国会议员,政治思想也趋于成熟。1769年《对国家当前状况的考察》和1770年《论当前不满的原因》,都是针对当时英国的现实政治而写的。柏克为人博学善辩,坚持光荣革命的原则和宗教热诚,主张清明政治,反对政治压迫(最有名的是他反对英国对北美殖民地政策的演说),从而使得他在下院声名鹊起。直迄1790年为止,他始终是辉格党主要的政策发言人。

1789年爆发的法国大革命,是世界历史上划时代的大事。它颇有似于20世纪初俄国的十月革命,几乎迫使当时的每一个知识分子都要站在它面前表明自己的态度。第二年柏克晚年的压卷大作《法国革命论》随即问世,书中以充满了激情而又酣畅淋漓的文笔，猛烈地攻击了法国大革命的原则。他甚至于把法国大革命看成是人类罪恶的渊薮，是骄傲、野心、贪婪和阴谋诡计之集大成的表现。这种态度和他的友人们的以及和他的辉格党的态度都大有不同，甚至于使得他和他们中间的许多人决裂。但也正是由于这部书，使得他成为了西方思想界反对法国革命的保守派首席代表人物。他的声名为后世所知，主要地也是由于他写了这样一部书。当然，毫无疑问，人世间总是会有着各种各样的丑恶现象的；不过在一个安居乐业、秩序井然的太平盛世，这些丑恶现象一般地不至于大量涌现，可以看作只是不正常的状态；但是一到剧烈动荡的时代，一切丑恶就不免有机会大量冒出头来。这原是十分自然的事，是完全不足为怪的。大抵上，凡是处在这样的时代，守旧者就一般地诉之于传统的美德来反对激烈的变革。柏克的思想，基本上可以归入这一范畴。但是具体到18世纪末叶法国大革命对于英、法两国思想的冲击，则除此而外，它还另有其特定的历史内涵和意义。

二

当时英国两党中的辉格党比较强调自由，而托利党则比较强调秩序。柏克的立场毋宁说是要在思想上综合这两个方面，他认为秩序乃是自由的条件。有秩序，才可能有自由；没有秩序就谈不到自由，而只能是一片强暴和混乱。秩序有助于自由，自由则有赖于秩序。自然界是上帝的安排，社会是自然界的一部分，所以社会秩序也是自然秩序的一部分。服从社会秩序也就是服从自然秩序，也就是服从上帝的秩序或天意。这种服从就构成为道德的真正基础，所以也可以说，社会的基础乃是宗教信仰。国家在历史上和地理上乃是一个民族的载体，它体现了人的社会功能，并且它是世代沿袭的。这样就形成一种值得人们尊敬的传统，其中包含着人类世世代代智慧的结晶。这种传统也就是人们所谓的文明。所以人们对于传统只能是满怀敬意地加以珍惜，小心翼翼地加以维护，而决不可动辄轻举妄动地加以否定，乃至砸烂。现实生活中的丑恶是必不可免的，唯一的补救之道就只能是求之于经历了漫长的时间考验的传统智慧。传统作为人类悠久的智慧结晶，是不应该彻底砸烂的，而且也是不可能彻底砸烂的。相反地，它是人类最可宝贵的财富，是人类健全的进步和发展的唯一保证。但法国大革命的暴力则恰好是反其道而行之，它把一切美好的传统都摧毁了；它以蛊惑人心的口号摧残了人的权利和法制的秩序，使得各种不同的利益再也无法互相调和并且各得其所。柏克的基本立论大体如此，而且它是在他反对法国大革命的思想活动之中形成的。

在他看来，法国大革命从根本上冲击了并且动摇了社会秩序和自由的基础，以及在漫长的历史过程中所形成的一切美好的事物和人类文明的瑰宝。他预言这种毁灭性的破坏终将导致一种新的专制主义强权的出现，唯有它才能够维持社会免于全面的混乱和崩溃。而且这种专制主义还必然会蔓延到法国境外的整个欧洲。不久以后，拿破仑之登上舞台及其所建立的欧洲政治霸权，似乎是完全证实了他的预言。这是历史学史上最罕见的准确预言之一。另外，他观察历史的那种广阔的世界眼光，也为当时一般视野狭隘的历史学家所望尘莫及。他抨击了当时英国对北美殖民地和对爱尔兰的高压政策，他抨击了英国驻印度总督黑斯廷斯(Warren Hastings)和东印度公司对印度的残暴的掠夺；并且论断说，这些不但给北美、爱尔兰和印度造成了灾难，同时也反过来腐蚀了英国本身的政治。这种态度，似乎使我们不宜简单地把一顶"顽固"或"反动"的帽子戴在他的头上。他之反对法国大革命，虽然夹杂有不少感情用事的成分在内(其实那有一部分是属于18世纪末浪漫主义思潮的波澜)，但仍然有其坚强的理论和理想上的依据。他并不反对一切革命，这一点只要对比一下他对英国革命(光荣革命)的拥护态度和赞美，就不难看出。因为他的理论不是从某一种哲学体系的观念出发的，而是从现实生活出发的；故而他所反对的并不是一般革命，而只是法国大革命那样的暴力。

现实世界有它的种种问题，而且不可避免地有它的种种弊病；所以现实世界必定总是好与坏、善与恶相互掺杂并交织在一起的。如果人们一味追求纯之又纯的完美，其结果反而只能成为导入歧途的欺人之谈并且产生专制和腐化。因而革命就有可能完全成为以暴易暴，假纯而又纯之名，以行其专制与腐化之实；这在历史上是屡见不鲜的。所以人们的责任就应该是怎样尽力防止世界变得更坏，因此以暴易暴式的革命就是最应该反对的。而这种智慧并不存在于什么别的地方，它就存在于传统之中。传统既然是人类智慧的积累，所以它本身也并不是一成不变的；它不断在成长、在演变、在调节它自己以适应于新的环境和新的情况并解决新的问题。一个社会在任何时候都会有各种不同的利益互相矛盾着、纠缠着和制衡着；所以良好的政策就必须能够最大限度地照顾到整个的社会和其中的每一个人。根据这一观点，他极力反对英国政府对北美殖民地加税，尤其是反对进行武力镇压，——而后来的历史事实也表明，正是强行加税终于直接引爆了美国革命和独立战争。他反对英国对爱尔兰加以强制性的贸易限制，尤其指责英国镇压爱尔兰的天主教徒是粗暴侵犯了公民权。他警告说，英国政府对北美洲和爱尔兰的政策必将会带来灾难性的后果。这个预言也被尔后的历史所证实。这些预言的准确性似乎可以说明他的思想中饱含着正确的部分。要维护秩序就必须尊重传统，包括尊重自己的和别人的(例如北美殖民地的)传统。尊重自己的宗教信仰也包括要尊重别人的(例如爱尔兰天主教的)宗教信仰。尊重社会秩序就包括尊重这个秩序的自我调节，尤其是应该充分容许社会下层的聪明才智能够有充分上升的余地。这样一种社会秩序在经济上就必然要求自由，这种自由的实质亦即类似亚当·斯密那种自由贸易和自由竞争所形成的自然秩序。在法国革命派看来，抽象的人权乃是自然法的当然结论；而在柏克看来，具体的传统才是自然法的当然结论。

柏克赞同美国革命，是因为美国革命乃是以英国传统的自由观念为其基础的。柏克反对法国大革命，是因为法国大革命乃是以抽象的理性(或者说形而上学)观念为其基础的。归根到底，指导政治的理论应该是以现实生活为依据，而不是以空想的或哲理的概念为依据。其实，这一诘难卢梭也早已预见到了。卢梭预见到了一定会有人攻击他的理论是毫无事实根据的，所以他预先就声明他只是要探讨权利而并不要争论事实。而柏克所要争论的，则恰恰是任何权利都必须依据于事实，权利就是由事实之中长成出来的。所以我们就决不可撇开现实而凿空立论。我们的权利是谁给的？卢梭的答案是天赋的；柏克的答案是人赋的，是历代人们智慧的结晶所赋予的，是由传统所形成的。下面我们将看到，这一分歧就揭开了下一个世纪法理学派和历史学派之争，即人权究竟是天赋的抑或是人赋的？

柏克认为英、美的革命是以维护和发扬传统中的美好的价值为目的的，而法国大革命则是以破坏传统为目的的；这就是他拥护英、美革命而反对法国革命的原因。柏克的理论每每被反对者讥之为逻辑混乱、自相矛盾、不能一贯。例如，就在这个维护与破坏传统的问题上，柏克就颇有不能自圆其说之处。传统毕竟也是由人创造的，而且是在不断发展和变化着的；为什么法国人就无权或没有能力创造出一种以“自由、平等、博爱”为其旗帜的传统来呢？他的答案看来似乎是这样的：法国大革命所标榜的“自由”乃是一种形而上学的抽象概念，那只能是造成灾难。真正的自由乃是现实生活中的具体的自由，也就是符合自然秩序的自由。凡是不符合自然的，都是不能成立的。按，自然一词原文为 nature，凡是由自然而来的东西都是自然的（natural，naturel）；人是自然的一部分，所以人的权利就是自然的。本世纪初当这种学说传入中国时，我们把“自然权利”译作“天赋人权”，而天赋一词却平添了一道神圣的色彩，并且天赋还似乎是相对于人赋而言。其实，无论是卢梭的（以及尔后被法典化为美国革命的《独立宣言》和法国革命的《人权宣言》的）天赋人权，还是柏克的（以及尔后发展为历史学派的）人赋人权，都强调自己乃是自然的。只不过天赋人权强调其天然（nature 即天性，也即是自然或人性）的成分，人赋人权则强调其传统（它也是由自然形成的）的成分。双方在强调其自然的根源这一点上是共同的。不同的则在于天赋人权论强调权利的先天方面（天赋的），而人赋人权论则强调权利在社会上约定俗成的方面（人赋的），尽管无论先天的还是后天的（约定俗成的）都是自然的。于此，我们也可以体会到中文的措辞之妙，它可以突显出西文原文中表面上看来是圆融无碍的推论之中的种种扞格难通之处。因为“天赋”与“自然”两词在中文的语义上并不是等值的。

天赋人权论强调自由和平等是天然的——按，《牡丹亭》中杜丽娘有云：“可知我一生儿爱好是天然”，此处的“天然”作“天性所使然”解，似正可作为天赋人权论或自然权利论中的天然或自然一词的注解——而人赋人权论则强调自由必须受到特定条件的制约以及社会的不平等也是天然的；不平等乃是每个人的德行、才能和气质以及环境的自然反映，并且是在传统这个构架中反映出来或表现出来的，这也是自然的。但是这一点加以制度化之后，就自然会成为一种贵族制或者等级制（有似于孙中山所谓的平头的平等和平脚的平等；亦即每个人能够各如其分，即是平等。或者说，一个人的能力有大小，各尽所能就是平等；平等决不是说每个人的成就和地位都是同样的）。这种贵族制的优点是，贵族是把自己的荣誉与公共的利益和幸福结合在一起的。它不是指一种形式上的或血缘上的贵族制，而是指一种基于自然才能基础之上的贵族制（或者我们不用贵族制一词而换另一个名词，如“各尽所能”或“人尽其才”之类，也未尝不可）。这样形成的、为历代所尊敬的传统智慧，乃是人间最可宝贵的，是决不容许以暴力手段加以摧毁的。这就是柏克反对法国大革命的暴力之最坚强有力的论据。

但是柏克却没有能够充分正视如下这样一个带根本性的问

题，即暴力的出现也是不以人的意志为转移的，固然它表面上看来乃是由人的意志所主动作出的，但在深层上它却是由于种种历史趋势相激荡的结果所使然，当其达到了一个临界值的关头，它就引爆了。无论如何，这一点应该归咎于他缺乏某种必要的历史洞见，而未能看到历史中更深一层的东西，于是就把对历史的解释仅只停留在个人的品质或德行的层次上。世界上并没有魔法师，千百万人的行动不是少数魔法师所能挑动起来并加以操纵的。历史最终的确是要通过个人的品质和德行、思想和心理表现出来的，但它所表现的却不仅仅是个人的品质和德行、思想和心理而已。启蒙运动的哲学家（philosophe）们基本上都是理性主义者，他们深深相信，一切都可以而且应该以理性为依归、由理性来做出最后的判断；站在相反立场上的柏克则坚持传统的德行，以为只有它才能最后解决一切，才是一切事物的最后依归。也许双方都不免失之于片面。决定历史的，也许最后既不是人类的理性，也不是人类的德行。归根到底，人是一个复杂的动物，他（或他们）的行动（也就是历史）既不是单凭理性，也不是单凭德行（当然，也不单凭感情或野心或任何其他的因素）。历史的行程代表着各种复杂因素的合力，每一种因素都在其中起作用。因此决不是某一个个人的思想因素就决定了它的航程和面貌的。正如同理，我们也不好用某一个概念就来概括一个人的全部思想和面貌一样。对于柏克，我们也应该具体分析。在摒弃他那些过了时的、浪漫夸张而感情用事的谬误论点的同时，我们也应该考虑他还有哪些见解是值得我们今天认真加以对待的。谈到传统，则一切正面的和反面的、正确的和错误的，毕竟都参与构成了我们所无法与之割断关系的历史传统。

就柏克所做出了贡献的那份传统而言,即使是反对他的人,大概也不会把他对美国、印度和爱尔兰的那种在当时是难能可贵的开明态度一笔抹杀的。

三

法国大革命的情况和英国光荣革命的情况不同,而柏克之谴责于法国大革命的,其实质在很大程度上无非就是在谴责法国并没有按照英国的模式在进行。在柏克看来,英国的人民享有人身保护权(habeas corpus)、财产权、言论自由和信仰自由;这些英国最可宝贵的传统,也应该成为世界上一切民族所应尊重的宝贵传统。但是法国大革命却彻底摧毁了这些宝贵的传统。

或许不妨说,人类历史上的进步大抵不外是通过两条途径,即革命(以暴力的方式)和改良(以和平的方式)。近代法国所走的道路以革命的方式为主,而近代英国所走的道路则以改良的方式为主。法国大革命已经过去两个多世纪了,而对其是非功过的评价至今仍然聚讼纷纭,从没有一致的结论。无论如何,我们应该承认法国大革命所揭示的原则乃是人类历史上最为重大的事件;但是许多的英国学者却历来习惯于嘲笑法国的革命,他们嘲笑法国人浅薄,喜欢大吹大擂、夸张作态的表演,而英国人则在同时默默无声地和平演进,而其成绩却不比法国人为差。看来对这场法国大革命的评说只好留待给千秋万世了;历史大概是永远也不会有结论的,其原因就在于过去的历史并没有死去,它也永远不会死去。它永远都活在现在之中,我们为历史定案只能是根据它所产生的后果和影响。但是历史却是没有终结的,一切历史事件的后果和影响也是没有终结的,所以就永远也不会有一幕“最后的审判”。“最后的审判”只能是出现在世界的末日。孔夫子离我们已经两千多年了,对他的评论至今也还没有定论,而且将来也不会有定论;因为他将来结论如何,也还要看他在将来历史上所起的作用和影响而定,而这却是我们所无法预见的。

法国当然不是英国,也不可能是英国,这是无可奈何的事。柏克无视于这一历史事实,硬要把英国传统所形成的价值观强加在法国的头上,于是其理论的结局便只好是把法国大革命的一切灾难都归咎于人性的丑恶和个人的阴谋。柏克也像某些历史学家一样,喜欢从个人品质的因素去观察和解释问题。但事实上,不管历史上的伟人是多么重要,他终究不是魔法师,历史的乾坤终究不是由个人的品质和思想所能扭转的。观察历史总须深入一步看到其表象之下的底层。所以柏克同时代的论敌潘恩(Thomas Paine)就曾批评他说,他只顾怜惜羽毛,却忘记了那只垂死的鸟。这个批评不失为一种有深度的见解。

柏克理所当然地不会喜欢卢梭。(而康德则是极喜欢卢梭的,这可以反映当时西方思想界几种不同的思潮。)但他至少在一个根本之点上却又和卢梭是相同的,那就是两个人都不是严谨的理论体系的构造者。从气质上说,两个人都是属于性情中人,是由感情在支配着理智的。柏克对法国旧制度(ancien régime)的看法,其实是带有浓厚的浪漫色彩而在加以美化的。这里的秘密就在于:他是一个宗教信徒却又生活在一个理性的时代。这一点又和卢梭一样;卢梭是一个感情的信徒而生活在一个理智的时代。于是就导致了柏克的(还有卢梭的)世界观本身之中的某些内在的、无可调和的矛盾。他的基本思想倾向是要追求自由与秩序二者的结合,或者说,是与秩序相结合的自由或是与自由相结合的秩序。他以为这就是光荣革命以来英国制度的精神,也是他所极力要维护的理想。但是这个理想在法国大革命的现实面前却碰了壁,被撞得粉碎。这个理想乃是英国和平演进的精神的见证,却在法国大革命一幕又一幕的血腥的暴力面前被践踏得体无完肤、奄奄一息。他不禁要质问:这个(法国大革命的)权力是谁给的?

这就涉及政治思想史上的一个核心问题:我们的权力是谁给的?当然,权力授受之际是不可能真正出现一幕尧舜禅让的喜剧表演的。孟子的"天子受命于天"或者胡克(Hooker)的神授王权论或者教皇的圣彼得使徒继承说(theory of apostolic succession),究竟在什么时候、什么地点又有谁曾经目睹过它的演出呢?所有这些法统或道统的神话虚构,说穿了无非都是自封的而已。为了解决这个宗传的问题,近代的理论家们从霍布斯到洛克到卢梭就设计出了种种"自然的"、"天赋的"或"契约的"之类的假说,但究其实质都只不过是想当然耳,都是从抽象的观念立论的,诸如人是生来自由平等的,人是生来就享有生命权、自由权和追求幸福之权的,国家是统治者和被统治者之间的一项契约的关系,当统治者违约而侵犯了人权的时候,人民就有权起来推翻统治者夺回自己的自由,如此等等。这些都是就"当然"(Sollen)方面立论,它们根据假设(ex hypothesi)就"应该"是如此,是理所当然、不言自明的真理。(《独立宣言》不是开宗明义就肯定"我们认为这些真理是自明的"吗?)柏克的思想方式则一反其道,他的观点独辟蹊径,是从

“实然”(Sein)方面着眼的，是从社会现实的效益或利害着眼的；他不喜欢抽象的思辨论证，而是另行标榜由深思熟虑而得出的现实可行性作为唯一的尺度。现实生活是复杂的、多姿多彩的、形形色色的，而且决不会是完美的；我们无法把它们强行纳入某一种严谨的逻辑理论体系之内。这里的关键在于：不是现实要服从原则，而是原则要服从现实。成其为政治理论的基础的，乃是现实生活中的各种利害关系乃至于社会的体制、人们的感情和愿望等等，而不是什么（如天赋人权论者所宣扬的）抽象的原则。就这一点而言，柏克可以说是开了19世纪历史学派思维方式的先河。人权究竟是天赋的（或自然的），抑或是人赋的（或人为的）？对这个问题，历史学派着眼于史实，而启蒙运动的哲学家则着眼于法理。也许双方各自有其道理，各得大道之一端。不过，这里特别应该明确的一点是：事实既不能取代法理，法理也不能取代事实；实然不能论证当然，当然也并不说明实然。理论有理论的价值，事实有事实的价值。理论不就是事实，事实也不就是理论。理论与事实相结合，正是以理论与事实相分离为其前提的，否则就无所谓相结合了。我们应该同时看到这两个方面。事实上，自由与平等是从来也不曾存在过的东西，人与人的关系从来就是强制和压迫的关系；但是这一事实并不能论证人类就应该是不自由和不平等的。反之，人类应该自由平等也并不就意味着人类曾经有过任何时候在实际上是自由平等的。法理是一回事，事实又是另一回事。我们不能以法理否定事实，正犹如我们不能以事实否定法理。再举一桩简单不过的事例。古今中外的婚姻从来没有不讲条件的，纯粹无条件的爱情大概是古今中外都不曾有过的；但是婚姻法上却不能不规定婚姻必须是无条件地纯粹以爱情为基础。所以历史学派并没有能驳倒自然法学派提出的理论,正如同自然法学派并不能否定历史学派提出的事实。

四

从他的社会背景来说,柏克既代表着英国传统的地主贵族的观点,又代表着新兴的、但已强大并且当了权的工商业资产阶级的利益。两者都对法国大革命的风暴满怀恐惧。当时英国虽有国王,然而立法权已转移到国会手中,而国会的成员则是由选民选出的,尽管选举权还有着很大的局限性。而法国的王权却仍然是封建等级制的最高权威的综合,所以大革命的狂飙一起来,首先就是直接针对王权的。这场几乎是史无前例的人伦巨变,震撼了整个欧洲。柏克所受刺激尤其深刻,他念念不忘他多年前曾怎样地目睹过这位法国王后的高贵的风采,这使他对革命的评论夹杂了个人的感情用事;尽管他也还没有预料到,随后不久法国国王路易十六和他的美丽的王后玛丽·安托瓦内特(Marie Antoinette)就被送上了断头台。他写这部书时,美国已经独立,美国的根本大法是规定没有王和王权、没有贵族、没有国教,总之是没有大部分柏克所认为理应受到历代尊敬的那一切传统的宝藏的。但是他并没有因此而同样地去抨击美国革命。

总体上说——说来颇有点讽刺意味——凡是柏克所评论的具体事件和所作出的具体判断,今天看来大都已经过时了;这使得他的这部洋洋大著只不过成为了见证一个历史时代的一份重要的历史文献而已。但是恰好是在他所不屑于着力的理论观点上却仍然闪耀着的光辉，是永远值得后代深思的。其中最重要的似乎可以归结为如下的两个问题。其一是，作为人类历代智慧结晶的文化传统是最值得我们珍重的。文化是一场漫长而悠久的积累过程。没有前人的劳动创造，不认真学习前人的传统，我们就达不到今天的高度。轻率地去抛弃传统，只能是使自己安于愚昧；而要彻底砸烂旧传统，也许人类就只好倒退到老祖宗的原始社会里去了。传统不能简单地等同于政权；一个政权可以推翻，但是传统却一定要保存，并且只有保存好了才能继续发扬光大，这是人类进步的必要条件。其二是，人类的进步是不是一定要通过暴力的方式？凡是在改良行得通的地方，是否应该考虑尽可能地优先采用和平的方式而避免暴力的手段？这一点，在柏克的思想里面可能有着他对光荣革命的一种感情上的眷恋。但光荣革命以来迄今300年的世界历史已经表明了，和平的革命过渡(或反革命过渡)并非是什么极其罕见的例外。而这又应该根据什么原则、在什么条件之下如何进行，——对此柏克也已提示了一些初步的答案。现实生活和现实政治是活生生的东西，所需要的是审慎的态度和灵活的艺术；而一切思辨的推论和空洞的说教在这里都是无所用其伎俩的。生搬硬套一种理论体系，不管它是多么完美，只能是窒息并扼杀活跃的生命力。问题不是怎样使现实符合理论，而是怎样使理论能适应现实；这里需要的是向传统的智慧学习，而不是寻求抽象的原则或理论的推导。

过分地推崇传统，使得柏克的思想带有一种宗教虔诚的倾向，这一点对于一个像中国(或至少是汉族)这样一个非宗教的民族来说，显得是很难理解的。对于一种宗教信仰来说，则现实必定是不完美的（否则就不需要有宗教了）；因而当时启蒙运动的哲学家们对于理性的完美性抱有无限的信心，就是错误的。理性并不能把人们带到一个完美的天城；然则，人类又向哪里去寻找出路呢？柏克认为完美在现实之中是不可能存在的，人们不应该沉溺于哲学家的理性的梦想，人们应该清醒地看到现实政治的任务只在于使人们怎样可以避免或者纠正现实世界中的弊端。而传统的智慧则是我们所能倚恃的唯一武库。不善于运用这种武器，人类就永远没有改进的希望。或许，这也就是历史学的价值之所在。国家肌体需要不断地改善它的体制，以适应于不断发展的局势。但是过激的变革却总是危险的，它有可能毁灭美好的传统，使人类的长期智慧的结晶毁于一旦。这个人类文化所赖以生存和进步的基础，必须要精心地、无微不至地加以保护。这种虔敬——其实，也就是宗教信仰——乃是社会得以安定和稳固的基础。假如我们把这里的“宗教信仰”一词换成为“团结一个社会的思想凝聚力”（如共同的目标或理想之类），那么似乎可以承认柏克的观点不失为有其普遍的有效性，或者可以说，他思想中有某些成分是有其普遍意义的。一个社会在精神上总需要有一种思想的凝聚力来加以维系。

卢梭的天赋人权论曾经是我国民主革命的一个极重要的思想来源，这个法国大革命的先驱理论在20世纪初期曾在我国得到大力的宣扬。相形之下，对于法国大革命持反对态度的保守派理论（例如柏克和他的《法国革命论》）却不大为人所重视，很少有人加以介绍和研究。这可以说明思想文化的移植也是有选择性的，是要适合于本国的气候和土壤的。但是作为学术研究来说，不认真考虑正反两方面的意见，而只偏听一面之词，终究未免是一种欠缺、一种损失，有失客观的科学性。把卢梭、孔多塞（Condorcet）等人的作品和柏克、迈斯特尔（J. de Maistre）等人的著作加以比较研究，才可以更全面地显现出这一幕历史的真正面貌；这同时也会有助于我们自己思想认识的进一步深化。如果不是认真总结各种不同的思想文化的历史遗产，我们又怎么可能希望超越前人呢？

柏克的著作最流行的单行本是他的这部《法国革命论》和他的《对美洲和解演说集》（各有多种版本）；此外历来经学者们整理成集的有如下三种，即 F. Lawrence 和 W. King 编《柏克全集》（16 卷，伦敦，1803—1827 年），F. Fitzwilliam 和 R. Bourke 编《柏克书信集》（4 卷，伦敦，1844 年）以及 T. W. Copeland 编《柏克书信集》（8 卷，芝加哥，1958 年）。另外，1948 年在英国约克郡（Yorkshire）的设菲尔德（Sheffield）图书馆里发现了一份手稿（即所谓 Wentworth Woodhouse 手稿）是此前所未见的柏克最完整的手稿。近年来学者们对这份手稿的研究，似乎更加提高了柏克作为一个理论家的历史地位。有关柏克生平的研究已有多种著作行世，其中莫利（John Morley）的《柏克传》一书虽然已是 100 年前的著作，但迄今仍被认为是一部权威性的著作。

柏克这部《法国革命论》渗透着一种宗教的情操，他的行文又独具一种雄辩动人的风格，本文深恐未能很好地理解并表达作者原文的意旨。这里所谈只能说是个人的初步感受。文中的错误和不妥之处，尚希读者教正。

法国革命论

兼论伦敦某些团体有关该事件的行动，
一封原意系致巴黎一位先生的信

可能不是没有必要告知读者，本论文的缘起是作者本人与巴黎一位很年轻的先生之间的通信[①]，这位先生使得作者有幸被咨询对于在当时以及此后是如此之牵动了所有的人那么多注意力的那件大事[②]的意见。复信写于1789年10月份内的某个时候；但此信由于慎重考虑的缘故而被搁置了下来。[③] 在以下开头的几页中就引述了那封信。随后，那封信送给了收信人。延迟发信的原因，在致那位先生的一封短札中也提到了。这使他产生一种新的迫切了解作者看法的要求。

作者于是便开始对这一题目进行更充分的第二次讨论。作者曾经想在刚刚过去的春季的早些时候[④]把它刊印出来；但是一碰到这个问题，他就发现他所承担的不仅远远超过了一封信的分量，而且其重要性也需要他付出比当时所能付出的更多的闲暇时间来进行更为详尽的思索。然而，由于他已经把自己最初的思想写成了一封书信的形式，而且当他坐下来写作时，他确实已想要把它写成一封私人的信件；因此他发现很难再改变写作的形式了，尽管他的观点已经发展到更大的范围并且获得了另一种方向。他很清

---

① “巴黎一位很年轻的先生”，此人为法国人杜邦(Mons. de Dupont)，曾访问过英国并与作者相识，后来他把作者的此书译成法文。——译注

② “那件大事”指1789年爆发的法国大革命。——译注

③ 作者此信写得虽然很审慎，但仍深恐受到检查于杜邦不利而并未发出。可参看柏克《书信集》(T. W. Copeland编，剑桥大学版)卷3第102页。——译注

④ 指1790年2月，当时《伦敦纪事报》已刊出本书的广告。本书最终于同年11月出版。——译注

楚，另一种不同的方式可能会更有利于他那题材的适宜的划分和安排。

阁下：

您高兴地再度怀着诚挚之情来征询我对法国最近事态的想法。我将不会让您有理由想象，我认为我的看法具有可以希望我自己会因为它们而被征询的价值。它们是太无关紧要了，不值得急迫地加以传播或者去制止。正是出于对您、而且仅仅是对您的关切，当您最初想要获知它们的时候，我还犹豫不决。在我有幸写给您并且终于发出了的第一封信中，我并不是为了某一类人也不是站在某一类人的角度而写的；在这封信中，我仍将不是。我的错误，如果有的话，都是我本人的。只有我的名誉对它们负责。

阁下，您在我寄给您的那封长信中看到了，我的确是极其衷心地希望法国会因一种理性的自由精神而增添活力，而且我认为你们有义务以完全公正的政策来提供一种永久的团体，使那种精神得以寓于其中，并提供一种有效的机构，使之得以发挥作用；但是在你们最近的一些事项中，我却不幸对某些实质问题抱有很大的疑问。

您上次写道，您想象我或许可能被看作法国某些行动的拥护者，其根据是伦敦的两个绅士俱乐部——被称作“宪法协会”[1]和“革命协会”[2]的——对这些行动已发表的庄严的公开支持的保证。

---

① “宪法协会”(Constitutional Society)于1780年由海军军官卡特赖特(John Cartwright，1740—1824)创立，参加者多为辉格党贵族，他们宣扬前人的和当代的自由学说，反对奴隶制与民族压迫。——译注

② “革命协会”(Revolution Society)由非国教徒于1788年以纪念1688年光荣革命一百周年的名义创立。该会主席斯坦厄普(Charles Stanhope，1753—1816)曾写有一篇对柏克《法国革命论》的答复。——译注

我当然有幸属于不止于一个俱乐部，在那里面本王国的宪法以及光荣革命的原则[①]是受到高度尊重的；而且我认为自己在维护宪法和这些原则的极度纯洁性和生气勃勃的热忱方面是属于最前列的。那是因为我这样做，在我看来是必要的，而且不会有错。那些精心维护我们革命的名声的人们以及那些追随本王国宪法的人们，将会很好地考虑怎样同那些在对革命和宪法的热忱的借口之下太频繁地脱离了自己真正的原则，并在一切场合都准备脱离产生了革命和存在于宪法之中的那种坚定的、审慎的而又深思熟虑的精神的人们打交道。在我回答您信中的更具体的特殊问题之前，我请求先离题告诉您一些我曾有可能获得的有关这两个俱乐部的信息——它们认为自己作为团体，是应该干预法国的事务的；首先我要向您保证，我不是，并且从来都不是这两个团体中任何一个的成员。

第一个团体自称为“宪法协会”或“宪法情报协会”或某种这类的名字，我相信它已成立七八年了。这个协会的体制看来是属于慈善性的，并且其性质一直是值得称道的；它的宗旨是由会员出资促进许多书籍的流通，那是些很少会有人花钱购买的书；于是它们就会滞留在书商的手里而为一个有益的人群团体带来巨大损失。究竟这些慈善性流通的书籍是不是也同样慈善地为人所阅读呢，[②]我就不得而知了。很可能其中有一些是被输入到了法国；而

① “光荣革命”，指1688年英国推翻国王詹姆斯二世的革命，因未流血，故称“光荣革命”；光荣革命的原则见于次岁公布的《权利法案》。——译注

② 此处意谓它们是不是真正值得阅读。——译注

且就像是这里所不需要的货物那样，在你们那里却可以找到市场。我听说许多有关知识的谈论就是从这里送出去的书籍中获取的。它们的文章都有些什么促进作用（正如据说有些酒漂过洋就变醇了那样），我说不上；但是我从未听说过一个有着正常判断力的或有着最低限度的知识的人，说过一句话是称赞该协会所流通的大部分这些出版物的；而且他们的活动也从未曾被人当作具有任何严肃的意义而被人称引过，除非是被他们自己中间的某些人。

你们的国民议会[1]似乎抱有我对这个可怜的慈善俱乐部的大致相同的意见。作为一个民族，你们对"革命协会"保留有你们所储存的全部溢于言表的感激之忱；当时他们在"宪法协会"的同伙们公平地享有某种同样的地位。既然你们已经选择了"革命协会"作为你们民族感激与颂扬的伟大目标，你们将会认为，我以它最近的行为作为我的观察的主题便情有可原。法国的国民议会已经由于采纳这些先生们而赋予他们以重要的意义；他们也就以一个在英国传播国民议会的原则的委员会而行动，来回报这种好意。从此以后，我们就必须把他们看作是一种特权人物，当作是在外交团体中并非无足轻重的成员。这就是赋给了默默无闻以荣耀并赋给了人所未识的优点以显赫声名的那些革命之一。直到最近，我还想不起我曾听人说过这个俱乐部。我十分肯定，它从未片刻占据过我的思想；并且我相信，它也不曾占据过他们行列中的任何人。我经过调查，发现在 1688 年革命周年纪念日，有一伙不顺从国教

---

① 国民议会（National Assembly）亦称制宪议会（Constituent Assembly），为法国革命的第一个议会（1789—1791），后为立法议会（Legislative Assembly）所取代。——译注

者——但我不知道是属于哪个教派的——长期都有在他们的一个教堂里听布道的习惯,然后就像别的俱乐部一样在酒馆里兴高采烈地度过这一天。但是我从没有听说过有任何公共措施或政治体制,更不用说任何外国宪法的优点,曾经是他们节日正式日程的主题;直到出乎我无法表达的意外,我发现他们以一种公共的资格通过祝贺的词句而赋予了法国国民议会以一种权威性的认可。

在这个俱乐部的古老的原则和行为中,至少就其所宣称的而论,我看不出有任何我可以认为是例外的东西。我认为非常有可能的是,为了某种目的,新的成员已经进入到他们中间来了;而且某些真正的基督教政治家——这些人喜欢分配救济金,却小心翼翼地隐蔽起那只正在分配救济金的手来——可能已经使他们成为了这些人的宗教计划的工具。无论我可以有什么样的理由怀疑有什么秘密的做法,我所要谈的都不是作为一种确凿性的东西,而只是公开的东西。

有一件事,我应该很抱歉被人认为是直接或间接与他们的行动有关。我肯定地要承担我的全部责任,与其余的世人一道,以我个人和私人的资格,思考在社会舞台上已经发生或正在发生的事情:在古代或近代的任何地方,在罗马的共和国或巴黎的共和国;但是我既没有一般的使徒式的使命而只不过是某一个国家中的一个公民,并且在一定程度上又不得不受该国的公共意志所左右;因此我应该认为,要公布与一个外国的现行政府的一份正式的公开通信而并没有得到我所生活于其下的那个政府的正式授权,那对于我至少是不适当的和不正常的。

我应该更加不情愿以任何有似于一种模棱两可的叙述来参与

那种通信，那对于许多不熟悉我们习惯做法的人来说，可能使得我所参加的这种言论看来像是某些人以集体的资格采取的一项行动，他们被本王国的法律所承认并且得到授权可以谈论其中某些部分的意义。有鉴于一般未经授权的叙述的模糊性与不确定性，并且有鉴于在它们之下（而非根据单纯的正式程序）所可能进行的欺骗，下院就要以署名的方式拒绝对最琐碎的对象的那种最鬼祟的请求，而你们却对那种署名方式敞开了你们厅堂的关闭着的大门，你们曾以那么多的礼节和仪式并且以那样的大声欢呼把它迎进了你们的国民议会，就仿佛你们是受到了整个英格兰国家的整个代议制的威严的访问。假如这个社会认为适宜于送出去的东西乃是一份论证，那么它是谁的论证就意义不大了。它不会由于它是来自何方，就更加令人信服或更加令人不信服。但这却仅只是一纸投票和决议。它全然依据于权威；而在这种情况下它就单纯是某些个人的权威，但个人则并不出现。他们的署名，在我看来，就应该被合并于他们的文件之中。那时候，世界就会有办法知道他们是多少人，他们都是谁，而且根据他们个人的能力、他们的知识、他们的经验或他们在这个国家中的领导和权威而知道他们的意见可能有什么价值。对于我——一个只不过是平凡的人——来说，这个行动看来是有点太精致和太巧妙了；它有着太多的政治谋略的味道，是用来在一种唱高调的名称之下以便赋予这个俱乐部的公开宣言以一种重要意义，而当人们仔细检查这个问题时，它并非完全值得人们去这样做。它是夹杂着太多的阴谋诡计的一种谋略。

我要自诩我爱一种高尚的、有道德、有规矩的自由，正如我爱那个社会里的任何一位先生，不管他是谁；而且或许我在自己全部的公共生涯中，对我自己之忠诚于那项事业已经做出了很好的证明。我认为我也像他们一样几乎不妒忌任何别的国家的自由。但是我不能站出来颂扬或者谴责任何关系到人类行为和人类牵挂的事情，单纯就事论事，把它看作是被剥掉了一切联系，完全处于形而上学的抽象作用那种赤裸裸的孤立状态之中。各种形势（有些先生是把它们不当作一回事的）事实上都在赋予每一种政治原则以其突出的色彩和独特的效应。各种形势都使得每一项社会的和政治的规划成为对人类有益或有害的东西。抽象地说，政府——也和自由一样——是好东西；然而，在常识上，我十年前能够祝贺法国享有一个政府（因为她当时是有一个政府）而不去问那个政府的性质是什么，或者它治理得怎么样吗？我现在能够庆祝同一个法国享有着自由吗？是不是因为抽象的自由可以列为人类的福祉，我就可以认真地对一个疯子逃出了他那监禁室的防护性的约束和保护性的黑暗，而祝贺他恢复了享受光明和自由呢？我是不是要庆祝一个逃出了监狱的强盗和杀人犯恢复了他的天赋权利呢？这就会重行演出被罚作船奴的罪犯们以及他们那位英雄的解放者（那位面容忧伤的形而上学的骑士）的场面了。[1]

当我看到自由精神在行动时，我就看到有一种强烈的原则在起作用，而这一点暂时就是我所可能知道有关它的一切。这种狂野的瓦斯、这种固定的气体[2]干脆都被释放了出来：但是我们却应

① “形而上学的骑士”指唐·吉诃德，他曾解放罪犯，所根据的理由是人人都享有自由权这一形而上学的原则。——译注

② 苏格兰化学家布莱克（Joseph Black，1728—1799）称碳酸气为固定的气体，因为它很容易固定于许多物体之中。——译注

该停止我们的判断直到最初的激荡略微平静下来，等到溶液澄清，直到我们看到了某种要比表面浑浊的泡沫动荡更深一层的东西。在我斗胆公开祝贺别人的幸福，认为他们真正得到了幸福之前，我必须有说得过去的把握。阿谀奉承既腐蚀了听话的人，也腐蚀了说话的人；而逢迎谄媚对于人民比起对于国王来，也没有更多的用处。因此，我应该中止我对于法国的新的自由的祝贺，直到我获悉了它是怎样与政府相结合在一起的，与公共力量、与军队的纪律和服从、与一种有效的而分配良好的征税制度、与道德和宗教、与财产的稳定、与和平的秩序、与政治和社会的风尚相结合在一起的。所有这些(以它们的方式)也都是好东西；而且没有它们，就是有了自由，也不是什么好事，并且大概是不会长久的。自由对个人的作用是，他们可以去做他们高兴做的事；但在我们冒险去祝贺以前，我们却应该看看究竟什么是他们高兴要做的，否则祝贺可能马上就转化为抱怨。就分散的、隔绝的私人而言，审慎就可以决定这一点了；但是当人们集体行动时，则自由便是权力。深思熟虑的人们在表明自己的态度之前，将要观察权力是怎样加以运用的；而尤其是要考察新人手中的新权力这样一种东西，对于这些新人的原则、脾气和好恶，他们还很少或者根本没有什么经验；此外还有种种形势——而其中显得最能激动人心的那些人，很可能并不是真正的推动者。

然而，所有这些考虑都不在“革命协会”那种超验的尊严的眼里。虽然我一直是在这个国家里——我有幸从这里写信给您——我对他们的议事录也只有一种不完备的观念。我一到城里来，就要了一份他们的会议记录，那是由他们的当局出版发行的，包括普赖斯博士的一篇讲道并附有罗什富科公爵和艾克斯大主教的信件和其他几份文件。[①] 全部的那份出版物及其要把法国的事物与英国的事物联系起来的明显意图、要引导我们去模仿国民议会的做法，给了我很大程度的不安。那种做法对于法国的权力、信誉、繁荣和安宁的效应，已变得日益明显了。要加以确定的宪法形式，对于其未来的政策，已变得更加清楚了。我们现在的状况，就是要以说得过去的确切性来识别被抬出来要我们去模仿的那种对象的真正的性质。假如说保留审慎和得体的态度，要求人们在某些境遇之下缄默；那么在另一些境遇之下，更高一级的审慎就有理由使我们要谈出自己的思想。在我们英国这里，混乱的苗头在目前还是十分微弱的；但是在你们那里，我们却已经看到了它的襁褓状态，尽管还很微弱，却时时刻刻都在增强其力量而成为崇山峻岭并且要向天公本身作战。无论什么时候，只要我们邻居的住宅起了火，救火车把水多少洒到我们自己的住宅上就不会有错。由于过分警惕而遭受轻蔑，要比过分信赖一种安全感而被毁灭好得多。

我主要是担心我自己的国家的和平，并且决不是不关怀你们的国家；我更多地是希望交谈首先只是使您私人感到满意的事物。我将仍然注视着你们的事情，并继续亲自给您写信。我自己沉浸于书信往还的自由之中，请允许我发泄我的思想，表达我的感情，就正如它们在我心中所呈现的那样，而并不顾及正式的方法。我

① 普赖斯(Richard Price，1723—1791)为英国非国教牧师，此处所称的讲道指他的《爱国论》。该文出版时附有“革命协会”的报告及法国国民议会的《人权宣言》。罗什富科(Rochefaucault)公爵的信为致普赖斯的私人信件，艾克斯(Aix)大主教(国民议会议长)的信为致斯坦厄普(Stanhope)勋爵的公函。——译注

从评论“革命协会”的那些行动出发，但我将不限于它们。我这样做是可能的吗？在我看来，仿佛是我陷入了一场危机，不只是在有关法国的事情上，而且是在有关全欧洲，或者不仅是全欧洲的事情上。把一切境况都合在一起，法国革命乃是世界上迄今所曾发生过的最为惊人的事件。最可惊异的事件，在许多事例中都以最荒谬和最荒唐的手段并以最为荒唐的方式发生了，而且显然地是用了最为可鄙的办法。在这场轻率而又残暴的奇异的混乱中，一切事物似乎都脱离了自然，各式各样的罪行和各式各样的愚蠢都搅在了一起。在观察这场邪恶的悲喜剧的场面时，极其相反的各种感情必然地一一相继而来，并且有时候是在心灵之中互相掺和在一起；它们交替呈现为鄙夷和愤怒，交替呈现为欢笑和眼泪，交替呈现为蔑视和恐惧。

然而，无可否认的是，这种奇怪的场面对某些人却全然呈现为另一种观点。那对他们所激起的情操不是别的，而只是兴高采烈、大喜过望。在法国的所作所为之中，他们只看到了一种对自由的坚定而稳健的运用：那在整体上是与道德、与虔诚如此之融合一致，乃至使它不仅应该得到那些大胆的马基雅维里[①]式的政客们的世俗性的欢呼，而且也使之成为了适宜于抒发宗教雄辩的虔敬之情的主题。

在上一个11月4日的上午，理查德·普赖斯博士这位赫赫有名的非国教牧师在老犹太（Old Jewry）的非国教聚会堂里向他的

① 马基雅维里（Niccolò Machiavelli，1469—1527），意大利政治思想家，以宣扬政治权术不受道德约束著称。——译注

俱乐部或者说社团做了一篇异常之驳杂的讲道;其中有一些良好道德与宗教的观点,讲得还是不错的,掺和在一种各式各样政治见解和思考的稀粥里;不过法国革命则是那口大锅里的主要配料。我认为由"革命协会"通过斯坦厄普伯爵转交给国民议会的那篇演说,就出自这次讲道的原则并且是从其中所得出的推论。它被那篇演说的宣讲者所提出。它被浑身散发着这次讲道的气味,而又不加以任何公开的或暗含的责难或者制约的那些人所通过。然而,假如这些先生们中有任何一位想要把这次讲道和这项决议分开,那么他们就懂得怎样承认其中的一个而否定其中的另一个。他们可以做到这一点,而我却不能。

就我而言,我把那篇讲道看作是一个与文学界的阴谋家和诡计多端的哲学家、与国内外的政客神学家和神学政客紧密勾结的人的公开宣言。我懂得他们要把他树立为一位传神谕者;因为他怀有世界上最良好的意愿,自然而然地要腓力普化[1],与他们的谋划紧密配合而唱出他那首预言式的歌曲。

那篇讲道我相信是本王国自1648年以来得到宽容或受到鼓励的任何一个神坛上所从来没有听到过的一种调子。那一年普赖斯博士的一位先驱休·彼得斯牧师[2]以圣徒的荣誉和特权,在圣詹姆斯广场建造了那位国王[3]自己的教堂的穹隆,那些圣徒们"他们

① "腓力普化"原文为斜体字 philippizes,指参与腓力普的一方。古希腊马其顿王腓力普二世欲与雅典结盟,受到雅典的狄摩西尼(Demosthenes)的反对,遂借助于德尔斐神谕来赞同自己。——译注

② 休·彼得斯牧师(Rev. Hugh Peters,1598—1660)为英国独立派牧师,曾参与克伦威尔革命军,后在王政复辟时期因被指控策划杀死国王查理一世而被处死。——译注

③ 指英王查理一世(1600—1649),1649年1月30日被处死。——译注

口中称赞神为高，手里有两刃的刀，为要报复列邦，刑罚万民，要用链子捆他们的君王，用铁镣锁他们的大臣。”[1]除了在你们的法国联盟的日子[2]或我们的英国庄严联盟和盟约的日子[3]而外，很少有什么神坛上发出来的夸夸其谈，比起这篇老犹太聚会堂的演说是更少带有节制精神的味道的了。然而，假设在这篇政治的讲道中可以看到有某种像是节制之类的东西的话，政治和神坛仍然是毫无一致之处的两个词。在教堂里除了基督仁爱的救苦救难的声调而外，就不应该听到有任何别的声音。由于这种对责任的混淆，公民自由和公民政府的事业就和宗教事业一样地毫无所获。脱离了自己本然的性质去认定并不属于自己的东西的那些人，绝大部分都对他们所离弃的本性和他们所认定的本性茫然无知。他们完全不认识他们所那么喜欢加以干预的世界，他们对其中的一切事物都毫无经验，却以那么大的信心在论断它们；他们一点都没有政治，而只有他们所激起的感情。确实，如果对人类的纷争和敌对应该容许有休战一天的地方，那就是教堂了。

这种布道坛的风格，在如此漫长的中断期之后又复活了起来，对我来说就有着一种新颖的气氛——那却是一种并非全然没有危险的新颖性。我并不把这种危险性同等地都归咎于这篇论文的每

① 《旧约·诗篇》第 149 篇，第 6—8 节（按，作者此处原文中“列邦”作“不信教者”（heathen），引文中的重点号是作者加的。——译注）。——原注

② “你们的法国联盟”指 1576 年由吉斯（Guise）公爵所组成的天主教派的神圣联盟，以镇压新教为目的。——译注

③ “我们的英国庄严联盟和盟约”指 1643 年英国国会与苏格兰代表所签协定，苏格兰保证协助英国国会反抗英王查理一世、英国保证维护苏格兰长老会的国家盟约。——译注

一部分。对一位高贵可敬的在俗神职人员——他被认为在我们的一所大学里担任要职[①]——和其他“有地位、有文化”的在俗神职人员所做的这一提示，可能是恰当的而又及时的，尽管是有点新奇。如果高贵的“寻求派们”[②]在国家教堂的旧货堆中或者在不同教派的宗教聚会的各类井井有条的货仓里找不到有什么东西可以满足他们虔诚的幻想，那么普赖斯博士就建议他们去改善非国教；并且他们之中的每一派都要根据自己的特殊原则建立起一个单独的聚会所。[③] 多少引人瞩目的是，这位可敬的神职人员竟然如此之真诚地要建立一些新的教堂，并且对于在那里面可以教导的学说竟是如此之全然漠不关心。他的热忱有着一种奇特的性质。它不是为了要传播他本人的见解，而是要传播任何一种见解。它不是为了要传布真理，而是为了要散布矛盾。只要能让高贵的教师们互持异议，不管是谁发出的或者是为了什么都无关紧要。这一重要之点一旦确立，他们的宗教就理所当然地是合理的和高尚的。我怀疑宗教究竟会不会收获到那位锱铢必较的神职人员[④]根据这种“伟大的布道者的伟大团体”所计算出来的一切好处。对于目前

① 理查德·普赖斯博士著《爱国论》，1789 年 11 月 4 日，第三版，第 17 页和第 18 页(按，此处一位“在俗神职人员”指格拉夫顿(Grafton)公爵，时任剑桥大学名誉校长。——译注)。——原注

② “寻求派们”(Seekers)指对真理的寻求者，原为 17 世纪独立派教徒中的一派。——译注

③ “不喜欢公共权威所规定的那种宗教崇拜方式的人们，假如从他们所赞成的教堂中找不到什么宗教崇拜的话，就应该为自己建立一套单独的宗教崇拜；并且这样一来，由于提出了一种理性的和高尚的宗教崇拜，有地位、有文化的要人们就可以对社会、对世界做出最大的服务了。”普赖斯博士讲道词，第 18 页。——原注

④ “那位锱铢必较的神职人员”指普赖斯，他曾写过许多有关财政的著作。——译注

正在美化非国教的 hortus siccus[植物标本]的已知各个阶级和各色人等的充裕的收集来说，它肯定会是一种难于归类的而又有价值的补充。一位高贵的公爵，或一位高贵的侯爵，或一位高贵的伯爵或勇敢的男爵的一篇讲道，肯定会增加这个城市的娱乐并使之多样化的，它已开始变得对它那各种乏味消遣的千篇一律感到餍足了。我应该只规定，这些穿长袍、戴头冠的新“牧约翰们”(Mess-Johns)[①]应该在人们所期望于他们那些被授权的布道坛上的民主和平等的原则之内保持某种限度。我敢说，这种新的传教意志是令期待着他们的人们失望的。他们在实际上以及在象征上，都将不会成为进行论辩的神职人员，也无意于这样来培训他们的会众，从而他们可以像在以往美好的时代[②]里那样，向龙骑兵队和步兵与炮兵团宣讲他们的学说。这类安排，无论对强制性的世俗的和宗教的自由事业是多么有利，对国家的安宁却不会是同样有益的。我希望这些很少的限制不会成其为不宽容的某些巨大延伸，也不会成其为专制主义的某些非常狂暴的运用。

但是我可以说我们的宣道者，“Utinam nugis tota illa dedisset tempora saevitiae”[但愿他把用于暴力的时间，都花在烦琐无聊的事情上][③]——他这种大喊大叫的荒唐言论里面的一切东西并不都是属于那么无害的一种倾向的。他的学说影响了我们宪法中最关重要的部分。他在这篇政治讲道中告诉“革命协会”说，他的陛

① 按，“牧约翰”为苏格兰对牧师的称呼，Mess 由 magister 一词而来。——译注

② “已往美好的时代”指 17 世纪英国革命时期。——译注

③ 原文为罗马诗人朱文纳尔(Juvenal，55/60—约 127)的诗句，语出《讽刺诗》卷 4 第 150 节。——译注

下“几乎是世界上唯一合法的国王，因为他是唯一由于自己人民的选择而取得王冠的”。[①] 至于世界上的一切国王，他们（除了一个以外）便都被这位人权的大祭司以 12 世纪的教皇[②]那种日丽中天、炙手可热的废黜大权而淋漓尽致地并且过分勇敢地扣上了一句足以横扫一切的破门与诅咒的词句而在全球的经度与纬度的范围之内宣布为篡位者；他们应该考虑的是，他们怎么会容许这些使徒传教士们到他们的领土上来向他们的臣民宣告他们并不是合法的国王。这是他们所关注的。而作为一种暂时的国内关怀，我们的关注则是要认真考虑这项唯一原则的有效性，根据这项原则这些先生们承认大不列颠的国王有资格得到他们的效忠。

这一学说应用到现今英国在位的君主身上，不是毫无意义（因此就既不真也不假），就是肯定了一种最没有根据的、最危险的、最非法的和最违宪的立场。按照这种政治上的精神科医生的说法，假如国王陛下的王冠并非出于人民的选择，他就不是合法的国王。而现在，没有什么要比说这个王国的王冠乃是国王陛下所这样地在保持着的，更加不真实的了。因此，假如你追随他们的准则，那么大不列颠的国王——他肯定并不是由于任何形式的人民选举而得到他的高位的——就不论在哪方面都不比其余那帮篡位者更好——那帮篡位者统治着（或者不如说掠夺着）我们整个这个可怜的世界的表面而并没有任何一种权利或资格得到自己人民的效忠。

---

① 按，普赖斯重复了卢梭主权在民的理论，认为国家的根据乃是一项原始契约，作者不同意这一理论。——译注

② 指教皇英诺森三世（Innocent III，1160/1161—1216），他曾把英国王约翰和德国皇帝奥托革除教门。——译注

这种普遍学说的政策，这样加以定性之后，就再也明白不过了。这种政治福音的宣扬者们希望他们的抽象原则——他们的原则是：人民的选举对于主权者的政权的合法存在乃是必要的——将会为人所忽视，而大不列颠的国王则是不受它的影响的。同时，他们会众的那许多双耳朵会逐渐习惯于此，就仿佛它是毫无争议而为人所公认的一条根本原则似的。在目前，它只是作为一种理论在运作，以布道坛上的防腐汁加以腌制而保存起来以待未来之用。Condo et compono quae mox depromere possim[我在收集和积累，从而我可以使用它们][1]。由于这种政策，当我们的政府为了偏爱自己的(而自己又并不要求的)一种保留而感到慰藉时，它和所有的政府所共有的那种安全(就舆论就是安全而论)便被取消了。

于是，当这些政治家的学说不大为人注意时，他们就继续前进；但是当他们的话的真实意义以及他们学说的直接倾向受到人们检验时，那时候就出现了含混其词和捉摸不定的语言结构。当他们说国王的王冠得自人民的选择，因而便是世界上唯一合法的主权者时，他们或许是在告诉我们，他们的意思只不过是在说，国王的某些前人是由于某种选择而应召登基的；因此其王冠就是得自人民的选择。于是，他们就以一种可悲的借口而希望由于使他们的命题变得繁琐无味而得以安然无恙。他们若是在他们所寻找的庇护所里去进行攻击是会受到欢迎的，因为他们是躲在自己的愚蠢之中。因为，假如你承认这种解释的话，他们的选举观念和我

① 语出罗马诗人贺拉斯(Horace，公元前65—前8)《书翰集·上》卷1第12。——译注

们的继承观念又怎样相区别呢？从詹姆斯一世传下来的布伦瑞克[①]这一支的王位继承（而非任何邻国的那种），又是怎样使我们的君主国合法化的呢？的确是有某一个或另一个时候，各个王朝的创立者们都是被召请他们来进行统治的那些人所选出来的。这种见解是有充分理由的，即所有欧洲的王国在某个遥远的时期都是选举制的，对选择对象则有或多或少不同的限制。但是不管在这里或那里，一千年以前的国王可能是怎样的，不管英国的或法国的统治王朝可能是以怎样的方式开始的；但是今天大不列颠的国王却是按照自己国家的法律、根据固定的继承法则而成为国王的；并且当他履行了主权合同的法定条件时（正如它们确实被履行了的那样），他就拥有他的王冠，并对“革命协会”的选择不屑于一顾，“革命协会”无论是个人还是集体都对他们的国王没有投过任何一票；尽管我并不怀疑，他们不久就会成立一个选举团体的，假如事情成熟得能使他们的要求得以实现的话。国王陛下的后裔和继承者们将一一顺序地按时继承王冠，而对于他们的选择则不屑于一顾，正如国王陛下对于继承他所佩戴的各种东西一样。

不管在回避解说事实的严重错误方面——即假设国王陛下的王冠（尽管他拥有它，是符合人们愿望的）是得自人民的选择——他们可以是怎样地成功，却丝毫不能回避他们对人民有选择之权这一原理的充分明确的宣言；这一权利是直截了当地受人拥护并得到支持的。有关选举的全部转弯抹角的影射都奠基于这一命题，并可以

① 按，英国国王詹姆斯一世（1566—1625）为斯图亚特王朝的首位国王，他的曾孙英国国王乔治一世（1660—1727），娶德国布伦瑞克公爵之女为王后。——译注

归结于这一命题。为了使国王独一无二的合法资格的基础不至于被当作那种阿谀奉承的自由的一番空话，政治神学家就要武断地声称，①根据革命的原则，英国人民已经获得了三项基本权利，他认为这三项构成一个体系，并可以一言以蔽之，即我们获得了：

1、“选择我们自己的统治者”；

2、“因其行为不端而废黜他们”；

3、“为我们自己建立一个政府”

的权利。这种新的、闻所未闻的权利法案尽管是以全体人民的名义发表的，却仅只属于这些先生和他们的派别。英国人的整体，并没有参与其中。他们根本不承认它。他们要以他们的身家性命来反抗对它的实际肯定。他们是由于他们国家的法律而不得不这样做的，而那法律又正是在那个滥用革命名义的团体所声称为维护那种虚构的权利而求助于那场革命的时期所制订的。

这些“老犹太”的先生们在他们对1688年革命的全部推论中，有着一场大约40年前在英国发生的革命和这场新近发生的法国革命，那些是如此之呈现在他们的眼前，以至于他们经常把所有以上这三者混为一谈。我们有必要把他们所混淆了的东西区分开来。我们必须记得他们对于我们所尊敬的革命*行动*的错误幻念，以便发现它那真正的*原则*是什么。如果1688年革命的原则可以在什么地方找到的话，那就是在被称作“权利宣言”的条文之中。在那份由伟大的法律家和伟大的政治家们——而不是由热情而没有经验的狂热者们——所制订的最睿智的、最严肃的而又最深思

① 普赖斯博士《爱国论》，第34页。——原注

熟虑的宣言之中，并没有说过一个字，也没有提出过一项建议是有关“选择我们自己的统治者；因其行为不端而废黜他们；为我们自己建立一个政府”的普遍权利的。

《权利宣言》(威廉和玛丽的第一项法案，会议集 2，第 2 章)[①]是我们宪法的奠基石，它已经得到了巩固、解释和改进，并且在它那基本原则之上永远地被确定了下来。它被称为是“一项宣布臣民的权利与自由和确定王位继承的法案”。您可以看到，这些权利和这种继承是合为一体而加以宣布的，并且是不可分割地联系在一起的。

这个时期过后几年，又有第二次机会来肯定对于王位选举的权利。鉴于国王威廉和那位公主(随后是安女王[②])的后嗣有着全盘失败的前景，对于王位安排的考虑和对人民自由的更进一步保证的考虑，又呈现在立法机关的面前。他们在这第二次是不是制订了任何办法，使得王位在“老犹太”的假革命原则之上合法化了呢？没有。他们遵循《权利宣言》中通行的原则而更加确切地指明了要继位的新教嗣子都是谁。这项法案也以同一个政策结合了我们的自由和同一法案中的世袭继承。它们并不是一种选择我们自己的统治者的权利，而是宣布那种按世系(即从詹姆斯一世[③]以下的新教世系)“的继承对于本国的和平、安宁和安全”乃是绝对必要的，而且对他们同样迫切的乃是“由此维持一种继位的确凿性，使

① “权利宣言”通称“权利法案”系 1689 年 2 月呈交英王威廉与玛丽。——译注

② 按，此处国王威廉指威廉三世(1650—1702)，公主指玛丽二世(1662—1694，曾与其夫威廉共享英格兰王位)，威廉死后由安(1665—1714)即位。——译注

③ 詹姆斯一世(1566—1625)，英国国王(斯图亚特王朝)，1603—1625 年在位。——译注

臣民可以可靠地诉之于他们的保护”。从这两份法案之中所听到的，都是革命政策之准确无误的、毫不含混的宣示，而不是作出什么“有权选择我们的统治者”那类妄诞的吉卜赛式的预言[①]；它们证实了这个民族的智慧是怎样全然相反地把一种必然性的情况转化为一种法治的。

毫无疑问，在这次革命中国王威廉个人暂时有点偏离了正常世袭继承的严格顺序；但要从一个特例和有关一个个人所制订的法律中得出一种原则来，却是违反了法理学的一切真正的原则的。Privilegium non transit in exemplum[个例不能成为普遍准则]。假如曾有过什么时候是有利于确立这一原则的，即一个民选的国王才是唯一合法的国王，毫无疑义那就是在革命的时候。它之并没有在那个时候出现，就证明了全民族都认为在任何时候都不应该那样做。没有人对我们的历史是如此之全然无知，竟至于不知道国会中两党[②]的大多数都是十分不情愿有任何类似于那种原则的事情的，以至于他们最初决定要把空缺的王冠不是置之于奥兰治亲王[③]的头上，而是置之于他的妻子即詹姆斯国王之女玛丽的头上，玛丽是那位国王所生的最长者，他们承认她无疑是他的所出。要请你们回忆的所有这些情况，会像是复述一个陈词滥调的故事；不过这些情况却说明了，他们之接受国王威廉确切地说并非

① 吉普赛为欧洲的流浪民族，常为人预卜休咎；此处“吉普赛式的预言”指信口开河，想入非非。——译注

② “两党”指骑士党（Cavaliers）与圆头党（Roundheads）。——译注

③ 按，英王威廉三世原为荷兰奥兰治（Orange）亲王，因与英王詹姆斯二世之女玛丽联姻而继承了英国王位。——译注

是一种选择，而是对所有不希望事实上再回到国王詹姆斯或是把他们的国家投入血泊之中以及再把他们的宗教、法律和自由带回到他们刚刚逃出的那种危险之中的人们来说，在那得以获得必要性的最严格的道德意义上乃是一桩必要性的法案。

就在这一法案之中——国会在这一法案中，暂时地在一个特例中，违背了继承的严格顺序而赞成一位虽非最近、却是很近的王公贵族来继承王位——令人惊奇的是我们观察到，萨默斯勋爵[①]（他起草了被人们称为《权利宣言》的法案）在那种微妙的局势里是怎样表现自己的。令人惊奇的是我们观察到，这种对连续性的暂时摆脱办法是多么巧妙地避开了人们的耳目；而在这一必要性的法案中所能被找来支持世袭继承观念的一切东西都被提出来讨论，被培育起来，并由于这位伟大的人物和那追随着他的立法机构而成了最重要的东西。他撇开了国会法案那种枯燥的、命令式的风格而使上院和下院的议员们都卷入一场虔诚的立法鸣放之中，他宣称，他们认为"要保持被称作陛下的天潢贵胄在他们祖先的宝座上最幸福地君临着我们，乃是一种神奇的天意，是上帝对这个民族的仁慈与善意，为此他们从内心深处报之以他们最谦卑的感激和赞美。"——立法机构显然在自己心目之中有着认可女王伊丽莎白一世（第三章）和詹姆斯一世（第一章）的法案，这两个法案都强烈宣告了王冠的继承性质；并且在很多部分他们几乎是以逐字逐句的精确性在追随着从这些古老的宣言条文中可以发现的那种感

---

① 萨默斯勋爵（Lord Somers，1651—1716），辉格党人，他于 1689 年认定詹姆斯二世事实上逊位，起草了《权利宣言》，1697 年任大法官（上院议长），对威廉三世影响甚大。——译注

恩的辞句乃至形式。

在威廉国王的法案中，两院并不感谢上帝说他们已经找到了一个良好的机会可以肯定他们有选择自己的统治者之权，更不用说使选举成为获得王位的唯一合法的资格了。他们已经处于一种尽可能地要避免它的出现的状态——这一点被他们看作是一种天赐的逃避。他们对每一种倾向于削弱这些权利的局势，都加上一层精心织就的政治幕幔，那是他们想要以改良了的继承顺序加以延续的；否则的话，那就可以为任何未来背离他们当时所已经永远确定下来了的东西提供一个先例了。从而他们就可以不必松弛他们君主制的神经，并且他们就可以与他们祖先的办法保持着紧密的一致，正如在玛丽女王[①]和伊丽莎白女王[②]所公告的法令中所显示出来的那样，在第二句话里他们被公认授予他们的陛下以国王全部的合法特权，宣称“这些特权在他们身上是最完全地、正当地并完整地被授予、被体现、被结合与被占有的。”在随后的字句中，为了防止以任何号称具有王位资格为借口而发生问题，他们就宣称（在这里也遵守着传统的语言以及本国的传统政策，并且仿佛从标题[③]起复述了此前伊丽莎白和詹姆斯法案的文字）：“这个国家的统一、和平和安宁，在上帝之下，完全有赖于”保存“其王位继承的确定性”。

他们知道，可疑的继承权只会是太有似于一场选举了；而一场

① 玛丽一世（1516—1558，1553—1558 在位。——译注）《会议集》第 3 卷第 1 章。——原注

② 伊丽莎白女王（1533—1603），1558—1603 在位。——译注

③ 按，标题通常印成红色，作为崇敬的象征，故泛指任何已经明白确定了的事物。——译注

选举就会彻底毁灭“这个国家的统一、和平和安宁”，而那被他们认为是一桩重大的考虑。为了符合这些目标，并因此为了排除“老犹太”的“选择我们自己的统治者之权”的学说，他们就遵循摘自此前伊丽莎白女王法案中的一句话，其中包含有一项最庄重的宣誓，那是拥护世袭继承制所曾有过的或可能有的一项最庄重的宣誓，是拒绝这个社会所可能归罪于他们的那些原则的一项最庄重的声明书。“精神和世俗两界的贵族们以及平民们[①]，以上述全体人民的名义，永远使他们自己、他们的子孙后代最谦卑地和忠诚地委身于，并且忠诚地允诺他们将尽他们最大的力量拥护、支持并保卫他们所称的陛下，以及此处所规定和包括的对国王的限制”[②]等等，等等。

我们由于革命而获得了选举我们国王的权利，这种说法是如此之远非真实，以至于倘若说我们过去曾经享有过它的话，那么英格兰国民在当时就必定会为他们自己、也为子孙万代而极其郑重地永远谴责它并放弃它了。这些先生们根据他们的辉格原则，可以随意地无论怎样评价他们自己；但是我决不想被人认为是一个比萨默斯勋爵[③]更好的辉格党人；或者被人认为对革命原则要比那些使革命原则得以实现的人理解得更好；或者能在《权利宣言》中读出为那些人——他们曾把那部不朽的法律的文字和精神铭刻在我们的法令中和我们的心灵里——所不知道的任何奥秘。

---

① “贵族们以及平民们”指国会上院及下院的议员们。——译注

② “对国王的限制”指英国国王仅限于是英国国教徒，而不得是天主教徒。——译注

③ 按，此处作者对萨默斯的理解并不确切，因为萨默斯有一部专著《对全体王国和国家的评判》，书中扉页即标有“英国人民与国会有权反抗并剥夺他们国王的坏政府。”——译注

确实，这个国家凭借武力和机缘而来的权力，当时在某种意义上是可以自由地采取它所愿意的任何途径来填补王位的；但却只能是根据他们也可以全然废除君主制和他们宪法其他每一部分的这同一个理由而自由地这样做。然而，在他们的权限之内，他们并不想做出如此之勇敢的变更。要对最高权力（例如当时国会所行使的权力）的纯抽象的权能加以限制，的确是很困难的，或许是不可能的；但是要对道德的权能[①]加以限制，哪怕是在最无可争辩的君主的权威之下，使偶发的意志服从于永恒的理性并服从于信仰、正义和既定的基本政策，则是完全可以理解的，并且完全可以约束一个国家中以任何名义、任何资格而行使任何权威的那些人。例如，上院确实没有资格解散下院；不能，甚至于也不能解散它自身，也不能（假如它愿意的话）放弃它在英王国立法体制内的那一部分。尽管一个国王可以为了他本人而逊位，但他却不能为了君主制而逊位。根据同样有说服力或者是更有说服力的理由，下院就不能放弃它所应享的权威。社会的缔约或者说公约——那通常就名之为宪法——是禁止这种侵权和这种弃权的。一个国家的各个组成部分，有义务彼此以及与所有在他们的约定之下得到了任何重大好处的人们互相坚持他们的公共信念，正有如国家整体有责任要对每个个别的团体守信一样。否则的话，权能（competence）和权力（power）很快地就会被混为一谈，于是剩下来的就不会是法律而只是一种占上风的力量的意志而已。根据这一原则，王位

① 按，此处抽象权能与道德权能之分，作者也曾用之于考察美国革命。“抽象”一词带有贬义，因为政治家所要处理的乃是在实际上可行的，而不是在理想上完美无瑕的。——译注

继承始终都是它现在那样,亦即是一种法定的世袭继承制:只是在旧的系列里它是一种依据习惯法的继承,而在新的系列里则是依据成文法,它仍然是根据习惯法的原则在运作,实质不变,只不过是规定了它那方式并说明了是由什么人而已。这两种法律的规定具有同样的力量,并且都来自一个同等的权威,都源于国家的共同协定和原始约定(original compact),即 communi sponsione reipublicae[国家全体的同意],并以此而同样地在约束着国王和人民,只要这些条款得到遵守并且他们继续是一个政治体。

假如我们不使自己纠缠在形而上学诡辩的迷宫里面,那么运用一种固定的规则与偶然的偏离这二者就远远不是不可调和的;还有,我们政府继承的世袭原则的神圣性与在极端紧急情况下有能力改变其应用,这两者也是如此。即使是在那种极端的情况下(假如我们以我们在革命中对我们权利的运用作为衡量我们权利的尺度的话),这种改变也仅限于违规的那部分、限于造成了必要偏离的那部分;而且即使那时候,它也要进行得不至于引起整个公民群体和政治群体的解体,其目的是要从社会的原始因素之中衍生出一种新的公民秩序来。

一个国家没有某种改变的办法,也就没有保全它自身的办法。没有这类办法,它甚至会有冒着丧失它所极为虔敬地想要加以保存的那部分宪法的危险。保存与纠正是两条原则,都在"复辟"与"革命"①这两个关键时期强烈地起过作用,当时英格兰发现它自己已没

① 革命时期指 1642—1660 年的清教革命,复辟时期指 1660—1688 年斯图亚特王朝的复辟。——译注

有国王。在这两个时期,英格兰国民丧失了团结他们那座古代大厦的联系;然而他们并没有拆散整个的组织。相反地,在这种情况下他们都通过没有受到损害的那些部分而再造了老宪法的缺陷部分。他们保持那些老的部分恰如它们的原状,从而使修复的部分可以适合于它们。他们是根据古代组成的等级[①]而以其古老的组织形态在行动,而不是根据一个解体的民族的有机的 moleculae [分子][②]在行动。也许,主权的立法机构在任何时候都不如在这次革命时期对于英国宪法政策的那种基本原则表现出更为亲切的关怀,当时它背离了世袭继承的直系。王冠多少是脱离了它以前在其中所转移的那个世系,但是新世系也是源出于同一个家族。它仍然是一个世袭苗裔的世系,仍然是同一个血统的世袭苗裔,尽管是加上了新教这一条件限制的世袭苗裔。当立法机构虽然变更了方向,但仍然在遵守这项原则时,他们就表明,他们维护了它没有被破坏。

根据这一原则,世袭法已经承认了过去时代的某些修改了,并且是早在"革命"时代之前。在征服[③]以后的时候,就出现了世袭苗裔的合法原则的大问题。究竟是 per capita [以人计]的后裔还是 per stirpes [以支计]的后裔来继承,[④]就成为了一个疑问;但是

---

① "古代组成的等级"原文为 ancient organized states,此处 states 系指 estates,即国会。——译注

② "有机的分子"指国家的各个组成部分:国王、贵族、绅士、教士、商人、官吏等等。——译注

③ "征服"指 1066 年诺曼人征服英格兰。——译注

④ 作者此处系借用罗马法的术语。按罗马法,继承可以按人计 (per capita),即由所有的后裔按人头均等地继承先人的财产,也可以按支计 (per stirpes),即由各支(或各房)各继承一部分。——译注

无论是当采用 per stirpes [以支计]的苗裔法时，per capita [以人计]的苗裔就退了位，还是人们愿意要新教的苗裔时，天主教的苗裔就退了位；世袭原则却以一种永远的不朽性经历了一切轮回而生存了下来—— multusque per annos stat fortuna domus et avi numerantur avorum [许多年来这家的幸运岿然不动，他们先人的先人的家谱延续不断]。① 这就是我们宪法的精神，它不仅存在于它那规定了的历程中，而且也存在于它那全部的革命中。无论是谁出场或者是怎样出场的，也无论他是由法律还是由武力获得王冠的，世袭的继承制不是继续了下去便是被人们所采纳。

"革命协会"的先生们在 1688 年的革命中就只看到对宪法的背离；而他们却把这一对原则的背离当成是原则。他们根本没有顾及他们那学说的显然后果，尽管他们必定看到了它很少在这个国家的成文体制上留下了什么成文的权威。当这样一种毫无凭据的准则——即王位只有选举的才是合法的——一旦被确定时，在这种虚构的选举以前的君主们的行为，就没有一桩可能是有效的了。这些理论家是不是有意模仿他们的前辈，硬要把我们古代君王的遗骸从他们安静的坟墓里面拖出来呢？他们是不是有意想回过头去剥夺所有在革命以前御位的国王们，使之无效，并且从而把英格兰的王位涂上一层连续不断的篡位的污点呢？他们是不是就我们国王全部世系的资格在有意否定、否决或质疑我们法令的整体呢？——那些全都是由他们所认为的篡夺者通过的。是不是想

① 语出古罗马诗人维吉尔（Virgil，公元前 70—前 19 年）《农事诗》（Georgics），第 4 卷，第 208(论蜜蜂)。——译注

废除对我们的自由有着无可估量的价值的那些法律呢？——那些法律至少是与革命时期之中或革命时期以来所通过的任何法律有着同样伟大的价值。假如自己的王冠不是得自人民的选择的那些国王，就没有资格制定法律，那么 de tallagio non concedendo [未经同意，不得摊派]法将会变成为什么呢？《权利请愿》将会变成什么呢？habeas corpus [人身]法案又会变成什么呢？[①] 是不是这些人权的新医生们擅自就肯定，国王詹姆斯二世按照当时一条非正式的继承规则系以旁系血亲即位，所以在他做出任何行为足以正当地被认作是他的逊位以前，他在任何内涵上和意义上就都不是英格兰的一位合法的国王了呢？假如他不是的，那么这些先生们所怀念的那个时期的国会里面的大量麻烦倒是可以免除了。但是詹姆斯国王是一个具有好名分的坏国王，而不是一个篡位者。凡按照国会的法令——它把王冠置于选帝侯夫人索菲娅[②]和她后裔的头上，他们是新教徒——即位的君主，就都像詹姆斯国王那样有着世袭的资格登基。詹姆斯国王是依法登基的，那在他取得王冠时就是合法的，而不伦瑞克家族[③]的君主们的继位则不是由于选举而是由于法律，像是他们的新教后裔几次继位的情形那样——正如我希望我已经充分表明了的。

特别规定了这个王族继位的那项法律，是威廉王的第十二和

---

① 按，“摊派”（tallagio，即 tallage）为国王向城镇与领地的征税，《权利请愿》书为英王查理一世于 1628 年所同意，《人身法案》（主要系针对非法逮捕与囚禁）由英王查理二世 1679 年认可。——译注

② 按，索菲娅（Sophia，1630—1714）为詹姆斯一世之外孙女，即詹姆斯一世之子查理一世的姐姐伊丽莎白之女，与德国汉诺威选帝侯联姻。——译注

③ 汉诺威选帝侯属不伦瑞克（Brunswick）家族。——译注

第十三项法案。这一法案的条文约束着“我们和我们的子孙以及我们的后代服从他们、他们的子孙和他们的后代”直到时间的尽头，那和《权利宣言》约束着我们服从威廉王和玛丽王后所用的文字是一样的。因此，它就保证了世袭的王位和世袭的效忠这两个方面。除非是宪法政策形成了一种体制来保证那种永远要排除人民的选择的继承制，否则立法机构又能根据什么理由来苛刻地摒弃我们国家向他们提出的那种公道而又充裕的选择，而要到异域去找一位外国的公主呢？——我们未来统治者的世系就要从她的腹内得出他们在一系列的世代中统治千百万人的资格的。

索菲娅公主之在威廉王的第十二号和第十三号继位法案中被提到，乃是由于她是承袭我们国王的苗裔，而不是由于她当时作为行使权力的女执政者的才干，她可能、并且事实上也的确从来没有亲自行使过权力。她被通过乃是由于一个原因，并且仅仅是由于一个原因，因为（据该法案说）“汉诺威选帝侯公爵遗孀索菲娅公主殿下，乃是我们永志不忘的大行君主詹姆斯一世之女公子前波希米亚王后伊丽莎白公主殿下的女公子，并以此而被宣布为新教世系的下一个继承人”，等等，等等；“并且王冠将继续留给她亲生的后裔，但必须是新教徒。”这一限定是由国会做出的，即一个出自索菲娅公主的世袭世系不仅要在将来继续下去，而且（他们想得是非常具体的）它还要通过她而联系到国王詹姆斯一世那个古老的世袭支脉，从而使得这个君主国可以保持万世一系，并可以以被后裔所赞同的古老方式保持下去（但对我们的宗教必须是安全的）；在这种方式中如果我们的各种自由一旦受到威胁，它们就往往经历种种优先权与特权的风暴和斗争而得以保存下来。他们做得很不错。没有任何经验曾教导过我们，除了一种世袭的王位之外，还有任何其他的渠道或方法能够使我们的自由得以经常地延续下去，并作为我们世袭的权利而保持其神圣性。一种不定的、痉挛的运动，对排除一种不定的、痉挛的疾病可能是必需的。但是继承的程序，却是英国宪法的健全有益的习惯。是不是立法机构在把王冠限定于出自詹姆斯一世的女性后裔汉诺威这一系的这个法案中，对英国王位有着两个或三个或可能更多的外国人来继承的种种不便之处，便要求人们具有一种应有的意识呢？不是的！——他们对这种可能由外国人统治而发生的祸害，已经有一种应有的意识了，而且对它们还不止于是一种应有的意识。

但是关于英国民族的全盘信念——即革命的原则并没有授权他们去随意选举国王或者毫不顾及我们英国政府古来的基本原则——人们不可能给出比如下这一点更有决定性的证明了：他们继续采用一项古老世系的新教世袭继承法，而它作为一个外国世系所具有的一切危险和一切不便之处正充分展示在他们眼前，并且以极强的力量作用于他们的心灵之上。

几年以前，我应该是耻于以当时并不必要的任何论证的支持来过分增加如此之足以支持它自身的一个问题的负担的；但是这一煽动性的违宪学说，现在却已公开地被人讲授、公开宣扬和印行了。我对革命——它那信号往往都是从布道坛上发出的——感到厌恶；改革的精神已经传到了国外；对一切古老制度——当其被置之于与当前的方便感或与当前的倾向相对立时——的全盘鄙弃，正在你们那里风行，并且可能也要在我们这里风行：所有以上的考虑在我看来，就使得唤起我们对自己国内法律的真正原则的关注成为了并非是不可取的事；而您，我的法国朋友，也应该开始知道这些，并且我们应该继续珍视这些原则。我们在海水的两岸[①]不应该让自己被某些人的假货所欺骗，他们以加倍的狡猾、以非法的船只[②]向你们输出假货，当作是英国生产的原装商品(尽管与我们本土全不相干)，为的是按最近巴黎改良了的自由的款式加工以后，再把它们私运回到这个国家来。

英格兰的人民并不要模仿他们所从未试验过的款式，也不会回到他们经过试验而发现是灾难性的款式。他们把他们王位的合法世袭继承制，看作是他们的正确而不是他们的错误，是一种利而不是一种弊，是他们自由的一种保证而不是受奴役的一个标志。他们把他们国家目前所存在的那样的结构，看作是具有无可估量的价值的；并且他们把不受干扰的王位继承制设想为是对我们宪法所有其余组成部分的稳定性与持久性的一种保证。

在我谈下去以前，我要请求容许我注意一下某些不足挂齿的阴谋诡计，那是以选举作为王位的唯一合法资格的煽动者们所准备采用的，为的是把对我们宪法的公正原则的支持变成一桩令人反感的事业。这些诡辩家们偷偷塞进了一种虚构的理想和一些伪造的人物；只要是你保卫王位的世袭性质，他们就认为你是在维护这种理想和这些人物。通常他们都要争辩，就仿佛他们是与奴隶制的那些暴烈的狂热者[③]发生了冲突似的，那些狂热者们曾坚持

① 指英法两国隔英吉利海峡相望。——译注

② “非法的船只”(illicit bottoms)：英国于1651年通过“航海法案”，规定英国商品限用英国船只运输。——译注

③ “奴隶制的那些暴烈的狂热者”指君主专制的拥护者。——译注

（我认为现在不会再有人坚持了）“王位是由神授的、世袭的和不可取消的权利在维系着的。”——这些在把老一辈狂热者们对个人为所欲为的权力加以教条化，仿佛世袭的王权乃是世界上唯一合法的政府，就像我们那些盲信人民群众为所欲为的权力的新一代的狂热者们在坚持，一场人民选举乃是权威唯一的合法来源。老一辈的特权信仰者们，确实是思考得很愚蠢，或许也很不虔诚，就仿佛君主制要比任何其他的政府形式有着更多的神权的认可，仿佛一种世袭的统治权利就在每个应该顺序继承王位的人的身上，而且在每一种（不可能成为任何公民的或政治的权利的）情况下，都是严格地不可废除的。但是有关国王世袭权利的一种荒谬见解，并未能损害一种合理的、基于法律与政策的坚实原则之上的见解。假如法学家和神学家们所有各种荒谬的理论都会污染他们所精通的种种对象的话，那么我们在世界上就应该没有法律、也没有宗教保留下来了。但是对一个问题在一方面的荒谬理论，并不构成在另一方面就肯定一种虚假的事实或是颁布各种灾难性的准则的理由。

“革命协会”的第二项要求就是“有因统治者其行为不端而废黜他们的权利”。或许是我们祖先的担心导致了“因行为不端而被废黜”的先例。这种担心是形成这一公告的原因[①]，它暗示了詹姆斯国王的逊位。这种担心，如果说是有什么过错的话，还不如说是过于小心，过于谨慎罢了。但是，所有这些防范措施以及积累起来的各种情况，都表现了在人们被压迫所激怒和为胜利而激昂的情况下，

① “国王詹姆斯二世曾企图以破坏国王与人民之间的原始契约而损毁[英]王国的宪法，并由于耶稣会士和其他坏人的策划而破坏了根本法律并把他自身撤出了[英]王国，从而就已经退出了政府，因此王位就是空缺的。”——原注

国民会议中已居主导地位的小心谨慎的意识。这种防范和情况，使他们自己不易于犯错并使过程极端化：它表明了在使革命成为安定之母而非未来革命的哺育者的那种伟大的事件中，影响着国事处理的那些伟大人物们的焦灼之情。

如果一个政府可以被如此之轻松而又不明确的东西——诸如"行为不端"的这种看法——所颠覆的话，那么就没有一个政府能够片刻维持下去了。领导这场革命的人们决不是把国王詹姆斯的实际逊位置之于这一角度和不确定的原则之上的。他们宣告他的罪状恰好是被大量公然的非法行为所证实了的、有计划地要颠覆新教教会和国家以及他们基本的、无可置疑的法律和自由；他们宣布他的罪状是破坏了国王与人民之间的原始公约。这就不止于是行为不端了。一种严重的、对在上者予以否定的必要性，就迫使他们采取了他们所采取的步骤，并且是极为勉强地这样做的，正如在一切法律中那种最为严峻的情况那样。他们对未来能保全宪法的信心，并不在于未来的革命。他们全部那项规划宏伟的政策，就是要使任何未来的当政者几乎无法做到再去强迫王国的各个等级诉之于这类激烈的补救办法。他们把王位留在——在法律的眼中和法律的评估中——它过去的那种状态，即根本不负任何责任。为了更进一步减轻王位的分量，他们就加重了国家大臣们的责任。根据国王威廉的第一号法令、议会记录第二，亦即那个被称之为"宣布臣民的权利和自由与规定王位继承法令"的，他们宣布大臣们应该按这一宣言的条件为国王服务。不久以后，他们又成功地使国会频繁集会，从而整个的政府就被置于王国的人民代表和显贵们的经常的检查和主动的控制之下了。在下一项伟大的宪法法案[①]中，即国王威廉的第十二号和第十三号法令中，为了进一步限制王权和更好地保障人民的权利和自由，他们就提出“在英格兰伟大的封玺之下，国会下院对提出的弹劾不得请求赦免。”他们认为《权利宣言》中为政府所奠定的规则，即国会经常不断的检察和实际的弹劾权，要比保留像“废黜他们的统治者”这样一种实行起来是那么困难、问题是那么难以确定而后果又往往是那么灾难深重的权利来，不仅对于他们的宪法自由，而且对反对行政的罪恶，都是更加好得无比的一种保障。

普赖斯博士在他的讲道中[②]，很确切地谴责了对国王使用粗俗谄媚的言词。代替这种令人作呕的风格，他建议国王陛下应该被告知，在庆贺的场合“他要把自己更确切地看作是人民的仆人而不是人民的主人。”[③]作为一种致贺来说，这种新形式的说法似乎并不使人很舒服。在名义上以及在实际上都是仆人的人们，并不喜欢人家说出他们的地位、他们的责任和他们的义务。在古老的戏剧中，奴隶告诉他的主人说“Haec commemoratio est quasi exprobratio”[这种提示就带有责备的味道]。[④] 作为一种祝贺，它是不愉快的；作为一种教导，它是不健全的。毕竟，假如国王要使自己回应这种新的说法，要实施它的条文，甚至于要采用“人民的仆人”这一称谓作为自己王家的风范的话；那么无论是他还是我们由

---

① “下一项伟大的宪法法案”，指 1701 年的王位继承法案。——译注

② 第 22—24 页。——原注

③ 按，此处系指卢梭的论点。参见卢梭《社会契约论》有关人民主权与主权之不可转让的论点。——译注

④ 语出古罗马剧作家戴伦斯（Terence，公元前 186/185—前 161）《安德里亚》(Andria) 第 1 幕，第 1 场。——译注

此会得到什么样的改善，我是无法想象的。我曾见过一些非常自负的函件，署名为您的最驯服、最卑微的仆人。大地之上所曾出现过的最骄傲的职称，却采用了一个比自由的使徒们现在向君主所提出的更为谦卑得多的头衔。多少国王和多少国家却被一个自称是"仆人的仆人"的人践踏在脚下；而废黜君主的授权却被盖上了一个"渔夫"的印记。

我应该把这一切都当作只不过是一种空洞无聊的闲谈，在那里就像在一种没有味道的气氛中一样，有人受着自由精神的蒸发之苦（假如并不是简单地拥护这种思想的话）以及"因其行为不端而废黜国王"这种规划的一部分之苦。从这个角度上看，它是值得考察的。

国王在一种意义上无疑是人民的仆人，因为他们的权力除了以普遍的利益为目的而外，就没有任何其他合理的目的；但是要说他们的哪一点在通常的意义上（至少就我们的宪法而言）就像是仆人一样，那就不真确了；仆人处境的实质就是要服从别人的命令，并且可以随意被人解雇。但是大不列颠的国王并不服从任何别人，而所有其他的人，个别地以及集体地，却都在他的下面，对他有合法服从的义务。法律是既不懂得奉承，也不懂得侮辱的；而法律并不像这位谦卑的神学家所称呼的那样，称呼这位最高长官为我们的仆人，而是称为"我们的君主国王殿下"；而在我们这方面，我们也学会了只讲法律的原始语言，而不讲他们巴比伦[1]神坛上那

---

① 巴比伦（Babylonian），此处指巴别（Babel）式的，即《圣经》中记述的造通天塔的幻想，见《创世记》第11章。——译注

种混乱的行话。

既然他并不要服从我们，而且既然我们要服从他的法律；所以我们的宪法就并没有做出任何规定，要使他在任何负责的程度上成为一个仆人。我们的宪法一点儿都不知道有什么像是阿拉贡的执法官[①]那样的长官，也不知道有任何依法任命的法庭或任何法定的程序使国王要承担那属于所有仆人的责任。在这一点上，他与下院和上院没有区别；他们在他们的若干公共职能方面，绝不奉命要陈述他们的行为，尽管"革命协会"直接与我们宪法中最明智而最美好的那部分相对立，一味在声称"国王无非就是第一公仆，是由他们所设立的并且对他们负责"。

假如我们的祖先们对自己的自由找不到任何保障，只好使自己的政府运作无力、任职不稳，假如他们除了让国内混乱而外，就想不出任何防止滥用权力的更好办法；那么他们在革命时就配不上明智这一声誉了。就请这些先生们说明，他们所肯定国王作为仆人要对之负责的那种代议的公众究竟是谁吧。那时候，我就足以向他们提供可以肯定他并非是如此的那种成文法了。

这些先生们任意高谈阔论的那种撤销国王的仪式居然可以不用武力来完成，即使有的话，也是极为罕见的。那时候，它就成为一场战争的、而不是一项宪法的个案了。法律在武力之下就得俯首听命并保持沉默；审判官也就随着他们那无法再维护的和平而一齐倒台。1688 年的革命是由一场正义的战争而取得的，那是任

① "阿拉贡的执法官"(Justica of Arragon)，按，阿拉贡为西班牙中世纪的一个独立国，执法官的地位有似英国的大法官，由国会 (Cortes) 授权，中世纪阿拉贡国王须将其与贵族的分歧交给执法官仲裁。——译注

何一场可能是正义战争的、尤其是一场内战的唯一个案。“Justa bella quibus necessaria[战争当其不可避免时,就是正义的]。”[1]废立的问题,或者假如用这些先生们更喜欢的词句,是“废黜国王”,就将永远是——正如它曾一直是——国家的一个特殊问题,并且是完全超乎法律之外的;正像所有其他国家问题一样,这是一个如何处置的问题,是一个采取什么手段的问题,是一个可能有什么后果的问题,而不是一个有关成文权利的问题。正如它不是通常人可以滥用的,同样地它也不是通常的头脑就可以激发出来的。究竟在什么地方服从应该告终而抵抗必须开始,这条思想上的分界线是微妙的、模糊的、很不容易界定的。决定它的,并不是单独的一项行动或单独的一桩事件。在想到它以前,政府确实必须是已经滥用职权并且乱了套;而未来的前景又必须是像以往的经验一样糟糕。当事物陷入了那种可悲的状态时,这种病症的性质就要向那些大自然已使他们有能力以极端的方式对一个失调的国家行使这种急需的、可疑的苦药的人们指明补救之道何在了。各种时间和局势和挑战,都将讲授它们自己的课程。聪明人将根据情势的严重性做出决定;而激怒的人将根据对压迫的敏感;思想高尚的人将根据对不称职的人们滥用权力的鄙视和愤怒;勇敢大胆的人则根据在一桩慷慨的事业中对有荣誉的危险的热爱:但是,无论是有还是没有权利,一场革命都将是有思想的和善良的人们的最后不得已的办法。

---

① 语出罗马历史学家李维(Livy,公元前64/前59—公元17),《罗马史》第9卷第1章。——译注

“老犹太”神坛所声称的第三项权利，即“为我们自己建立一个政府的权利”，则革命所做的任何事情，无论在先例上或在原则上，至少也是像他们的前两个要求一样地缺乏依据的。进行革命乃是要维护我们古老的无可争辩的法律和自由，以及那种成为我们对法律和自由的唯一保障的古老的政府体制。如果您渴望知道我们宪法的精神，以及保障了它直到今天的那个伟大时期的主导政策，就请您在我们的历史中、在我们的国会法案中和国会记录中，而不是在“老犹太人”的讲道中以及在“革命协会”晚宴的祝酒词中去寻求它们吧。在前者之中，您将发现别的思想和另一种语言。那样的一种说法之并不适用于我们的气质和愿望，正有如它之并没有任何方面的权威的支持。组成一个新政府这一观念本身，就足以使我们充满了厌恶和恐惧了。我们在革命时期曾希望过——我们今天还在希望着——推导出来我们所拥有的一切，作为是一份得自我们祖先的遗产。对于那份丰厚的遗产，我们已经小心翼翼地不去进行违反原来作物本性的任何幼芽接枝。我们迄今所进行的一切改革都是根据对于古代的尊崇这一原则在进行的；而且我希望——不，我坚信不疑——今后所可能进行的一切改革，都将根据类似的前例、权威和典范而小心翼翼地来形成。

我们最古老的改革就是“大宪章”(Magna Charta)[①]那场改革。您将看到，从我们法律的那位伟大的先驱者爱德华·柯克

① “大宪章”(Magna Charta 或 Magna Carta)，1215 年英国失土王约翰（John Lackland，1167—1216，1199—1216 在位）与贵族所签订的文件，在税收、人身自由等方面对王权有所限制。——译注

爵士[1](以及确实继他之后的所有伟大的人物)下迄布莱克斯通[2],[3]都在孜孜以求地要证明我们自由的渊源。他们力图证明约翰王的大宪章这份古老的宪章是与另一份出自亨利一世[4]的成文宪章有联系的，而且这两份文件都只不过是重申这个王国更加古老的现成法律而已。就事实而论，这些作家看来大部分都是对的，虽说或许并非总是对的；但是假如说法学家们在某些具体问题上错了的话，那就更加强而有力地证明了我的立场；因为它指明了我们的全体法学家们和立法者们以及他们所希望影响的全体人民，一直都充满着对于往古那种极其强烈的关怀的心灵，还有这个王国把他们最神圣的权利和公民权当作是一种遗产的那种稳定的政策。

在查理一世的被称之为《权利请愿书》第三编的著名的法律中,国会向国王说,"您的臣民已经承袭了这种自由,"声称他们的公民权并不是基于"作为人的权利"的抽象原则,而是作为英国人的权利,并且是作为得自他们先人的祖产。塞尔登[5]和其他学识渊博的人一样,在起草这份《权利请愿书》时,至少也如同我们的讲道坛上或你们的论坛上的任何人一样地熟悉有关"人权"的各种普

---

① 爱德华·柯克爵士(Sir Edward Coke, 1552—1634)曾任英国大法官,在国王特权问题上与詹姆斯一世有争执而被免职。作为国会中反对派的领袖之一,他曾参与起草1628年的《权利请愿书》。——译注

② 布莱克斯通爵士(Sir William Blackstone, 1723—1780),英国最高法院出庭律师,以《英格兰法律诠释》一书闻名。——译注

③ 参见布莱克斯通的《大宪章》,牛津版,1759年。——原注

④ 亨利一世(1069—1135, 1100—1135在位),诺曼王朝英国国王。——译注

⑤ 约翰·塞尔登(John Selden, 1584—1654)英国法学家,在政治上拥护国会。——译注

遍理论，熟悉得正有如普赖斯博士和西哀士神父[1]一样地充分。但是出于与那种取代了他们的理论科学的实践智慧相称的原因，他们就宁愿要这种成文的、有记录可查的、世袭的资格，而不愿要对人和对公民可能是很珍贵的一切东西，不愿要那种暧昧的思辨的权利——那权利把他们确凿的遗产暴露在争权夺利之下，并且被各式各样穷凶极恶、争论不休的精神撕裂得体无完肤。

同一种政策也渗透在从此以后就被制订出来用以维护我们自由的所有各种法律之中。在威廉和玛丽的第一编叫作《权利宣言》的有名的法令中，国会两院关于"有权利组成他们自己的政府"并没有说过一个字。您可以看到，他们全部的关怀都是要确保他们长期以来所具有的、而后来却受到了威胁的那种宗教、法律和自由。"他们极其严肃地考虑[2]建立这样的一种机构的最好的办法，从而使他们的宗教、法律和自由可以不再有被损坏的危险"；他们一开始他们的程序就首先声明某些这类最好的办法，"首先"就要做到"他们的祖先在类似的情况中通常所做过的那样，为了维护他们古老的权利和自由而宣告"；——于是他们就祈求国王和王后，"应该加以宣告和实施的乃是，被肯定了和宣告了的全部的和个别的权利和自由，都是本王国人民真正古老的和无可置疑的权利和自由"。

您可以看出，从《大宪章》到《权利宣言》，我们宪法的一贯政策都是要申明并肯定，我们的自由乃是我们得自我们祖辈的一项遗

① 西哀士神父（Abbé Sieyès，1748—1836），法国大革命时期的理论家，以其《什么是第三等级？》一书而闻名。——译注

② 威廉与玛丽，第一编。——原注

产，而且是要传给我们的后代的，那是一项专属本王国人民的产业，不管任何其他更普遍或更优先的权利都是些什么。我们的宪法就以这种办法而在其各个部分之如此巨大的分歧性之中保持了一种统一性。我们有一个世袭的王位；一种世袭的贵族制；以及从一个漫长的祖先系列那里继承特权、公民权和自由权的下院和人民。

这种政策在我看来乃是深思熟虑的结果；或者不如说是顺其自然的幸福结果——自然乃是不假思索而又超乎思索之上的智慧。[①] 创新的精神一般都是一种自私的气质和局限的眼光的结果。凡是从不向后回顾自己祖先的人，也不会向前瞻望子孙后代。此外，英格兰的人民很懂得世袭的观念提供了一条确凿的保守原则和一条确凿的传递原则，而又一点也不排除一条改进的原则。它不管获得，但是它却保障所获得的东西。一个国家按照这些准则行事，无论会得到什么好处，都会像是在一种家庭协议中那样地牢靠，像是在一种永久产业中那样地有把握。根据一项按照自然的模式而运作的宪法政策，我们就接受了，我们就掌握了，我们就传递了我们的政府和我们的特权，其方式正如我们享受并传递我们的财产和我们的生命一样。制定政策的基本原则、财富、上天的赐予，都被留下给了我们，并且由我们以同样的历程和秩序留传下去。我们的政治体系是被置于与世界秩序、并与一个由各个短暂部分组成的永恒体所注定的生存方式恰好相符合并且相对称的状

---

① 罗马诗人朱文纳尔："绝不会自然是这样说，而智慧却又那样说。"《讽刺诗》，XIV，321。——译注

态；在这里，由于一种巨大智慧的安排，人类的伟大神秘的结合一旦铸成为一个整体，它便永远既无老年，也无中年或青年，而是处于一种不变的永恒状态，经历着永远的衰落、沦亡、新生与进步的不同进程而在前进着。因而，在国家的行为中，在我们所改进的事物中，由于保持着自然的方法，我们就永远都不是全新的；在我们所保存的事物之中，我们永远也不会过时。由于坚持这种态度和我们祖先们的这些原则，引导我们的就不是崇古的迷信而是一种哲学类比的精神。在这种对遗产的选择中，我们就赋给了我们的政策结构以一种血缘的形象，用我们最亲密的家庭纽带约束我国的宪法，把我们的基本法律纳入我们家庭亲情的怀抱之中，保持我们的国家、我们的家室、我们的茔墓和我们的祭坛，使之不可分离，并受到它们相互结合并相互作用的仁爱的鼓舞。

通过我们人为的制度中与自然相符合一致的同样规划，并且由于召唤了自然之永不错误的和强大有力的本能的帮助来加强我们理性之易于失误而又软弱的策划，于是我们便从一种遗产的角度来考虑我们的自由而得到了其他某些不小的好处。自由的精神其本身虽则导致误用和过分，却经常仿佛是在圣徒化了的祖先们的面前以一种令人畏惧的严厉方式而在受到锻炼。自由的后裔这一观念，就以一种习惯性的、天然的尊严鼓舞了我们，它防止了那些最先获得任何名气的人们几乎是不可避免地会带有的那种使人丢脸的暴发户式的倨傲。就靠了这种办法，我们的自由就成为了一种高贵的自由。它带有一种堂皇动人的面貌。它有一部家谱和显赫的祖先们。它有它的支柱以及它的徽符。它有它的肖像画廊、它的纪念铭文、它的记载、物证和勋衔。我们是根据自然在教导我们要尊敬个人这一原则而学习到对我们的公民基本原则的尊敬的,而且是着眼于它们的时代并着眼于把它们遗传了下来的那些人们的。我们选择了我们的天性而不是我们的思辨、我们的胸襟而不是我们的发明,来作为我们的权利和特权的伟大培养室和贮存库;所有你们的辩士们都做不出任何东西能比我们所采取的途径更好地适应于维护一种合理的而有气概的自由。

假如你们高兴,你们也可以受益于我们的先例,并赋给你们所恢复了的自由以一种相应的尊严。你们的特权虽则中断了,但并没有被忘怀。你们的宪法,在你们并未能享有的时候,确实是遭到了浪费和败坏;但是你们却享有一个高贵而又可敬的堡垒的部分墙壁和整体基础。你们可能已经修复了这些墙壁;你们可能已经在这些古老的基础之上重新进行了修建。你们的宪法在它得以完成之前就被中断了,但是你们已经有了一部宪法,其成分已经非常之接近于所能够希望的那样美好。在你们古老的三级会议里,你们有着各个部分,与你们的社会有幸所由以组成的各个行业相对应;你们有过一切的那种结合和一切的那种利益对立,你们有着那种作用和反作用——它们在自然的和政治的世界里,从各种不调和的权力的相互斗争中,得出了宇宙的和谐。这些互相对立和互相冲突的各种利益,是你们认为在你们的旧宪法和在我们目前的宪法之中成为了如此之巨大的污点的,却对一切鲁莽的决策设置下了一道有益的障碍。它们使得深思熟虑成为不是一种选择,而是一种必然;它们使得一切变化都成为一种妥协的课题,那自然而然就会得出节制;它们形成了种种气质可以防止粗暴的、鲁莽的、无法无天的改革,并可以使得少数人或者许多人的所有的为所欲为、不顾一切地运用权力永远成为行不通的事。通过各个成员与各种利益的那种分歧性，普遍自由所具有的安全性就正如几个不同等级中所有的各种不同观点是一样之多；而由于一个真正的君主的分量压倒了全体，各个部分就会受到阻碍而不会歪曲，并且会从它们所规定的地位出发。

你们在你们古老的等级中已经有了所有的这些优点；但是你们选择的行为却仿佛你们从不曾被纳入过公民社会，而一切都得重新开始。你们开始得很糟糕，因为你们是以鄙视属于你们的一切事物而开始的。你们是在做着没有本钱的生意。如果你们国家的最近几代人在你们的眼里显得没有多少光彩的话，你们可以把他们忽略过去并且从更早的祖先群那里得到你们的要求。在对这些祖先们的一种虔诚的爱戴之下，你们的想象力就会在他们的身上体现为超乎当前的流俗做法之上的一种道德的和智慧的标准；你们就会随着你们所热望仿效的范例而升高。尊敬你们的前人，你们也就学会了尊敬你们自己。你们就不会认定法国人是一个昨天的民族，是一个天生低贱、奴颜婢膝的可怜虫的民族，直到1789年的解放为止。为了以你们的荣誉为代价而为你们的某些穷凶极恶行为的辩护士们提供一个借口，你们就不会满足于被说成是一伙逃亡黑奴①，突然之间从囚牢里跑了出来；因此就要宽恕你们滥用（你们所并不熟悉而又很不适应的）自由。我的可敬的朋友们，把你们想成——我就是一个总在这样想你们的——是一个节亮慷

① “逃亡黑奴”原文为 Maroon slaves，原指17—18世纪居住在西印度群岛及荷属圭亚那的逃亡奴隶。——译注

慨的民族，却长期被你们对忠实、荣誉和忠诚的高尚而浪漫的情操错误地导向了你们的不幸；事态已经不利于你们了，但是你们并没有被任何不自由的或奴性的气质所奴役；你们在最热诚的驯服之中是被一种公共精神的原则所驱使的；在你们国王的身上，你们所崇拜的是你们自己的国家——这样想岂不是更为明智吗？你们是不是已经使人了解到，在这种可爱的错误的幻觉之中，你们已经比你们聪明的祖先们走得更远，你们已经决心恢复你们古老的特权，同时你们却保留着你们古老的和你们最近时代的忠诚和荣誉的精神；或者说假如你们缺乏自信，不能清晰地分辨你们祖先的几乎已经被忘却了的宪法，你们却观看到了你们在这个国土[①]上的邻人，他们还活生生地保留着欧洲古习惯法的古老原则和典范，只是加以改善以适应于现在的状态而已——你们遵循着明智的范例，就会向全世界做出新的智慧的范例的。你们就会使得自由的事业在每一个民族的每一个可尊敬的心目之中成为尊贵的东西。由于表明了自由不仅能与法律相调协，而且当其规范得良好时还是有助于法律的，你们就会耻于大地之上的专制主义了。你们就会享有一种非压迫性的、而是一种生产性的税收。你们就会享有一种繁荣的商业来培育它。你们就会享有一部自由的宪法；有一个强大的君主制；有一支训练有素的军队；有一个改革了的和受人敬重的教士阶级；有一种心平气和而精力充沛的贵族来领导（而不是来扼杀）你们的德行；你们就会有一个自由的平民阶层来竞相模仿并充实那种贵族；你们就会有一族受到保护的、心满意足的、勤劳而驯

① “你们”指法国人，“这个国土”指英国。——译注

服的人民，他们被教导着去寻求并且承认德行在一切条件之下所能发现的幸福；人类真正的道德平等就在于此，而不在于那种怪诞的神话，那种神话向注定了要跋涉艰苦生涯的、捉摸不定的旅程的人们，激发了种种虚假的观念和空洞的希望，而其作用只不过是加重了和恶化了现实的不平等，这种不平等是永远不能消除的；而且，公民生活的秩序之所以要确立这一点，是为了它使之必须留在卑贱状态之中的那些人的利益，正如也是为了它能够使之上升到一种更光彩的(但并非更幸福的)地位的那些人的利益一样。你们有一桩顺利而轻松的福祉与光荣的事业在向你们敞开着，那是超乎世界历史上所曾记载过的任何东西的；但是你们也已经表明了，困难对于人类乃是有益的。

计算一下你们的收获吧：看一看引导你们的领袖们去鄙视所有他们的前人和所有他们的同时代人以及甚至于鄙视他们自己(直迄他们变得真正可鄙的那个时刻为止)的那些妄自尊大的思维得出的是什么东西。由于追随这些虚伪的光明，法兰西竟以比任何民族所曾购买过的最确凿无疑的赐福都更为高昂的代价，买下来的是不折不扣的灾难！法兰西用罪行买来了贫困！法兰西并没有为了自己的利益而牺牲自己的德行，而是她放弃了自己的利益以便她可以出卖自己的德行。所有其他的民族都是以从根本上创立、或者是以更大的严谨性在推行宗教的这些或那些仪式而开始组建新政府或改造旧政府。所有其他的民族都已经以更严肃的风尚奠定了公民自由的基础以及一种更严峻、更有阳刚之气的道德体系。法兰西，当其放松了王权权威时，却对风尚的放纵恣睢和对意见与实践的肆无忌惮的亵渎神明加倍地予以纵容；并且那漫延到了各色人等，就仿佛她正向通常成其为财富和权力的疾病的一切不幸的腐败现象接通某种特权或暴露某种隐蔽的利益似的。这就是法兰西的新的平等原则之一。

法兰西，由于领袖们的背叛，已经全然玷污了王公们内阁里的宽厚的会议声调，并且解除了它那最强劲的论据的武装。她已经神化了暴政那种缺乏信心的黑暗而又可疑的准则，并且教导了国王们在道德政治家们之(今后人们将称为)虚妄的花言巧语面前发抖。君主们要考虑一下这些人，他们劝告君主们要对于作为自己王位的颠覆者、作为意图推翻自己的叛逆者的人寄予无限的信心，办法是在华而不实的借口之下引导他们轻易善良的天性，容许把勇敢而不忠的人们结合进来参与自己的权力。仅仅这一点(假如再没有其他的话)，就对你们并对全人类是一种无法弥补的灾难了。请记住，你们在巴黎的国会告诉了你们的国王，在召集三级会议时，除了他们十分慷慨地过度热衷于向王位提供支持而外，他用不着有什么可害怕的。确实，这些人应该把头藏起来。确实，在他们的劝告引致了他们的君主和他们的国家的倾覆之际，他们应该承担他们自己的那一份。如此之乐观的宣言就有助于对权威进行催眠；鼓励它鲁莽地对未经考验的政策进行危险的冒险；忽视使仁爱有别于愚蠢的那些做法、安排和防范措施；而没有这些，也就没有人能对政府、对自由的任何抽象计划的有益作用负责。因为缺少了这些，他们就看到了对国家的良药会腐化变质成为对国家的毒药。他们看到了法国对于一位温和的合法的君主造反，那要比人们所曾知道有过任何民族起来反抗最非法的篡权者或最血腥的暴君，都带有更多的激愤、狂暴和侮辱。他们的抗拒是针对着忍让的;他们的反叛是由于保护而来的,他们打击的是一只提供了恩惠、爱护和保护的手。

这一点是不自然的。其余的则都秩序井然。他们在自己的成功之中发现了对自己的惩罚。法律被推翻了,法庭被颠覆了,工业毫无生机,商业奄奄待毙;已经不纳税,但是人民却贫困了;教堂遭到洗劫,国家得不到休息;政治的和军事的无政府状态成了王国中的宪法;一切人间的和神明的事物都为着公共声誉这个偶像而被牺牲了,其后果则是国家破产;而一切之中登峰造极的则是新的、不稳定的、摇摇欲坠的权力这份纸债券,即那种穷极无聊的欺诈和乞丐式的掠夺之信誉扫地的纸债券,那是为了支撑一个帝国而发行的通货,以代替两大公认的通货[①]——而那两大公认的通货是代表人类持久的、传统的信贷的。但是当财产的原则——它们就是它的产儿和代表——有系统地被颠覆时,它们就从它们所来自的那个大地之上消失了并隐匿了起来。

这一切可憎恨的事情都是必要的吗?它们真是坚定不移的爱国者们,被迫不得不涉猎鲜血和混乱以抵达平安和繁荣的、自由宁静的彼岸而进行殊死斗争之无可避免的结果吗?不是的,一点都不是那样!法兰西的新鲜的废墟只要我们放眼望去,就会震撼我们的感情的,它们决不是内战的蹂躏;它们乃是深远的和平时期的粗暴无知的谋划之可悲的但却富有教育意义的一个纪念碑。它们是轻率而狂妄的——因为没有人抗拒而且也不可抗拒——权威的

① “两大公认的通货”指金和银;法国大革命初期,金银大部分被窖藏起来。——译注

表演。那些在这样以自己的罪行挥霍掉了宝贵的财富的人们、那些造就了公共灾祸(那份为国家的最终得救而保留的最后赌注[①])的这群肆无忌惮的奢侈浪费的人们,在他们的前进之中竟没有遇到什么——或者不如说就根本没有遇到任何——反对。他们的整个进程比一场战争的进程更像是一次凯旋。他们的先驱者们[②]已经走在了他们的前面,摧毁了一切,把一切都拉平在他们的脚下。他们为了被他们所毁灭的国家,不曾流过自己的一滴血。除了他们的鞋带子而外,他们对他们更伟大的结果的各种计划并不曾做出过任何牺牲,而他们却囚禁他们的国王,杀害他们的同胞公民,把千千万万可尊敬的人和可尊敬的家庭投入穷愁悲苦之中,以泪洗面。他们的残酷甚至于不是恐惧心的怯懦的结果。那乃是他们在他们饱受折磨的大地上因批准了叛国、抢劫、强奸、暗杀、屠戮和焚烧而享有十足的安全感的结果。但是,这一切的原因从一开始就都是明显的。

这种不受约束的抉择、这种对罪恶的多情选择,假如我们不考虑到国民议会的组成的话,看起来就是无法交代的;我不是指它的正式体制(那就其现状而言,是十分例外的),而是指它在很大程度上所由以构成的材料,那比全世界上所有的手续都要有着上万倍更为重大的后果。如果我们除了根据它的名称和职能而外,就对这个议会一无所知的话,那么就没有任何色彩可以向我们描绘出任何更为可敬的东西了。就这方面来看,一个研究者的头脑当其

① 指流血革命。——译注

② 指启蒙时代宣传革命思想的作家们。——译注

被好像是整个民族的德行与智慧都集中到一个焦点之上的那样一种可畏的形象所屈服时，就会停顿下来的，哪怕是对事物最恶劣的方面也会迟疑不决而不敢加以谴责。它们看来倒不是可谴责的，而只是神秘莫测的。但是不管是什么名义、权力、职能、人为的制度，都不能把任何权威体系所由以组成的那些人们，造就成为并不是上帝和自然和教育和他们的生活习惯所造就成他们的那种样子。人民并没有超出这些之外的能力。德行和智慧可以是他们选择的目标；但是他们的选择既没有把德行也没有把智慧赋予他们所选定的那些人们。对于任何这类的权力，他们都没有任何自然方面的保证①，他们也没有任何宗教启示方面的许诺。

在我读过了被选入 Tiers État［第三等级］②的人的名单和介绍时，他们随后的所作所为，并没有任何事情看起来是可以令人诧异的。确实，在他们中间我看到了某些有名望的人、某些才华耀目的人；但是在国家的任何实际经验方面，却找不出一个人来。最优秀的人也只不过是谈理论的人。但是不管这些出色的少数人可能怎么样，构成其特性并且最后必然决定其方向的，却是整体的素质和质量。在所有的团体之中，凡是将实行领导的人，必定也在很大的程度上要跟随在后面。他们必须使他们的种种提议符合他们所希望加以指导的那些人们的趣味、才能和心性；因此假如一个议会有很大一部分组成得很邪恶而又很脆弱，那么除非是世上能有那样一种极其罕见的——并且因此之故就是不能加以指望的——至

① 指基督教会的使徒继承说（theory of apostolic succession）。——译注

② “第三等级”为“三级会议”中市民或平民的代表，作者认为其中缺乏真正的政治家。——译注

高无上的德行，否则的话就没有任何东西能够防止有才能的人会通过它而散布开来并且变成为各种荒谬计划的专门工具！代替非凡高度的德行的，事情倒更有可能是：他们会被邪恶的野心、被对庸俗的光荣的欲念所驱使，如果这样，那时候议会的这一脆弱的部分——他们最初是与之保持一致的——就轮到自己变成为他们阴谋诡计的愚弄品和工具了。在这场政治交易中，领袖们将不得不向他们的追随者们的愚昧低头，而他们的追随者们则将不得不屈从于他们领袖们的极其恶劣的阴谋诡计。

在任何公共的集会中，领袖们所提出的建议要获得任何程度的郑重性，他们就应该尊敬——在某种程度上或许是惧怕——他们所指导的那些人。要不被人盲目地领导，追随者们就必须有资格如其不是作为行动者，至少也是作为审判官；他们必须也是有着天然的分量与权威的审判官。并没有任何东西能够保证这类集会中的稳定与温和的行为，但是他们这个团体应该是令人尊敬地——就生活的现状而论——由有恒产的、受过教育的人和有着诸如扩展与解放理解力这样的习惯的人们所组成的。

在召集法国的三级会议时，使我震惊的第一件事就是它大大脱离了古老的渠道。我发现第三等级的代表是由六百人所组成。他们等于其余两级代表的总人数。[①] 如果各个等级分别活动，则人数无需费力去思索，便会是无关紧要的。但是当三个等级合为一体时，那么这一多数的代表的政策和必然作用就是明显不过的

① 1789年5月5日法国三级会议于巴黎郊区凡尔赛宫召开，出席者中有贵族代表300人，教会代表300人，平民代表（第三等级）600人。——译注

了。另两个等级任何一个中有非常之小的背叛，就必定要把这两者的权力都置于第三等级之手。事实上，这个等级的全部权力不久就归并到了那个团体之内。[1] 因此，它的正式组成就具有无限重要的意义。

阁下，当我发现该议会的很大一部分比例（我相信是出席的成员的大部分）是由法律的开业者们所构成的，就请您判断一下我的惊异吧。[2] 它并不是由显赫的行政官员（他们曾宣誓以自己的知识、审慎和品格效忠于国家），并不是由居领导地位的律师（他们是法庭的光荣），也不是由有名的大学教授所组成的；而是绝大部分（正如这样的一种数目所必然地）都由下等的、无知无识的、机器般的、纯属各行各业的驯服工具的那些成员们所组成的。也有显著的例外；但是一般成分则是默默无闻的地方律师、小地方司法机关的管事人、乡村的法律代理人、公证人和一大串市镇诉讼的有司、农村纠纷的琐屑争执的挑拨者和调解人。从我读到这份名单的那一刹那，我就清楚地看到了——而且几乎正像它所发生的那样——一切随后发生的事。

任何一种行业被认为所应有的估价水准，都成了从业者们对他们自己的估价的标准。不管许多律师的个人优点可能是什么，而且那在许多人的身上无疑是很可观的；但是在那个军事王国里这个行业的任何一部分都不曾受到人的重视，除了其中地位最高的那些人——他们往往把自己的职位结合于伟大的家族荣誉并被

---

① 1789 年 6 月 17 日第三等级代表团并入国民议会。——译注

② 按，律师的算法各有不同，但在三级会议中并非大多数。当时第三等级的主席为来自布雷顿（Breton）的勒·沙培利埃（Le Chapelier）。——译注

授予巨大的权力和权威。这些人肯定都是受人高度尊敬的，并且甚至于对他们怀有很大程度的畏惧之情。但是再下的一级就不大为人重视了；那机械的部分其声誉程度是很低的。

不管什么时候，只要是至高无上的权威被赋给了这样组成的一个团体，那么它就必定会明显昭著地产生要把至高无上的权威置之于习惯上并没有受过教育要尊重自己的那种人之手的后果；他们此前并没有幸运在品格上受到过威胁，他们也不能被人期待着有什么节制或者是谨慎行事，他们自身必定会比任何别人都更加惊异于发现自己手中的权力。谁能够自诩，这些人突然之间并且仿佛是魔术般地从最低微的屈从阶层之中被推了出来，是不会陶醉于自己意料不到的伟大之中的呢？谁能够设想，习惯上总是好管闲事、冒险、机巧、活跃、秉性好斗而又不甘寂寞的人们，会轻易地就回到他们那种古老而又含糊不清的争论和艰辛的、低级的、无利可图的诡辩里面去呢？谁又能怀疑，唯有必须是由国家来负担（这一点是他们一无所知的），他们才能够追求他们个人的私利（这是他们太了解的了）呢？这并不是一桩取决于机遇或偶然的事。它是不可避免的；它是必然的；它是植根于事物的本性之中的。他们必定要参与——假如他们的能力不容许他们领导的话——任何一种可能为他们获得一部聚讼纷纭的宪法的计划，那就能够为他们打开数不清的有利可图的工作的大门，那些工作会随着国家一连串种种巨大的痉挛和革命（特别是一切巨大的和激烈的财产变动）而到来的。难道能够期待着他们会照顾财产的稳定性吗？——他们的存在，总是有赖于一切使得财产成为有问题的、暧昧不明的和不可靠的东西的。他们的目标会随着他们地位的提高而扩大,但是他们的心性和习惯以及完成他们计划的方式,却必定是始终如一的。

好!可是这些人却受到其他类型有更冷静的头脑和更广阔的理解的人的影响和约束。他们那时候是不是也被一小撮乡下老粗们的超级显赫的权威和可怕的尊严所震慑呢?这些乡下佬在那个议会里有席位,其中有些人据说还不能阅读和书写。还有数目差不多的商人,他们尽管多受了点儿教育,社会地位也更显赫一些,却是除了他们账房里的事情而外从来就不知道有任何别的。不!这两类人只是更加容易变成被律师们的阴谋诡计所压倒和左右,而不是成为对他们的制约。具有这样一种危险的比例失调,①全体就必定要被他们所统治。与法律界相联合的,还有一个相当可观的医学界的比例。医学界在法国并不比法律界更享有其公正的评价。因此,它的从业者就必须具有那些并不习惯于尊严的情操的人们的品质。但是假设他们是置身于他们所应有的地位,而且他们确实也是那样的话(就像在我们这里一样),那么病榻之旁却并不是造就政治家和立法者的学院。然后出现的是股票和基金的交易商,他们必定不惜任何代价渴望着把自己理想中的纸面财富转化为更为牢靠的土地资源。在这些人之外,还参与有其他各色人等,从他们那里并不能够期待有什么对一个伟大国家的利益的知识或关注,以及对任何制度的稳定性有什么关怀;人们都被造就为工具而不是控制者。一般说来,国民议会中 Tiers État [第三等

① 按,三级会议中,农民约有七八十人,商人数目大致相同,医生数目并非如下文所说的"相当可观",而是仅有 16 人。——译注

级]的构成就是如此，其中简直看不到我们所称之为对国家的天然的乡土之情的丝毫痕迹。

我们知道英国下院[①]并不向任何阶级的任何人才关起它的大门，它由于各种适当原因的确实运作，就在地位上、在出身上、在世袭的和后天的财富上、在有教养的才能上、在军事的民事的海事的和政治的卓异上充满了这个国家所能提供的一切辉煌的东西。但是假设——这是很难以假设的情况——[英国]下院是以法国 Tiers État [第三等级]的同样方式而组成的，那么这种骗局的统治能被人忍受吗？或者甚至于能被人想象而不感到恐怖吗？上帝禁止我去含沙射影地说任何有损于那种行业的话，因为它是另一种祭司，在行使着神圣的正义的权利。但是当我尊敬人们行使属于他们的职能，并且尽力做到像一个人所能做到的那样，防止他们被排除于任何职能之外时，我却不能为了奉承他们而向自然撒谎。他们在这个组织中是良好的和有用的；但是假如他们占有优势以致于事实上变成了全体，那么他们就必定会成为灾难了。他们在自己特殊职能方面的优越性，很可能远远超过了别人的条件。但是这一点是逃不过人们的观察的，即当人们过分局限于职业的和专业的习惯时，而且当其在那种狭隘的圈子里反复加以应用而变得根深蒂固时，他们与其说是有资格，倒不如说是没有能力去做有赖于人类的知识、有赖于复杂事务的经验、有赖于关于各种复杂的内外利益（它们都参与形成那个被人称之为国家的五花八门的东

---

① 按，在 1832 年“改革法案”以前，英国下院的民选成分是非常有限的。——译注

西)的有广泛联系的观点的任何事情。

归根结底,倘若下院就是一个全然职业性和专业性的组织,下院既然是被法律、习惯、理论与实践的成文规则之不可动摇的屏障所限定和封闭,被上院所制衡,而且它的存在又时时刻刻都要依靠王权的规定来决定延续、中止或解散我们;那么下院的权力又是什么呢? 下院的权力——直接的或间接的——的确很大,并且但愿它能长期充分保持其伟大以及属于真正伟大性的精神;并且只要它能使在印度的法律破坏者[①]不致成为英格兰法律的制订者,它就能做到这一点。然而,[英国]下院的权力即使一点儿都没有减小,比起你们[法国]国民议会中稳定的多数身上所掌握的权力来,也只是沧海中的一粟而已。那个[国民]议会自从推翻了秩序以后,就没有根本法,没有严格的惯例,没有受人尊敬的习俗来限制它。他们发现自己不是有义务要遵守一部固定的宪法,反而是自己有权力制定一部能符合自己想法的宪法。普天之下,没有任何东西可以用来控制他们。又应该是什么样的头脑、心灵和气质才有资格或者才敢于不只是在一部固定的宪法之下制定法律,而且还一举而对一个伟大的王国——对其中的每一部分,从在位的君主直到一个教区的小教堂——抛出一部崭新的宪法来呢? 但是,——"笨蛋闯进了天使不敢落脚的地方。"在这样一种对未经界定和不可能界定的目的之不加限制的权力状态之中,一个对职务在道德上而且几乎在体力上是不能胜任的人,其灾难必定会是我

① "印度的法律破坏者",指当时东印度公司商人本菲尔德(Paul Benfield),他的行为曾引起作者的强烈谴责,其后他以投机失败于1810年死于巴黎。——译注

们所可能想象发生在处理人事上的最大的灾难。

考虑过了第三等级在其原来所处的结构中的成分之后,我来看一下教士的代表们。在那里似乎也是,在他们的选举原则中根本就没有顾及到对于财产的普遍保障或者他们公共目标的代理人的才能。选举是这样设计的,以便把很大一个比例的单纯的乡村有酬牧师[①]派来从事这项伟大而艰巨的从新塑造国家的工作;只不过在图片上看见过国家的人并且在偏僻的乡村边界以外就对于世界一无所知的人,这些人沉沦在绝望的贫困之中,除了以嫉妒的眼光而外就不会看待任何财产,无论是世俗的、还是教会的财产;他们中间必然会有很多人,怀着能够分到掠夺来的最微小的一份这最小的希望,就轻而易举地参与图谋那份看来很难说是他也有份的财产,除非那是一场大争夺。这些代理牧师们不是在制衡其他在议会里活跃着的骗子们的权力,而是必然地成为那些人的积极的助手,或者最好也只是消极的工具,他们习惯地被那些人引到他们琐屑的乡村事务里去。他们也很难成为他们那类人中最真心实意的人,那类人利用自己那种不中用的悟性,却能策划出一种信任来,把他们从他们与他们那伙人的自然关系中以及从他们自然的行动范围中导向担当起复兴王国的事业来。这种占压倒优势的分量,再加上 Tiers État [第三等级]骗子集团的力量,就形成了那种愚昧、粗暴、狂妄和掠夺欲的冲击力,那是任何东西都阻挡不住的。

---

① 按,在三级会议中,教士等级有主教 48 人,主持及教士 38 人,教区牧师 208 人。——译注

对于细心观察的人来说，从一开头看来就必定是第三等级的大多数与我所描述过的这样一个来自教士的代表团相联合，而当其力图推翻贵族时，就会不可避免地屈从于那个阶级中某些个人的最恶劣的诡计。这些个人玷污了并侮辱了他们自己的等级，他们掌握着一笔可靠的资金来偿付他们的新追随者。大肆挥霍种种可以使得他们同伙们开心的东西，对于他们来说一点儿都算不得什么牺牲。冲动而又心怀不满的有身份的人们，与他们之被个人的骄傲和狂妄所激动成比例，一般地都是鄙视自己的等级的。他们那种自私且具灾难性的野心所呈现的最初征兆之一，就是他们对与别人所共享的尊严不屑于一顾。依附于自己的同类、热爱我们在社会中所属的那个小集团——这是公共感情的第一条原则（仿佛就是它的胚胎）。这是我们所由以走向热爱自己国家和热爱人类那条锁链的最初一环。对那一部分社会的安排感兴趣，就成为对于组成了它的所有那些人手的信任；而且既然除了坏人以外绝没有任何人会对它滥加论证，所以除了卖国贼而外就绝不会有人为了自身的利益而出卖它。

在我们英格兰的内乱时期（我不知道在你们法国的议会有没有过任何这样的时期），曾有过几位人物，比如当时的荷兰伯爵①，他们自己或他们的家庭由于挥霍王室赏给他们的恩赐而使得王室臭名远扬，他们后来又参加了由于人们不满而掀起的反叛，而他们本身就是那些不满的起因；他们协助颠覆了王位，而他们又有赖于

① “当时的荷兰伯爵”为里奇（Henry Rich，1590—1649）。里奇曾任国会议员，清教革命前依附于王权，革命时期其立场曾多次反复，后终以王党而被杀。——译注

王位，对有些人来说，是其生存，对其余的人来说，则是那种他们所用来推翻他们恩主的全部权力。假如对于那种人的贪得无厌的要求规定了界限的话，或者是也容许别人来分享他们所霸占的东西的话，那么报复和嫉妒很快就填补起他们的贪婪所留下来的贪得无厌的空虚。他们的理性被复杂失调的情绪所搅乱，已经是一片颠倒；他们的眼光变得庞大又惶惑；那对别人是莫名其妙的，对他们自己则是捉摸不定的。他们发现，他们在任何固定的事物秩序中的无原则的野心在各个方面都是有界限的。但是在一片混乱的迷雾和朦胧之中，一切就都被扩大了，并且看起来像是没有任何限度似的。

当有地位的人们为着一种没有明确目标的野心而牺牲了尊严的一切观念，并且是以低级的手段、为着低级的目的而工作时，整个气质就都是低级而可鄙的了。难道某些类似这样的东西，现在不是正出现在法国吗？难道它不是产生了某些不名誉的和不光彩的事情吗？在所有的现行政策中，难道不全都有着一种卑鄙吗？在一切的所作所为中，难道不都有一种倾向要随着个人一道而降低国家的一切尊严和重要性吗？进行其他革命的人们，在他们企图进行或者是实际上造成了国家的变革时，全都是由于推进了人民——人民的和平是被他们搅乱了的——的尊严而使自己的野心得以圣洁化的。他们有长远的眼光。他们以治理好国家而不是以毁灭国家为目的。他们是具有伟大的政治天才和伟大的军事天才的人，如果说他们也是他们时代的恐怖和装饰品的话。他们不像犹太人的掮客那样，竞相争执谁最能够以骗人的通货和贬值的纸币来弥补由他们那些堕落的会议给他们的国家所造成的悲惨和残破。这种老式的伟大的坏人中有一位（克伦威尔①）得到了他自己的同胞、一位当时受人爱戴的诗人②的称颂，它表明了他所提出的都是些什么，他在自己野心的成功之中在很大程度上确实都成就了些什么：

“正如您静静地升起，国家也升华了，
“当它由您加以改变时，并不是一片混乱；
“就像世界伟大的场景在改变，无声无息，
“升起的太阳摧毁了黑夜的庸俗之光。”

这些捣乱者不大像篡权者那样地要肯定自己在社会中的自然位置。他们的升起，是来照亮和美化这个世界的。他们之征服自己的对手，是以自己的光芒盖过了自己的对手的。那只像一个毁灭的天使在打击这个国家的手，同时也把国家所忍受的力量和能量传递给了它。我并不说（上帝不许那样说），我并不说这些人的德行可以看作是对他们罪行的一种平衡；但是它们却是对他们罪行的效果的某种矫正。正如我说过的，我们的克伦威尔就是这样。你们[法国]的吉斯、孔代和科利尼整整那几族人③也是这样。黎

① 克伦威尔（Oliver Cromwell，1599—1658），英国清教革命的领袖，革命后任护国公。——译注

② 指当时英国诗人沃勒（Edmund Waller，1606—1687），以下所引诗句见其所著《护国公颂》。——译注

③ 按，以上三家均为法国历史上有名的贵族。第一代吉斯（Guise）公爵（Claude，1496—1550）服务于法国国王弗兰西斯一世，其女嫁苏格兰王詹姆斯五世，生英国史上有名的苏格兰女王玛丽。第二代吉斯公爵（François，1519—1563）与其弟洛林大主教（Charles，1527—1574）共同以反新教闻名。其子（Henri，1550—1588）参与了反新教徒的圣巴托罗缪（Bartholomew）大屠杀。其重孙（Henri II，1614—1664）为路易十四的财政大臣。孔代（Condé）为法国波旁王朝的一支。孔代亲王（Louis I，1530—1569）为反吉斯家族的新教军事领袖，其后裔 Louis-Joseph Condé（1736—1818）在大革命期间以保王派著称。科利尼（Coligny，1519—1572）为法国海军上将，力主宽容新教徒，在圣巴托罗缪大屠杀中首先被害。——译注

塞留家族①也是这样，他们在较为平静的时期，却以内战的精神在行事。像这样人品较好、从事的事业较少可疑之点的，还有你们的亨利四世和你们的苏利②，尽管他们是在内乱之中养育起来的，并不是全然没有自己的某些污点。这是一件发人深省的事，应该看一下法国当她有了一个喘息的时刻时，是多么快地就从任何国家所曾有过的最漫长和最可怕的内战之中恢复并站立了起来。为什么？就因为在所有他们的屠杀之中，他们并不曾害死他们国家的心灵。一种自觉的尊严、一种高贵的骄傲、一种强烈的荣誉和竞争意识，并没有被消灭。相反地，它却被点燃了并且在燃烧着。国家的各个器官，不管是多么破碎，依然存在着。所有对荣誉和德行的奖励、所有的报偿、所有的区别，都还依旧。但是你们当前的混乱就像是一场瘫痪，已经打击了生命泉源的本身。在需要以一种荣誉的原则来推动的局势之中，你们国家的每一个人却都在含垢忍辱，除非是在一种委屈而羞辱的愤怒之中，就不可能享有生命的感觉。但是这一代人将很快地就成为过去的。下一代的贵族将有似于阴谋家和小丑，有似于钱商、高利贷者和犹太人，这些人会永远都是他们的同伙，有时候还是他们的主子。阁下，请相信我，凡是企图使人平均的人，绝不会使人平等。在由各色公民所组成的一切社会里，某类公民必定是在最上层。因此，平均派只不过是改变和颠倒了事物的自然秩序而已；他们使社会的大厦不堪重负，因为

① 黎塞留主教（Cardinal Richelieu，1585—1642），路易十三时期的法国首相。——译注

② 亨利四世即纳瓦拉（Navarra）的亨利，为法国波旁王朝第一代国王（1569—1610在位）。苏利公爵（Sully，1560—1641）为法国大臣。——译注

他们把结构的坚固性所需要放在地上的东西置之于空中。裁缝们和木匠们的联合——(例如,巴黎的)共和国就是由他们组成的——是不能应付你们以最恶劣的篡夺,即一种对自然特权的篡夺而企图迫使他们进入的那种局势的。

在三级会议开幕时,法国的财政大臣以一番辞令华美的语调说道,一切职业都是荣誉的。假如他的意思是说,没有哪种正当的雇员是不光彩的,那么他就并没有超出真理。但是我们在肯定任何事情都是荣誉时,却包含有对其垂青程度的区别。一个理发匠或一个蜡烛商的职业,对任何人都不会是一桩荣誉——更不用说许多其他伺候人的雇工了。这类行业的人,不应当受到国家的压迫;但是如果允许像他们那样的人个别地或集体地来进行统治的话,国家可就要遭受压迫了。在这一点上,你们认为自己是在向偏见进行斗争,但是你们却是在向自然开战。①

亲爱的阁下,我并不设想您是属于那种诡辩的、强词夺理的人,或者是属于那种极不坦率的迟钝的人,竟至于对每一种普遍的

---

① 《传道书》,第38章,第24—25节:"一个有学问的人的智慧来自有闲的机会;没有什么事情要做的人,就会变得有智慧。"——"一个扶着犁,因手持赶牛棒而洋洋得意的人,一个赶着牛忙于活计并且谈论着牛的人,怎么能变得有智慧呢?"

第27节:"所以每一个日夜劳动不息的木匠和工匠",等等。

第33节:"在公共讨论之中将不会去征询他们,他们也不会高坐在会议席上;他们将不会坐在审判官的席上,也不会理解判决书;他们不能宣布审判和判决,并且在讲道的地方也找不到他们。"

第34节:"但是他们将维持世界的现状。"

我无法确定这部书是经书(像是天主教会直到最近所认为的那样),还是伪经(像它在这里所引的那样)。但我肯定它包含有大量的意义和真理在内。——原注

[按,以上引文出自希腊文本《旧约》,而不见于希伯来文本,通常认为是伪经(Apocrypha);其中大部分文字见于拉丁文本圣经(Vulgate)。——译注]

看法或观点都要求对各种纠正和例外加以明确详尽的说明,那本是理性假定会包含在一切出自有理性的人的普遍命题之中的。您并不会想象,我希望把权力、权威和荣誉,仅仅限定于血统、名分和头衔。不会的,阁下。除了实际的或设想中的德行和智慧而外,政府并没有任何资格的限制。只要是实际上发现了有它们的地方,它们无论在哪个国家,无论在什么地位、职业或行业,都有上天的通行证通向人世上的地位和荣誉的。一个国家疯狂地和邪恶地排斥政治的、军事的或宗教的才干与德行的服务(那些才干与德行之赋予人们正是为它增光和服务的),并且把一切造就出来是要围绕着国家放射出光辉和光荣来的东西都贬斥到默默无闻的地步——这样的国家就有祸了。走到相反的极端,把一种低水平的教育、对事物的一种庸俗狭隘的眼光、一种污秽的雇佣职业,当作是一种值得博取的资格——这样的国家也有祸了。一切事情都应该开放,但却并不是对每一个人都毫无区别。没有哪种轮换制、没有哪种以抽签任命的办法、没有哪种以抽签制或轮换制[①]的精神而进行的选举方式,在一个涉及广泛目标的政府之中可能是普遍良好的。因为他们并没有直接或间接的意图,要着眼于责任而选择人或者是使之彼此适应。我要毫不迟疑地说,从默默无闻的状况通向荣名显赫的道路不应该弄得太容易,也不应该过于是一桩理所当然的事。假如说罕见的才能是一切罕见的事物之中最为罕见的,那么它就应该经过某种验证。荣誉的殿堂应该是坐落在卓越

① 按,抽签制与轮换制的政府,系指哈林顿(James Harrington,1611—1677)和詹宁斯(Soame Jenyns,1704—1757)的设计。——译注

性之上的。假如它是经过德行而被打开的，那么也应该记得，德行是只有由某种困难和某种斗争才能得到考验的。

凡是不能代表一个国家的能力以及它的财产的东西，就不能成为一个国家的恰当的和适宜的代表。但是既然能力是一项生气蓬勃的积极原则，并且既然财产是呆滞的、迟钝的和畏怯的，所以它就永远不可能不受到能力的侵犯，除非是它脱离了一切的比例而在这种代表之中占有主导地位。它也必须表现为大量的积累，否则它就得不到正当的保护。财产由于其获得了与储存相结合的原则所形成的特性，就会是不平等的。因此，激发了嫉妒和诱发了贪婪的那些大量财富，就必须把危险的可能性置之于度外。然后，它们就以其全部的级差而对财产较少的人形成了一道自然的壁垒。同样数量的财产，由于事物的自然历程而被许多人所分享，就不会起同样的作用。随着它的被分散，它的防卫力量也就越发地被削弱。在这一分散的过程之中，每个人的那部分都要少于他渴望可以自诩由于消耗别人的积累而获得的东西。掠夺少数人，确实只不过会对多数人的分配额给予一个不可思议之小的份额而已。但是多数人却并未能做出这种计算，而那些领导他们去掠夺的人，却从来都无意于做出这种分配。

在我们家庭中延续我们财产的这种权力，就是属于其中最有价值和最有趣味的情况之一，并且是最倾向于延续社会自身的那种东西。它使得我们的弱点屈服于我们的德行；它甚至于把仁爱移植到贪财上面来。家庭财富的以及伴随着世袭占有而来的（与之最为有关的）显赫名望的享有者，就是这种传递过程的天然保安人员。在我们［英国］这里，贵族院（House of Peers）就是依据这一原则而形成的。它完全是由世袭财产和世袭名望所构成的;并且因此就成为立法机构的第三位;而且终于成为了对一切财产进行一切再分配之唯一的审判官。下议院尽管不是必然地、却在事实上而且在远为更大的部分上,也总是这样构成的。让那些大财主们去成为他们所愿望的东西吧,他们也有机会跻身于最优秀者之林的,他们在最坏的情况下也会成为国家这艘船的压舱石。因为尽管世袭财富以及与之相伴而来的地位被那些匍匐在地上的谄媚者们和对权力的盲目而卑鄙的崇拜者们过分地偶像化了,它们却也在哲学之任性的、僭越的而短视的不肖子弟们的浅薄的思辨中被粗鲁地忽视了。某些体面的、规矩的卓越地位,某些对出身的偏重(而非排他性的占有),既不是不自然的,也不是不公正的或不恰当的。

据说,2400 万人应该压倒 20 万人。[①] 确实是的;假如一个王国的宪法就是一个算术问题的话。这种说法很可以把街头上的灯杆[②]作为它的下一步;但是对于能够平心静气推理的人,这是可笑的。多数人的意志和他们的利益必然往往是有分歧的;而当他们做出一种坏的抉择的时候,分歧就会很大。一个由 500 名乡村律师代理人和名不见经传的代理牧师组成的政府,对于 2400 万人来说并不是件好事,虽说它是由 840 万人选出来的;而它由已经出卖了对自己的信托以便博取权力的一打有身份的人来引导也并不就更好。目前,你们似乎是在一切事情上都已经偏离了自然的大道。

① 按,当时英国人口为 2400 万,贵族为 20 万。——译注

② 法国大革命时,常常把被杀害者的尸骸挂在街头的灯杆上示众。——译注

法国的财产并没有在驾驭它。当然,财产是被捣毁了,而合理的自由却并不存在。你们目前所得到的一切,乃是一纸空文和一部玩股票的宪法;至于未来,你们认真想过法国的领土在 83 个独立行政区(还不要说组成它们的各个部分)的共和体系之上居然能够作为一个整体而加以治理,或者是由于一个人头脑的冲动而居然能够开动起来吗?当国民议会完成了它的工作时,它也就完成了它的垮台。这些共和国不会长久忍受一种对巴黎共和国的屈服状态的。他们将不会忍受这个团体来垄断对国王的俘虏和对自称为"国民"的那个议会的统治。每一方都将给自己保留自己的那一份教会赃物;它不会容忍那份赃物或者他们更为正当的勤劳果实或者他们土地上的天然产品,被送给巴黎的机制去膨胀它那骄横暴戾,或者是去纵容它那骄奢淫逸的。在这里面,他们将看不到任何的那种平等——在那种平等的借口之下,他们被诱导抛弃了他们对君主的效忠以及他们国家古代的宪法。在这样一部像他们近来所制订的宪法中,不可能有一个首都城市。他们已经忘记了,在他们建构民主政府的时候,他们事实上已经肢解了他们的国家。他们所坚持称之为国王的那个人,连把这些共和国的整体足以结合在一起的权力的百分之一都没有保留下来。这个巴黎共和国确实是企图完成军队的堕落并且非法地延续议会(而不求助于它的选民),作为延续它那专制主义的手段。它由于变成为漫无节制的纸币流通的中心,而将努力把一切都吸引到它自己那里来,但这是枉然。全部这种政策到头来所呈现的脆弱,将正有如它目前的狂暴一样。

假如与你们仿佛是奉了上帝的和人的声音的号召那种形势相

对照，这就是你们的实际形势的话，那么我在自己的内心里就无法找到它而可以祝贺你们所做出的抉择或者是伴随着你们的企图而来的成功。我也很难向任何别的民族推荐一种基于这样的原则和产生这样效果的行为。这件事我只好留待给对你们的事务比我能看得更远并且最能懂得你们的行动在多大程度上有利于他们的设计的那些人了。革命协会的先生们的祝贺来得那么早，看来是强烈地认为有关这个国家是有着某种政治规划的，而你们的经历可能在某种方式上在其中是很有用的。因为你们的普赖斯博士似乎是以很大程度的热情把自己投入了这个题目，他以如下引人瞩目的话向他的听众们演说道："我不能在做结论时，不特别请你们回想到我曾不止一次提到过的那种思考，而且你们的思想或许一直在预期着它；这种思考在我的心灵中的感受要比我所能表达的更多。我指的是有关目前时期之利于自由事业的一切努力的那种思考。"

很显然，这位政治宣道师的心灵这时是被某种非凡的计划所膨胀起来的；而且很可能是他的听众——他们要比我更理解他——都在他以前就经历过他的想法以及它所引致的整个一连串的后果。

在我读到这篇讲道之前，我确实认为我曾经在一个自由的国度里[①]生活过；而我所珍视的却是一个错误，因为它使我更喜欢我所生活于其中的这个国家[②]。当时我的确觉察到，一种警惕的、永远在觉醒着的灵敏感，对于保卫我们的自由这一财富——不仅是

① "一个自由的国度"，指法国。——译注
② "我所生活于其中的这个国家"，指英国。——译注

防范侵略，而且是防范败坏和腐化——乃是我们最佳的智慧和我们最大的责任。然而，我认为那种财富不如说是一种要加以保障的享有权，而不是一种要去竞争的奖品。我并没有看出目前时期会怎样地非常之有利于对自由事业的一切**努力**。目前时期与其他的时期之不同，仅只在于法国所做出的事情的那种状况。如果那个国家的例子对这个国家会有影响的话，那么我很容易设想何以他们某些进程有着不愉快的方面而且与人道、宽宏、善意和正义不太调和，却又能以对于行为者有着如此之多的柔顺的温情和对于受难者有着如此之多的英勇的毅力而得以缓解。要是不信任我们有意去追随的那种样板的权威性，那肯定是很不慎重的。但是承认了这一点，我们便被导向一个自然而然的问题，即，那种自由的事业是什么，而且为了它所进行的努力——其中法国的例子是如此突出地显著——又是什么？是不是要消灭我们的君主制，以及这个王国[英国]的一切法律、一切审判法庭以及一切古来的组织？是不是为了拥护一部几何学式的和算学式的宪法，这个国家的一切路标就都要被撤销？是不是上院就要被投票表决为无用？是不是教区制就要被取消？是不是教会的土地就要出售给犹太人和经纪人，或是用之于贿赂新发明的各个城市共和国而沦为一场参与盗窃圣物的行为？是不是所有的捐税就都被表决为冤案，而税收就要转化为一种爱国的捐献或一种爱国的赠礼呢？是不是为了支持这个王国[英国]的海军力量，银鞋扣就要替代土地税和麦芽税呢？[①] 是

① 按，土地税和麦芽税年征税款约为250万镑，约相当于海军军费的岁出。——译注

不是所有的品级、身份和区别都要打乱,从而从普遍的无政府状态之中(再加上国家的破产),三四千个民主政府就应该形成 83
个,而它们又由于某种人所不知的吸引力就会组成为一个了呢?为了这一伟大的目标,军队是不是就要被引诱脱离它的纪律和它的忠诚呢?——首先是以各式各样的堕落,然后则是以增加捐款这种可怕的先例。是不是教区牧师要被引诱脱离他们的主教呢?——向主教们提出一种虚幻的希望以便得到他们自己等级的一份赃物。是不是伦敦的公民们要以他们自己同胞的钱来养活自己从而脱离自己的效忠呢?是不是这个王国合法的硬币,要被一种强制性的纸币所取代呢?是不是所掠夺来的公共税收的剩余部分,要用之于维持两支军队的互相监视和互相讨伐这一野心的规划呢?假如说这些就是革命协会的目的和手段的话,那么我承认它们配合得很不错,而且法国以这些先例就可以向他们供应这两者。

我知道,你们的先例之被提了出来是要羞辱我们的。我知道我们被认为是一个愚笨的、迟钝的民族,由于认为我们的局面是可以忍受的而变得消极顺从了;由于有了一点点自由而永远无法获得充分完美的自由了。你们法国的领袖们一开始是倾向于羡慕——几乎是崇拜——英国的宪法的;但是随着他们的前进,他们就开始以一种主宰者的轻蔑态度在鄙夷它了。你们国民议会在我们这里的朋友们,对于以前被认为是自己国家的光荣的东西,充分怀有同样卑鄙的一种见解。革命协会已经发现了英国这个国家是不自由的。他们深信不疑的是,我们代议制中的不平等乃是“我们宪法中的**如此粗暴和显著**的缺点,以至于它主要地是在**形**

式上和理论上才显得优异。”[①] 一个王国立法体系中的代议制，不仅是其中全部宪法自由的基础，而且也是“一切合法政府”的基础；“而没有这一点，一个政府就只不过是一种篡夺行为而已；”——“当代议制只是局部的，则这个王国就只是局部地享有自由，而且如果是极其局部的，它就只得出一种貌似；假如不仅是极其局部的，而且还是贿选的，它就成了一种麻烦。”普赖斯博士认为代议制的这种不合宜性乃是我们的根本大患；而且虽说关于代议制有这种相似性的腐败现象，他却期待着那还不曾到达其充分完整的腐朽，但是他深恐“为我们所获得这种根本的赐福，将会一事无成，直到某种巨大的滥用权力再度激发我们的憎恨，或某种巨大的灾难再度惊醒了我们的恐惧心的时候为止，或者是直到别的国家获得了一种纯粹而平等的代议制，但我们却被人嘲笑只不过是影子的时候为止，这时候别人的获得才会燃起我们的羞耻心。”对于这一点，他又增添了如下这样一些字样：“这样一种代议制主要是由财富和人民中少数千把个渣滓所选举出来的，他们的选票一般都是被收买的。”

这里您会嘲笑这些民主派的一贯性；当他们没有警惕的时候，他们就以极其鄙夷的态度对待社会中较低贱的那部分人，而同时他们又佯装要把那部分人当成是一切权力的贮藏所。向你们指出潜伏在“不适当的代议制”这个词句的普遍性和不确定性之下的许多谬误，将会需要很长的论证。对那种老式的宪法——在它下面我们曾长期昌盛过——要做到公正，我这里只需说，我们

---

① 《爱国论》，第3版39页。——原注

的代议制已经被发现是十足地适合于人民所能期望或设计的一种代议制的全部目的的。我蔑视我们宪法的敌人，他们不能证明相反的东西。要详尽说明我们发现它能非常之好地促进它的目的的种种细节，需要有一部论述我们实际的宪法的专著了。我这里陈述革命派的学说，只是为了让您和别人可以看出这些先生们对他们国家的宪法抱有怎样的一种见解，以及何以他们似乎在想：某种巨大的滥用权力或某种巨大的灾难对一部符合他们观念的宪法乃是一次赐福的机会，它会大大缓解他们的情绪；您会看到他们何以是如此之醉心于你们那种公正而平等的代议制，一旦拥有了它，同样的效果就可以随之而来。您会看到他们把我们的下院认为仅仅是一种“貌似”、“形式”、“理论”、“影子”、“笑柄”，或许还是一种“麻烦”。

这些先生们估价他们自己是有体系的，而且还是有道理的。因此他们必须把代议制的这种粗暴而显著的缺点、这种精神的痛苦（他们是这样称它的），视为不仅其本身是一种罪恶的东西，而且还使得我们整个政府都成为了绝对非法的，一点儿都不比一场直截了当的谋篡更好些。为了驱除这种非法的和被篡夺的政府，另一场革命当然就是完全有理由的了——假如不是绝对必要的话。如果您仔细考察一下他们的原则的话，它确实要比改变一下下院的选举走得更远得多；因为假如人民代议制或选举对于一切政府的合法性都是必要的话，那么上院一下子就变成私生子和血统不纯的了。上院根本不是代表人民的，哪怕是“貌似或者在形式上。”王位的情形也整个是同样地糟糕。国王可以枉然努力要以根据革命所确立的权威来向这些先生们掩饰他自己。为了要有一个名义而诉诸的那场大革命，其本身在他们体系里也需要有一个名义。依照他们的理论，大革命乃是建立在一个并不比我们目前的形式手续更为坚实的基础之上的——像是由一个上院以及由一个恰好像目前的下院（也就是说，像他们所称为的）是由一个纯属“影子和笑柄”的代议制所构成的那样。

有些东西是他们必须摧毁的，否则他们的存在对于自己就似乎没有目的了。一种是要通过教权来摧毁政权；另一种则是要通过政权来消灭教权。他们觉察到在完成对教会与国家的这场双重的毁灭之中，可能给公众带来最恶劣的后果；但是他们是如此之热衷于自己的理论，以至于他们不止于是在提示说，这场毁灭以其必然导致的和伴随而来的全部灾难——而且这在他们看来是十分肯定的——对于他们并非是不可接受的，或者是远离他们的愿望的。他们中间有一位极有权威、并且肯定是极有才干的人[①]，在谈到教会与国家之间的一场假想的联盟时说道：“或许我们必须等待政权的灭亡，然后这种最不自然的联盟才会崩溃。那个时候无疑地将是灾难性的。但是假如说政治世界的痉挛会伴随有如此之可愿望的一种效果的话，那么它又有什么可悲泣的呢？”您看，这些先生们是准备以怎样一种坚定的眼光在观看可能降临到他们国家头上最重大的灾难的！

因此不足为奇的是，由于对他们国内的宪法和政府中的一切事物都怀有这类观念——无论是教会的还是国家的，无论是作为

① 按，此人系普里斯特利博士（Dr. Joseph Priestley，1733—1804），以下引文见他的《基督教腐化史》（*History of the Corruptions of Christianity*，1782）一书的结论。——译注

非法的与被篡夺来的，还是最好也只是作为一种枉然的笑柄——他们便以一种渴望而炽烈的热情在观看着国外。当他们被这些观念所支配时，要向他们谈他们祖先们的实践、他们国家的根本法律、一部宪法的固定形式——它的种种优点是被长期经验的坚实考验并且是被不断增长的公共力量和国家繁荣所证实了的——就是枉然的了。他们把经验鄙夷为文盲的智慧，至于其他东西，则他们已经在地下埋好了地雷，它将在轰然一声的爆炸中粉碎一切古老的规范、一切先例、宪章和议会的法案。他们有"人权"①。不可能有任何规定是反对这些权利的；没有任何协定对这些权利是有约束力的；这些权利是不承认任何节制和任何妥协的；任何扼制他们的充分要求的东西，都充满了大量的狡诈和不正义。他们的人权是不容许任何政府以其延续的悠久性或以其行政措施的正义性和宽大性来寻求安全而反对这些权利的。这些思辨家的反对意见——假如它的形式和他们的理论不一致的话——在反对这样一种古老的和仁慈的政府时，是和反对最凶残的暴政或最积极活动的篡夺同样地有效。他们总是与政府在争论，不是在滥用权力的问题上，而是在资格的问题上、在名义的问题上。我对他们那种政治形而上学的尴尬的微妙性，不想说什么。让他们成为他们学校里的趣闻吧。——"Illa se jactet in aula-Aeolus, et clauso ventorum carcere regnet."["在那座殿堂里，让伊奥鲁斯去咆哮吧，当他对大风关闭了地牢时，就让他在那里面统治吧。"]②——但是别让他们

---

① 洛克认为某些权利是天生属于一切人的，而这些权利一直为英国人所享有。——译注

② 按，语出罗马诗人维吉尔《依奈德》，I. 140。——译注

捣毁监狱像是一场黎凡特风[1]那样地爆发，以它们的飓风横扫大地并爆出深处的泉水而把我们淹没。

我远远不是在理论上要否定(完全有如我内心里远远不是要在实践上阻止——假如我有能力去做或者去阻止的话)真正的人权。在否定他们虚假的权利要求时，我并不想要损害那些真正的权利，那些是他们所号称的权利要全盘加以摧毁的。假如说公民社会是为了人类的好处而建立的，那么它所为之而建立的那一切好处就成为了人的权利。它是一种慈爱的制度；而法律本身则是唯一按规矩实行的慈爱。人们有权按照那种规矩而生活；他们有权行事公正，正如在他们的同胞中间那样，无论他们的同胞是担任公职还是从事平凡的行业。他们有权得到他们的劳动果实，有权得到使他们的劳动果实丰硕的各种手段。他们有权得到他们父辈的所有，有权哺育和改进他们的后裔，有权生时受到教育、死时得享安慰。凡是每一个人不侵犯他人而能独立做到的事，他就有权为自己做出；而且他还有权公正地得到全体中间的一部分，那是社会以其技术和力量的全部结合可以为他的利益而做到的。在这种伙伴关系中，一切人都有平等的权利，但并不是都获得同等的东西。一个在合伙中只有五先令的人对它所享有的权利，正如一个有五百磅的人对他那更大的股份所享有的权利一样。但是他在合股的收益之中，却无权享有同样之多的股息；至于每一个个人在管理国家事务上所应享有的权力、权威和方针的份额，则我决不承认

① “黎凡特风”(Levanter)，指由黎凡特(Levant)刮来的强劲东风，黎凡特为日出之地，泛指地中海的东岸地带。——译注

它是人在公民社会中的直接的原始权利;因为我考虑的是公民社会的人,而不是别的什么。那是一桩要由约定来加以安排的东西。

如果公民社会是约定的产儿,那种约定就必须是它的法律。那种约定就必须限制和规范所有的宪法条文——它们全都是在那种约定之下形成的。每种立法的、司法的或行政的权力,都是它的产物。在任何其他的事物状态之下,它们都是不可能存在的;任何一个人怎么可能在公民社会的种种约定之下,声称享有甚至还并没有设定其存在的那些权利呢?享有那些与之绝不相容的权利呢?公民社会的原始主旨(first motive)之一——而且那还成为了它的基本规则之一——就是:没有人应该是其自身案件的审判官。由于这一点,每个人立刻就剥夺了自己作为一个未经订约的人的原始的基本权利——那就是,他可以审判自己并判定自己的案件。他放弃了要作自己的统治者的一切权利。他在很大程度上断然放弃了自我辩护的权利,那是自然界的第一条法律。人们不可能同时既享有一个非公民国家的权利,又享受一个公民国家的权利。为了能够获得正义,他就放弃了他那可以决定对自己最为根本之点的东西都是些什么的权利。为了能够获得某种自由,他就以信赖它那全体而做出了投降。

政府并不是由于天然权利[①]而建立的,天然权利可以,而且确实是完全独立于它而存在的;并且是以更大得多的明晰性和以更大得多的程度上的抽象完美性而存在的;但是它们的抽象完美性

① “天然权利”(natural right)或译“自然权利”、“天赋人权”,为18世纪革命的主要理论。——译注

却是它们实际上的缺点。由于对一切事物都有权利，它们就需要有一切事物。政府乃是人类的智慧为了人类的需求而提供的一种设计。人们有权使这些需求应该由这种智慧来提供。那种出自公民社会的、对他们的情感加以充分约束的需求也应计入这些需求之中。社会不仅仅要求个人的情感应该受到控制，而且即使是在群众和团体之中以及在个人中间，人们的意愿也应该经常受到抵制，他们的意志应该受到控制，他们的情感应该加以驯服。这一点只有由于一种出自他们自身之外的力量[①]才能够做到；而且，在发挥这种力量的功能时不能屈服于那种意志和（它的任务本来就是要加以操纵和克服的）那些感情。在这种意义上，对人们的约束以及对他们的自由的约束，就要被算作是他们的权利。但是既然自由和限制是随着时间和情况而变化的，容许有无限之多的变易，所以它们就不可能被固定在任何抽象的规则上；没有什么东西是如此之愚蠢，乃至于要根据那项原则来加以探讨。

一旦你从人的充分权利中取消了任何东西，使每个人都来统治他自己并且忍受对这些权利的任何人为的和主动的限制；从这一瞬间起，政府的全部机构就变成了一项权宜之计。正是这一点才造就了国家的宪法及其权力的适当分配这一技术上最微妙而又最复杂的问题。它要求对人性和人的需要、对促进或阻碍公民体制的机制所要追求的各种目的，具有一种深刻的认识。国家需要有其力量的后备军和对其混乱的补救之道。高谈一个人对食物和

① “一种出自他们自身之外的力量”，此处原文为 a power out of themselves，指并非是出身他们自身之中（from themselves）而是来自他们自身之外（outside themselves）的力量，即永恒的天道。——译注

药品的抽象权利又有什么用呢？问题在于怎样取得和支配它们的方法。从这方面考虑，我总是劝人去请求农夫和医生的、而不是形而上学教授的援助。

建设一个国家或者复兴它或者改革它的那种科学，就像其他的每一种社会科学一样，并不是 à priori［先天地］就可以教给人们的。它也不是一次简短的实验，在那种实用科学里就能教会我们的；因为道德动机的实际效果并不总是直接的；而第一次就出现了偏颇的例子，有可能在其更遥远的作用中却是卓越的；而且它那卓越性甚至于可能来自它一开头所产生的种种不良的效果之中。也会出现相反的情形：各种很可称道的计划，有着令人欣慰的开端，却往往有着可耻的和可悲的结局。每个国家中往往都有某些看不清楚的和几乎是潜伏的原因、许多乍看起来是无关重要的事情，却有可能是它们的兴旺与逆境在根本上所最需依赖的东西。因此，政府这门科学既然其本身是如此之实际，并且是着意于如此之实用的目的，所以就是一个需要有丰富经验的问题，甚至于比任何一个人在整个一生中所能获得的都要更多的经验（而不管可能是多么的明智而又细心）；任何一个人就应该以无限的审慎去冒险推翻一座大厦（这座大厦曾在漫长的时代中、在某种过得去的程度上适应了社会的共同目的），或是去冒险重新建立起它来，而在自己的眼前却并没有什么经过考验的有效用的模型和样版。

这些形而上学的权利进入到日常生活中来，就像光线穿透到一种稠密的介质之中一样，它们由于自然的规律，是会脱离它们的直线而折射的。的确，在人类的感情与关怀的全部复杂的总体之中，人们的原始权利经历着如此之多的折射和反射，以至于如果谈论它们，就仿佛它们始终是处于它们原始取向的简单状态之中一样，那就变得荒谬了。人性是错综复杂的；社会的目标也有着最大可能的复杂性；因此之故权力就没有一种单纯的意图或取向是能够适合于人性或者人事的性质的。当我听说有任何新的政治体制在寻求并且炫耀自己设计的简捷性的时候，我就毫不怀疑可以断定设计者们对自己的行当是全然无知，或者根本就不懂得自己的责任。各种单纯的政府从根本上说都是有缺陷的，还不用把它们说得更糟糕了。假如您单从一种观点来考虑社会，那么所有这些单纯的政体方式都是无限迷人的。事实上，每一种方式都要比更复杂的那些方式之能够达到它们复杂的目标，更加完美得多地适应它那单纯的目的。但是整体得到的适应之不完美和不规则，比起某些部分以极大的精确性加以安排而其余的部分则由于对备受爱护的某一成分的过分照顾而可能全然被忽视，或许是实质上受到损伤，要更好得多。

这些理论家们所号称的权利，全都走上了极端；并且与他们在形而上学上的真确成比例，他们在政治上和道德上也都是虚假的。人权是一种中间的、不可能界定的东西，但并不是不可能加以分辨的。人在政府中的权利乃是它们的优势所在；而这些往往是各种不同的善之间的平衡；有时候则是善与恶之间，有时候又是恶与恶之间的妥协。政治理性乃是一种计算原则，是在道德上而不是在形而上学上或数学上对真正的道德因素作加、减、乘、除的运算。

人民的权利几乎总是被这些理论家们诡辩地和人民的权力混为一谈。社会的主体只要是当其能够采取行动时，就不可能遇到任何有效的抵抗；但是只有到了权力和权利合而为一的时候，他们的整体才无权不与德行，以及一切德行中的第一件事即深思熟虑，相一致。人们对于一切不合理的东西和一切对自己没有好处的东西都是无权的；尽管有一位开心的作家说过，Liceat perire poetis［让诗人们有权去毁灭吧］。据说当时是他们中间有一个冷血的人跳进了一场火山爆发的烈焰之中，Ardentem frigidus Aetnam insiluit［他[①]是冷血跳进了燃烧着的埃特那火山的］。[②] 我认为这样一桩玩笑不如说是一种无法解释的诗的破格，而并非一种帕尔纳索斯山的公民权[③]；而且选择了行使这种权利的，无论他是诗人，或神职人员[④]，或政治家，我以为更明智的——因为是更仁慈的——思想会促使我去拯救这个人，而不是留下他那声音刺耳的拖鞋作为他那愚蠢的纪念品。

我所写的大部分都涉及那些周年纪念[⑤]的种种说教。假如人们在纪念这件事实时，不以他们目前的进程为耻的话，这种说教将会骗得许多人脱离原则并且使他们丧失他们所纪念的那场革命带来的好处。阁下，我向您承认，我从来不喜欢这种滔滔不绝地谈论着抵抗和革命，或者是使对宪法的极端药剂成为了它每天的面包的做法。它使社会的习惯变成无病呻吟，庸人自扰：它在周

① 指古希腊哲学家恩培多克勒（Empedocles，约公元前490—前430）。——译注

② 语出古罗马作家贺拉斯（Horace，公元前65—前8）《诗艺》（Arte Poetica），465，466。——译注

③ 帕尔纳索斯山（Parnassus）为希腊神话中阿波罗与缪斯女神的圣山，“帕尔纳索斯山的公民权”指诗人的自由和特权。——译注

④ 指普赖斯博士，作者的意思是，普赖斯也像是传说中的恩培多克勒一样，由于戏剧性的愚蠢而不相信哲学。——译注

⑤ 作者本文写于法国大革命一周年纪念之际。——译注

期性地服用升汞剂，并为了我们对自由的爱而反复吞服着斑蝥刺激物。

这种病态地使用补药成为了习惯之后，就会由于庸俗的滥用而瓦解了并消耗了本来要在伟大的场合加以施展的那种精神的资源。弑暴君的主题就是在罗马奴役最富忍耐力的时期而成为了学校儿童们的日常作业的—— cum perimit saevos classis numerosa tyrannos［在拥挤的课堂上就把残酷的专制君主消灭了］。[①] 在通常的事物状态中，它在像我们这样的国家里就产生了最恶劣的作用；即使是对于那种自由的事业，它也以一种夸诞的漫无节制的思辨而加以滥用。几乎所有我们这个时代高度有教养的共和派[②]，在一段短时期之后，都变成了最坚决的、步伐最彻底的廷臣；他们很快地便把那种恼人的、温和的而又实际的抵抗事业留下来给我们中间的那些人，那些人在他们自己理论的傲慢与沉醉之中受到他们的轻视，那些人也并不比托利党人[③]高明多少。当然，虚伪是最喜爱崇高的思辨的；因为它从不想走出思辨之外，所以并不要花费什么就可以使得自己辉煌。但是哪怕在被这些狂言臆语的思辨想象为是轻率更有甚于欺诈的情况中，问题也始终大致是同样的。那些发现了自己极端的原则并不适用于仅仅需要有条件的——或者，我可以说，公民的和法制的——抵抗的那类情况的教授们，在那类情况中就一点都不采取抵抗了。那在他们

① 语出古罗马诗人朱文纳尔（Juvenal，55/60—约 127），《讽刺诗》（*Satires*），第 7 卷，151。——译注

② 按，当时许多高度有教养的共和派都先后依附于朝廷。——译注

③ 托利党为英国王党。——译注

乃是一场战争或一场革命，否则就什么也不是。他们发现自己的政治规划并不适用于自己所生活于其中的世界状态，于是往往就轻易地想到全体的公共原则，并且在他们那方面就为了非常之微小的利益而准备着抛弃他们认为是只具有非常之微小的价值的东西。的确，有的人有着更稳定和更坚忍的性格，但是这些都是置身于国会之外的热切的政治家，他们并没有什么可以诱使他们放弃自己心爱的计划。他们的眼中经常有着教会的或国家的或这两者的某些改变。当情形是这样时，他们就总是坏公民并且是十足靠不住的团体。因为他们以为自己的思辨设计有着无限的价值而国家的实际安排则不屑一顾，所以至多他们也只是对它漠不关心而已。他们在对公共事务的良好治理之中看不到有什么优点，在对公共事务的罪恶治理中也看不到有什么缺点；他们倒不如说是高兴后者，以为那更有利于革命。他们在任何人、任何行为或任何政治原则中，除非是可以促进或延缓他们的那种变革计划而外，就看不到有任何的优点或缺点；因此他们在某一天会采取最强暴而滥用的君权，而另一个时候又采取对自由的最放肆的民主观念，他们从这一个原则过渡到另一个，丝毫也不顾及到什么原因、人物或党派。

在法国,你们现在正处于一场革命的危机之中,正处于从一种政府形式到另一种政府形式的转变之中——你们却看不到人性也恰好是处于我们在这个国家[英国]所看到它处于的那种同样的局势之中。在我们,它是战斗的,在你们则它是凯旋的;而且当它的权力与它的意志相称的时候,你们也知道它能够怎样地行动。不要设想我把这些观察仅限于任何一类人,或者是以之理解各行各业的一切人——不，绝不是如此。我不可能是那么不公正，正如我不可能和那些宣扬极端性的原则的人友好相处一样，他们在宗教的名义之下所宣扬的只不过是凶残而危险的政治主张而已。这些革命的政治主张中最糟糕的就是：他们锻炼情感并使之变得冷酷，为的是准备在极端的情况之下有时候要采用那些不顾生死的出击。但是由于这类情况可能永远也不会出现，所以心灵就受到了一种无偿的玷污；而当堕落并不是为任何政治目的服务时，道德情操就会大蒙其害了。这种人对自己的人权理论是如此之感兴趣，以至于他们已经全然忘记了人性。他们对于人的理解力并没有开辟一条新的途径，反而是成功地堵塞了通向人心的那些途径。他们已经颠倒了他们自身心中以及和他们在一起的那些人心中全部安置得十分良好的人类情感中的同情心。

老犹太的这篇著名的说教，在其通篇的政治部分中除了这种精神而外就什么也没有提到。阴谋、屠杀、行刺，对某些人来说乃是获得一场革命的微不足道的代价。一场廉价的、不流血的改良，一种无辜的自由，对于他们的嗜好来说，显得是太平淡乏味了。必须来一场伟大的场面变化，必须有一种宏伟的舞台效果，必须有一片宏伟的景观来激发人们的想象力，——因为它已经由于不断地、了无生气地享受了 60 年的安全[①]（以及公共繁荣的那种永远毫无生气的安宁）而变得麻木不仁了。说教者发现它们全都在法国大革命之中。这便通过说教者整个的编造而激起了一种青春的热

① 按，自 18 世纪初西班牙王位继承战争至 18 世纪末大革命时期，法国始终未曾受强大外敌的威胁。——译注

情。随着他在前进，他的热情就燃烧了起来；而当他达到了他那夸夸其谈的结论时，那就成为一场熊熊烈火了。然后他就从他那神龛的毗斯迦山[①]上观看法国的自由、道德、幸福、昌盛和光荣的状态，就像是面对着一片被允诺的土地上的一派鸟瞰景色，于是他迸发出了如下的狂欢：

“这是怎样的一个多事之秋啊！我感激我竟然活过了它；我几乎可以说：主啊，现在请您让您的仆人平安地离去吧，因为我已亲眼看到了您的救赎。我已经活着看到了知识的传布，它摧毁了迷信和谬误。我已经活着看到了人权空前地更加为人所理解，以及那些似乎已经遗忘了自由的观念而在渴望着自由的国家。——我已经活着看到了三千万人民[②]，他们激愤而坚定，唾弃奴隶制而以一种不可抗拒的声音在要求自由。他们的国王被押在凯旋的行列之中，一个为所欲为的君主亲身向他的臣民们投降了。”[③]

在我继续讲下去之前，我必须谈到：普赖斯博士似乎是有点过高地估计了他在这个时代所获得和所传布的那种伟大的知识财富。对我来说，上一个世纪看来也是完全同样地启蒙了的。尽管它是在不同的地方，却有着和普赖斯博士的胜利同样值得纪念的

① 毗斯迦（Pisgah）山，摩西曾在此处眺望迦南，事见《旧约》《申命记》第34章，第1节。——译注

② 按，法国大革命时，全国人口总数在两千万至三千万之间。——译注

③ 这些可敬的先生们有另一位是目睹了巴黎最近所展现的某些景象的，他本人是这样说的：“一位国王被他那些征服者的臣民们押进了低头认罪的凯旋行列之中，那是人世事务的场景中罕见的宏伟景象之一，而且终我的有生之年我都将以惊奇和感激之情想到它。”这些先生们在他们的感情上是出奇地一致的。——原注

胜利;那个时期的某些伟大的说教者之参与其中,也正像普赖斯博士在法国的胜利中所做到的是同样地热烈。在审判休·彼得斯牧师[1]的叛国罪时已经证实了,当国王查理被遣返伦敦受审时,这位“自由的使徒”当天正在指挥着凯旋的队伍。证人说道:“我看到国王陛下在六驾马车里,彼得斯在国王前面骑着马凯旋。”普赖斯博士当谈到仿佛是他做出了一桩大发现时,只不过是在追随着一个先例而已;因为在对国王的审判开始之后,就是这位彼得斯博士结束他在白厅(他是非常之凯旋式地选择了他的地点的)皇家礼拜堂的长篇祷词时说道:“我已经祈祷并讲道 20 年了;现在我可以和老西米恩(Simeon)一起说:主啊!现在请您让您的仆人平安地离去吧,因为我已亲眼看到了您的救赎。”[2]彼得斯并没有得到他那祈祷的果实;因为他既没有像他所希望的那么快离去,而且也不平安。他本人成为了(我衷心希望他在这个国家里的后继者们没有一个会成为那样)他作为大祭司所领导的那场胜利的牺牲品。或许他们在“复辟时代”[3]对待这个可怜的老好人是太严酷了。但我们正是有负于对他的追忆和他的受难,才知道他也正像任何一个在我们这个时代里追随着他并重复着他的人一样,是有着同样之多的光明和同样之多的热忱的,并且曾同样有效地推翻了一切可能妨碍他所致力的伟大事业的迷信和谬误——那就会认定它自身对人权的知识以及那种知识的全部光荣后果是唯一具有资格的。

① 见第 14 页译注②。——译注

② 《国事审判汇编》,卷 2,360,363 页。——原注

③ 指英国清教革命后,斯图亚特王朝复辟时代。——译注

随着老犹太说教者的这段俏皮话——它只有地点和时间的不同,但是与1648年[①]狂欢的精神和文字是完全一致的——“革命协会”这些政府的缔造者、这支君主的废除者的英雄队伍、统治者的选举人和在凯旋行列里押着国王的领导人,就以一种传布知识的骄傲心理——其中的每一个成员都获得了如此巨大的一份赠礼——在昂首阔步,他们忙于进行一场慷慨的知识传布,这种知识是他们如此之无偿地接受来的。为了进行这种慷慨大度的传播,他们就从老犹太的教堂转移到了伦敦的酒店;在那里这同一位普赖斯博士——在他身上,他那讲坛鼎炉里的烟雾尚未完全消散——就推动了并执行了这个决议或者说致贺词,并由斯坦厄普勋爵传递给了法国的国民议会。

我发现有一位福音书的传道者玷污了神殿中在我们救世主第一次出现时所发出的美妙的先知呼声(通常叫作 nunc dimittis [这就结束了]),并把它以一种不人道而又不自然的狂欢用之于或许是向人类的恻隐与愤怒所曾展现过的最可怖、最恶毒和最令人痛苦的场面。这种“带头凯旋”——其最好的形式也只是毫无气魄的和亵渎宗教的,却使得我们的说教者充满了如此之邪恶的狂喜——我相信必定会使得每一个高尚的心灵都感到震惊的。有几个英国人便被那场凯旋式惊呆了。它倒更像是(除非我们是出奇地受了骗)一场美洲野人进入奥农达加[②]的游行场面——他们

① 1648年英国国会决定将国王查理一世(1625—1649在位)交付法庭审判。——译注

② 奥农达加(Onondaga)为北美印第安人的一个部落,属易洛魁族(Iroquois),位于纽约州西北部。——译注

在他们所谓的胜利那一阵屠杀之后，就把他们的俘虏（已经被像他们自己一样凶恶的妇女们的嘲弄和殴打给吓坏了）带进了四围挂着带发人头皮的茅草棚里去——而不大像是一个文明的尚武民族的凯旋盛典；如果是一个文明的民族，或任何具有慷慨感的人们，就能对败亡的被害者有一种个人切身的胜利感。

亲爱的阁下，这不是法国的胜利。我不得不相信，它作为一个国家已经用耻辱和恐怖把您压倒了。我不得不相信国民议会发现他们自己是处于一种无力惩罚这种凯旋的作者们或者其中的演员们的最大的屈辱状态之中；而且他们所处的局势是，他们对这个题目所可能进行的任何探讨，都必定会缺乏哪怕是一种自由或大公无私的面貌。那个议会的辩护词可以在他们的局势之中找到；但是当我们赞同他们所*必定*带有的东西时，我们自己身上也就有了一个腐化了的心灵的堕落选择。

他们是带着一种被强迫的自愿面貌，在一种严格的必然性的统治之下进行投票的。他们就仿佛是坐在一个外国共和国的心脏里：他们居住在一座城市里，而这座城市的宪法既不是出自他们国王的宪章，也不是出自他们的立法权力。他们在那里是被一支既不是由国王的权威、也不是由他们自己的命令所组建的军队①包围着；而这支军队，如果他们居然下令解散的话，就立刻会把他们解散的。在一伙刺客们已经驱除了好几百名成员之后，他们还坐在那里；而那些以更大的忍耐力或更美好的希望而抱有同样温和

① “一支军队”，指 1789 年 7 月初仓促组成的国民警卫队。——译注

的原则的人们，则每天都继续面临着狂暴的侮辱和被谋害的威胁。在那里有一个多数——有时是真正的，有时则是号称的——其本身也是俘虏，却强迫一个被俘虏的国王以第三只手来颁布他们最无法无天的和最轻佻放荡的咖啡馆里的肮脏的胡说八道，作为王家的敕令。令人作呕的是，他们全部的措施都是在加以辩论之前就决定好了的。毋庸置疑，在刺刀和路灯杆和对他们住宅放火的恐怖之下，他们就不得不采纳各个俱乐部所提出的一切粗暴的和肆无忌惮的措施了，这些俱乐部是由各种各样的情况、语言和民族的一种荒谬绝伦的混杂体组成的。在这些俱乐部中可以发现一些人，和这些人比较起来，喀提林[①]就会被人认为是审慎的，而西提古斯[②]则是一个温和而克制的人了。公共措施之变形成为怪物，也不仅仅是在这些俱乐部里面。它们在学院里就经历过了一番事先的歪曲，那正是这些俱乐部要有如此之多的讲习会的用意所在，这些俱乐部是在所有的公共地点都建立了的。在所有的各种聚会中，每项建议都与它的大胆和狂激和出卖别人而成比例地被当作是天才卓越的标志。人道和恻隐之心被讥之为迷信和愚昧的结果。对个人的温情被认为是对公众的背叛。随着财产之沦于不可靠，自由却总是被估价为完美无缺的。他们就在已经干下了的或是正在筹划之中的行刺、屠杀和抄家中间，形成了对未来社会的良好秩序的种种计划。怀抱卑鄙的罪犯们的尸体并以他们犯罪的名

---

① 喀提林(Catiline，约公元前108—前62)，罗马政治活动家，以野心闻名，曾阴谋叛国，终于失败。——译注

② 西提古斯(Cethegus，指 Gaius Cornelius Cethegus) 为喀提林的同党。——译注

义提升他们的亲属，[1]这样他们就驱使着数以百计的有德行的人去达到同样的目的，办法是迫使他们靠行乞或是犯罪活下来。

他们的这个议会机构就在他们的面前既不自由又不体面地扮演了一出深思熟虑的滑稽剧。他们表演得就像是市场上一群骚乱的观众面前的喜剧演员；他们在一群不顾羞耻的穷凶极恶的男人们和女人们的混乱喊叫声中进行表演，而这些人则按照他们目空一切的幻想，指挥、控制他们，向他们喝彩或喊倒好；有时候还混杂在他们的座位中间，以一种下贱的发作和傲慢而妄自尊大的权威这二者的奇特的混合而对他们颐指气使。既然他们已经颠倒了一切事物的秩序，看台也就代替了议会厅。这个推翻了国王和王国的议会，甚至于并不具有一个严肃的立法团体的面貌和形象——nec color imperii, nec frons ulla senatus［既无皇帝的姿态，又无任何元老的风度］。[2] 他们被赋予一种威力，就像那种邪恶原则的威力一样，在进行颠覆和毁灭，却没有任何进行建设的力量，除了是建造那类可以适用于进行更多的颠覆和更多的毁灭的机器。

赞美并衷心依附国民代表议会的又有谁呢？又有谁不是必然地怀着恐惧与厌恶的心情在躲避这样一场亵渎神明的闹剧和对那个神圣机构之令人反感的颠倒错乱呢？爱君主制的人和爱共和国的人，都必定同样地憎恶它。你们议会的成员们也必定是在那种暴政之下呻吟——他们蒙受它的全部耻辱，对它没有任何指导权，

① 1790年1月法国阿加斯(Agasse)两兄弟因制造伪币被判刑，但他们的兄弟及亲属则被任命在国民警卫队中任职，公开受到表扬。——译注

② 语出古罗马诗人卢坎(Lucan, 39—65)史诗《内战记》(Pharsalia)第9章，207。——译注

也没有得到什么利益。我敢肯定有许多成员——他们甚至于构成那个团体的大多数——必定是和我有同感的，尽管是在欢呼着"革命协会"。可悲的国王！可悲的议会！那个议会必然是怎样沉默地在对那些成员感到愤怒，他们竟可以把有如遮蔽了天空上的太阳的那一天称之为"Un beau jour [一个美好的日子]!"。[①] 他们内心里必定会是何等之愤怒，听到了别人认为应该向他们宣称，"国家这艘船[②]会在它的航道上以前所未有的速度朝向复兴飞速前进"，而它却正在冒着我们的说教者的凯旋之前到来的那场叛卖与谋杀的罡风！当他们怀着外表的忍耐和内心的愤怒听说无辜的人们在自己的家里被杀害，而"流出的血并不是最纯洁的"[③]时候，他们的感受又必定会是什么样子！当他们被诉苦者所包围，诉说着动摇了他们国家的基础的种种混乱，他们却被迫必须冷漠无情地告诉这些诉苦者说，人们是受到法律保护的，他们会呼吁国王（那位被俘虏的国王）要强制执行法律来保护人们时；当那位被俘虏的国王的那些备受奴役的大臣们已经正式通知他们说，现在既没有法律，也没有权威，也没有留下任何权力可以保护人们时，他们必定会作何感想？他们不得不作为当前的新年祝贺[④]而请求他们被俘虏的国王忘掉去年的风暴时期，并且着眼于他很可能为他的人

① 1789 年 10 月 6 日。——原注（按，这一天巴黎民众进军凡尔赛，王室被迫返回巴黎。——译注）

② "国家这艘船"等为法国革命领袖之一米拉波(Mirabeau,1749—1791)语。——译注

③ 为法国革命绞死无辜者 Foullon 和 Berthier 时，法国革命演说家巴纳夫（Barnave，1761—1793)语。——译注

④ 1790 年 1 月 3 日法国国民议会致国王和王后的新年贺信中表示了如是的愿望。——译注

民所成就的伟大的好事；正是为了完全成就那种好事他们才中止了他们实际上的效忠表示的；他们向他保证他们的忠顺，只要他不再享有任何发号施令的权威，这时候他们必定又会作何感想？

确实，这种说法乃是以非常之良好的用意和感情提出来的。但是在法国的历次革命中却必须计及他们风尚观念上的一场很大的革命。我们在英格兰据说是从海水的你们那一边转手学到礼貌的，据说我们是在法国的二手旧衣店里整饬我们的举止的。果真如此，那么我们就仍然是老样子，一直远不能和巴黎有着良好教养的新方式保持一致，以至于竟要认为十分应该以最优美的微妙的致意（无论是悼念还是祝贺）语调向在大地上爬行的那位最屈辱的生物[①]说，伟大的公共利益竟是来自对他的仆人们的杀害、对他本人和他妻子图谋行刺以及他本人亲自经受的屈卑、羞耻和侮辱。这是一个安慰人的题目，我们纽盖特（Newgate）的死囚忏悔牧师大概是太人道了，而不肯向一个绞刑架脚下的罪犯使用它。我倒会认为，巴黎绞架的行刑人既然是被国民议会的投票所解放，被容许在人权的先驱队伍中有他的那支队伍和武器，所以就会是一个十分慷慨、十分豪侠的人，十分之充满着他那种新的尊严感而不会对任何一个（被 leze nation［叛国罪］可能置之于他的**执行权力**的运用之下的）人去采用那种断头的安慰办法的。

当一个人这样地受到奉承时，他就确实是被瓦解了。健忘这付镇痛剂这样服用过后，就很可以指望着保持一种恼人的警觉性并以一种腐蚀性的记忆在助长着活生生的溃疡。于是，使用大赦

① “那位最屈辱的生物”指当时被囚的法国国王路易十六。——译注

这种麻醉剂再加上轻蔑与鄙视的全部成分，就是要向他的嘴举起满得要溢出来的人间悲苦的酒杯并迫使他喝尽最后的一滴，而并不是什么对“受创心灵的芳香剂”。

向这些理由——它们至少也像新年贺词中所如此之精妙地被强调着的理由那么强烈有力——屈服之后，于是法国国王便或许会企图忘掉这些事情和那篇贺词。但是历史对我们全部的行为都保存着持久的纪录，并且对于各种各样的所有统治者的举动都要运用它那令人敬畏的裁判；它将既不会忘记那些事情，也不会忘记人类交往之中的这个美好的自由时代的。历史将记录下来，在1789年10月6日的早晨，法国国王和王后在一整天的混乱、惊愕、沮丧和屠杀之后，在公众的忠诚所保证的安全之下，躺下来在几小时的喘息和烦愁忧郁的休憩之中浸沉在大自然里。王后首先被她门前卫士的声音从这场睡眠中惊起，这个卫士向她大喊赶快逃命——这是他可能做出的效忠的最后证据——他们捉住了他，于是他就死掉了。[①] 他马上就被斩首。一伙残忍的暴徒和刺客，身上染着他的血，闯入王后的室内，用刺刀和匕首把床捅了几百下；这位被追捕的女人刚刚及时几乎是赤身裸体地逃出这里，并且通过凶手们所不知道的途径逃到了一个国王兼丈夫的脚下，而他本人的生命却一刻也不安全。

这位国王——无需再说他了——和这位王后以及他们幼小的孩子们（他们一度曾经应该是一个伟大而慷慨的民族的骄傲），这

① 按，此卫士的名字是 de Miomandre，他没有死，只是受了伤，后来康复了。——译注

时就被迫舍弃了全世界最华丽的宫殿[1]的庇护，他们在血泊里离开，宫殿被屠杀所污染，断肢和残骸四处可见。他们从这里被带到他们王国的首都。在针对组成国王贴身卫队的那些出身高贵的侍从们的这场无缘无故、没受到任何抵抗、不分青红皂白的屠杀中，有两个侍从被挑了出来。这两个侍卫[2]就以执行司法的全部仪式，残酷地而又公开地被拖到铁砧上面，在王宫的广场上被砍了头。他们的头被插在长矛上，领着游行队伍，同时王室的俘虏们则排队走在后面，慢慢地向前移动，周围尽是可怕的呻吟和尖厉的叫声与激动的颤抖和下流的谩骂以及以最下贱的女人撒泼的姿态像魔鬼发疯般地展现的种种难以言表的恶行。在他们那种一点一点的、更有甚于死亡的痛苦之后，在行程 12 英里、延续了 6 个小时的漫长折磨而使人心满意足之后，他们就被引导着他们进行这次有名的游行的那些兵士们所组成的卫队安置在巴黎的一所旧皇宫[3]里——这时它已被改成了国王的巴士底狱。

这是一场应该奉献给神坛的胜利吗？应该满怀感恩地举行纪念吗？应该以热情的祈祷和热烈的欢呼供献给神圣的人道吗？——我向您保证，这些在法国举行的、只受到老犹太喝彩的底比斯和色雷斯的狂欢节[4]，在这个王国[英国]里只能点燃极少数人心灵中的预言热情；尽管一个圣人和使徒——他可以有他自己

---

① 指凡尔赛宫，在巴黎西南远郊。——译注

② 这两个人是 Huttes 和 Varicourt。——译注

③ 指杜伊勒利(Tuileries) 宫。——译注

④ 底比斯(Thebes) 为古希腊一个城邦，与传说中俄狄浦斯悲剧有关；色雷斯(Thrace) 在古希腊是个野蛮的国家。——译注

的启示，而且他已经如此完全地消灭了自己内心中所有卑鄙的迷信——可以倾向于认为，在一座圣殿里由一位可尊敬的圣人来宣布（并且不久之前曾被天使的声音向牧羊人们的安谧的无辜同样地加以宣告过）把它比作“和平的君主”之降临于世界，乃是一件虔诚的和得体的事。

最初，我对叙述这场未曾防范的激荡的爆发，完全不知所措。我的确知道，君主们的受苦受难给某种人的口腹准备了一道精致的美味。有些反思可能有助于把这种食欲保持在某些有节制的限度之内。但是当我把一种局面纳入我的考虑之中时，我就不得不承认应该向社会做出大量的承诺，而且这种诱惑对于通常的斟酌来说是太强大了；我的意思是指，这种胜利的艾奥·培安[①]式的情况、这种蛊惑人心的喊叫声：“把所有的主教都吊死在路灯杆上”，[②]很可能对这幸福的一天之可以预见得到的后果，造成一场热情的迸发。我容许有如此之大量的热情，多少是有点偏离了审慎之道。我容许这位先知在看来就像是千年福王国（或是在一切教堂建筑的废墟之上的那个设想中的第五王国[③]）的先兆这样一桩事情上，引吭高唱着欢乐和感恩的颂歌。然而，在这种欢乐之中却有着（正如在所有的人世事务中都会有的）某种东西在锻炼这些可敬的先生们的忍耐心并考验他们信心的长期忍受力。这个“美

① 艾奥·培安（Io Paean）为希腊神话中的少女、宙斯的情人，经历过许多挫折，曾四处游荡。——译注

② Tous les Evêques à la lanterne. “把所有的主教都吊死在路灯杆上。”——原注

③ “第五王国”（Fifth Monarchy）。英国革命末期，某些宗教狂曾宣扬将有一个以基督为首的普世王国的来临，后遭克伦威尔镇压。——译注

好的日子”的其他吉利的局势，还需要在实际上杀害国王和王后和他们的孩子。也还需要对主教们实际上进行杀戮，尽管已经有那么多的叫喊声在召唤着了。有一些弑君和亵渎神明的屠杀，确实是已经被勇敢地策划出来，但只是策划出来了而已。在这次屠杀无辜者的伟大历史场面中，它却不幸始终没有完成。在这个人权学派里，究竟有哪位大师的如椽大笔可以完成它，今后就要拭目以待了。这个时代还不曾享有那种已经摧毁了迷信与错误的知识的传播的全部好处；而考虑到由于法国国王本人的受难以及一个启蒙时代的种种爱国主义的罪行所会产生的一切好处，法国国王也还需要有另一两桩事情再付与湮没无闻。①

① 这里应该提到一位目击者有关这个问题所写的一封信。这位目击者是国民议会中一位最诚实、最睿智和最有口才的成员，是国家的最积极和最热心的改革者之一。他不得不退出议会；而且后来有鉴于这场虔诚的胜利的种种恐怖以及从种种罪行中获得了利益（假如不是造成了这些罪行的话）而掌握了公共事务的领导权的那些人们的品质，他就成了一个自愿的流亡者。

拉利·托伦达先生（M. de Lally Tollendal）致一位友人的第二封信摘录：

“Parlons du parti que j'ai pris; il est bien justifié dans ma conscience. — Ni cette ville coupable, ni cette assemblée plus coupable encore, ne meritoient que je me justifie; mais j'ai à cœur que vous, et les personnes qui pensent comme vous, ne me condamnent pas. — Ma santé, je vous jure, me rendoit mes fonctions impossibles; mais même en les mettant de côté il a été au-dessus de mes forces de supporter plus long-tems l'horreur que me causoit ce sang, —ces têtes — cette reine *presque égorgée*, —ce roi, — amené *esclave*, —entrant à Paris, au milieu de ses assassins, et précédé des têtes des ses malheureux gardes — ces perfides janissaires, ces assassins, ces femmes cannibales, ce cri de TOUS LES ÉVÊQUES À LA LANTERNE, dans le moment où le roi entre sa capitale avec deux évêques de son conseil dans sa voiture — un *coup de fusil*, que j'ai vu tirer dans un *des carosses de la reine*. M. Bailly appellant cela *un beau jour*, L'assemblée ayant déclaré froidement le matin, qu'il n'étoit pas de sa dignité d'aller toute entière environner le roi. M. Mirabeau disant impunément dans cette assemblée, que le vaisseau de l'état, loins d'être arrêté dans sa course, s'élanceroit avec plus de rapidité que jamais vers sa régénération. M. Barnave, riant avec lui, quand des flots

尽管有关我们的新眼光和新知识的这项工作，并没有彻底完成在所有可能的方面它所意图它应该做到的事，然而我却要认

---

de sang coulaient autour de nous, Le vertueux Mounier* échappant par miracle à vingt assassins, qui avoient voulu faire de sa tête un trophée de plus: 'Voilà ce qui me fit jurer de ne plus mettre le pied *dans cette caverne d'Anthropophages* [the National Assembly] où je n'avois plus de force d'élever la voix, où depuis six semaines je l'avois élevé e en vain. Moi, Mounier, et tous les honnêtes gens, ont le dernier effort à faire pour le bien étoit d'en sortir. Aucune idée de crainte ne s'est approchée de moi. Je rougirois de m'en défendre. J'avois encore reçû sur la route de la part de ce peuple, moins coupable que ceux qui I'ont enivré de fureur, des acclamations, et des applaudissements, dont d'autres auroient été flattés, et qui m'ont fait frémir. C'est à l'indignation, c'est à l' horreur, c'est aux convulsions physiques, que se seul aspect du sang me fait éprouver que j'ai cédé. On brave une seule mort; on la brave plusieurs fois, quand elle peut être utile. Mais aucune puissance sous le Ciel, mais aucune opinion publique ou privée n'ont le droit de me condamner à souffrir inutilement mille supplices par minute, et à perir de désespoir, de rage, au milieu des *triomphes*, du crime que je n'ai pu arrêter. Ils me proscriront, ils confisqueront mes biens. Je labourerai la tere, et je ne les verrai plus. Voilà ma justification. Vous pourez la lire, la montrer, la laisser copier; tant pis pour ceux qui ne la comprendront pas; ce ne sera alors moi qui auroit eu tort de la leur donner."

["谈一谈我们所参加的党派吧，这在我的良心上是有道理的。——并不是那座罪恶的城市，也不是那个更加罪恶的议会，配使我有道理；而是我有心让您以及与您思想相同的人们不至于谴责我。我向您断言，我的健康使我不可能去尽我的职责了；然而即使撇开这些不谈，要再长期支持这种恐怖也是超出我的力量之外的，这种恐怖对于我来说造成了那些鲜血、那些头颅、那位几乎被绞死的王后、那位沦为奴隶的国王在他们的凶手中间进入了巴黎，而领头在前面的则是他那些不幸的各级官吏、那些倒戈的禁卫军、那些凶手、那些吃人的女人们、那种叫喊："把所有的主教都吊死在路灯杆上"，正是这个时刻国王和他的两位顾问主教在他的车里进入他的首都；还打了一枪，那枪是我看到从王后的一辆车里掏出来的。贝利(Bailly)先生称它是一个美好的日子，——那天早晨议会已经冷酷地宣布，全体都去拥在国王的周围乃是与自己的尊严不相称的。米拉波先生在那个议会里不负责任地说，国家这艘船远不是在它的航线上被遏阻了，而是以前所未有的更快速度朝着自己的复兴在跃进。巴纳夫先生和他一起在笑着，这时候血正从我们的身边淌过。那位德行高尚的穆尼埃(Mounier)* 奇迹般地逃过了20次暗杀，他愿意再次使自己的头颅成为战利品：这就是我决心不再涉足于那个

为这样来对待任何一个人是必定要使任何人都感到震骇的，除了那些生来就为的是干革命的人们而外。但是我不能在这里止步。由于被我天生来的感情所影响，而且丝毫没有受到任何一丝这种新出现的近代光明的启发，阁下，我必须要向您坦白：这些受难的人们的崇高地位，而尤其是那么多国王和皇帝的后裔的性别、美丽和可爱的品质，王室儿童们的幼小年纪——他们只是由于幼稚无辜而感受不到他们父母们所经受的那种残酷虐待（而不是一种可以得意的事）——大大地加重了我对那种最忧伤的境遇的感受。

我听说这位庄重的人[①]——他是我们的说教者们的凯旋的主要目标——尽管自己也挺过来了，却对那种羞辱的境遇感受至深。

吃人者的巢穴[国民议会——原注]之中的原因，我在那里面已经不再有发言的力量，我在那里面曾经枉然发过六个星期的言。

"我，穆尼埃和所有正直的人都想到，为了做好事而做的最后努力是一去不复返了。任何恐惧的观念都不会临近我了。我要为自己辩护是会脸红的。我在路上还接触过那部分人，他们要比因愤怒、因叫喊、因欢呼——别人会对这些感到得意的，但那却使我战栗——而陶醉的人更为无辜。正是由于愤怒，正是由于恐惧，正是由于肉体的痉挛，才使得我感受到了唯有流血的景象是我要与之诀别的。人们只冒唯一的一次死亡，而人们却可以冒上它许多次，当它可能有用的时候。但是天下的任何威力，但是任何公众的或私人的意见，都无权谴责我枉然无益地每分钟都受着上千次的折磨，无权谴责我在我所不能阻止的那些凯旋、那些罪行中死于绝望和剧痛。他们剥夺我，他们没收我的财产。我曾在大地上劳动过，我却不会再劳动了。——这就是我的辩护词。您可以阅读它，出示它，传抄它；这对那些不懂得它的人可真坏透了；但把它交给他们却并不是我的过错。"]

这位军人并没有老犹太那些安详的先生们那么好的神经。——见穆里埃先生对这些书信往来的叙述，他也是一个荣誉的、有德行的、有才干的人，因而也是一个逃亡者。

* 请注意。穆尼埃先生当时是国民议会的议长。他此后不得不度流亡的生活，尽管他是对自由的最坚定的支持者之一。——原注

① 指法国国王路易十六。——译注

作为一个人,他会要感念他的妻子和他的孩子以及他本人的忠诚的卫士们,他们在他身边遭到冷血般的屠杀;作为一个君主,他要感念他那些文明的臣民们的出奇可怕的转变,他对他们感到的忧伤更有甚于对他自己的关怀。这并没有减少他的勇气,却无比地增加了他那人道性的荣誉。我要非常抱歉,确实是非常抱歉地说,这种人物所处的地位乃是我们不宜于加以赞扬的那种伟人的德行的地位。

我听说,我欢欣鼓舞地听说,那位伟大的夫人[①]和这场凯旋的其他目标也都挺过了那一天(人们会很高兴看到为受难而生的人们是会很好地受难的),而且她忍受了所有继之而来的日子,她以一种肃穆的忍耐、以一种适合于她的身份和门第[②]并与一位以其虔诚和勇气而闻名的君主的苗裔相称的态度而忍受了她丈夫的被囚禁和她本人的被俘虏、她的朋友们的流亡、那些祝词中的侮辱性的奉承话;而且像她母亲一样,她具有崇高的情操,她的感情带有一位罗马女主人的尊严;而且万不得已时她也将挽救她自己不受最后的羞辱;而且假如她一定会失败的话,她也不会以什么不光彩的手段而失败的。

我见到这位法国王后至今已是十六七年了,[③]当时她在凡尔赛宫中是太子的王妃,而且在这个宝球[④]上——她似乎简直没有

① 指路易十六的王后玛丽·安托瓦内特(Marie Antoinette, 1755—1793)。——译注

② 按,玛丽为奥国女主玛丽·特利莎(Maria Theresa, 1717—1780 ,1740—1780 在位)之女。——译注

③ 作者曾于1774年见过这位王后。——译注

④ 宝球(orb),象征王权的宝球,球顶上有一个十字架。——译注

触摸过这个宝球——她确实从来不曾焕发过更为光彩的仪表。我看到她正在远处点缀着并欢欣地招呼着她刚刚开始步入的那座高耸的圆顶建筑——她闪耀得像是启明星，充满了生气、光辉和欢愉。啊！是什么样的革命！我必须要有怎样的一颗心，才能不动感情地观照那场升起和那场没落！我简直没有梦想过，当她对那些地位悬殊的、充满着热诚而又尊崇爱戴之情的人们授予可敬的头衔时，她却竟然要不得不对隐藏在他们胸中的那种羞耻带上一副强烈的解毒剂；我简直没有梦想过，我竟然活着看到了在一个充满了豪侠之士的国度里、在一个充满了荣誉的人们和骑士的国度里，会有这样的灾难落在她的身上。我以为哪怕是一个对她带有侮辱性的眼光，都必定会有一万支宝剑拔出鞘来复仇的。但是骑士的时代已经成为过去了。继之而来的是诡辩家、经济家和计算家的时代；欧洲的光荣是永远消失了。我们永远、永远再也看不到那种对上级和对女性的慷慨的效忠、那种骄傲的驯服、那种庄严的服从、那种衷心的部曲关系——它们哪怕是在卑顺本身之中，也活生生地保持着一种崇高的自由精神。那种买不到的生命的优美、那种不计代价的保卫国家、那种对英勇的情操和英雄事业的培育，都已经消逝了！那种对原则的敏感、那种对荣誉的纯洁感——它感到任何一种玷污都是一种创伤，它激励着人们的英勇却平息了残暴；它把它所触及的一切东西都高贵化了，而且邪恶本身在它之下也由于失去了其全部的粗暴而失去了其自身的一半罪过——这一切都成为过去了。

见解与情操二者的这种混合体系，在古代的骑士风格中有着它的根源；而那种原则尽管由于人世事务变化多端的状态而在其表现上姿态万千,却始终持续并影响着各个世代的漫长序列,直到我们所生活的这个时代。假如它竟然全部被绝灭了的话,那损失恐怕就太重大了。正是这一点才赋予了近代欧洲以它的特点。正是这一点才在它那些各式各样的政府形式之下突出了它自身,突出了它对于亚洲各国——并且很可能也对古代世界最辉煌的时期里繁荣昌盛过的那些国家——的优势。正是这一点才造成了一种高贵的平等而又不混淆各种等级,并通过社会生活的全部级差而把它传了下来。正是这种见解,才把国王调和到群体中间来并把私人提高到国王的伙伴。它不用武力或反抗就克服了骄傲和权力的凶猛性;它迫使君主们屈服于社会的尊重那条柔软的项圈之内,强使顽固的权威要顺从于优雅的风度,并且以风范来驯服一个号令着各种法律的征服者。

但是现在,这一切是都被改变了。一切令人欣慰的幻念——它们使得权力是温和的并使得服从是自由的,它们调和了各种不同的生活差异,而且它们以一种轻而易举的消化作用把美化了和驯化了私人社会的种种情操都合并到政治里来——现在都被这场光明与理性的新的征服者的帝国给瓦解了。生活中所有美妙的帷幕全都被粗鲁地撕掉了。所有由道德的想象库中所提供的种种附加的观念——那乃是内心所享有、被认识所裁可作为遮蔽我们赤裸裸的、颤抖着的天性的种种缺陷并在我们自己的估价中把它们提高到尊严的地位之所必需——都被作为一种荒唐可笑而又过了时的款式而被戳穿了。

在事物的这种格局里,一个国王只不过是一个男人,一个王后只不过是一个女人;一个女人只不过是一个动物,而且是一个并非最高级的动物。对于女性一般所表示的这类并不带有特殊眼光的敬意,都被看作是传奇和蠢事。弑君、弑父和亵渎神明只不过是迷信杜撰的故事,这些都由于破坏了法理的纯朴性而败坏了法理。杀害一个国王或一个王后或一个主教或一个父亲,只不过是通常的家内残杀;而且假如人民由于任何机缘或者以任何方式而成为它的赢家,那么一番家庭残杀就更加是极为可宽恕的了,我们对它不必进行过分严厉的探究。

这种野蛮的哲学乃是冷酷的心灵和理解混乱的产儿,并且它缺少坚实的智慧,正有如它缺乏一切的鉴赏力和优雅感;根据它那方案,各种法律就只有靠它们自身的恐怖以及靠每个个人根据自己个人的计较在其中所可能找到的、或者是从自己私人利益中所可能付与它们的关切来加以支撑了。在他们学园的丛林中[①],在每一排的尽头,你看到的只有绞刑架。没有留下来任何东西是致力于共和国的深情厚爱的。根据这种机械主义哲学的原则,我们的体制就永远都不可能体现在具体的人的身上(假如我可以使用这种说法的话),从而能在我们的身上创造出爱、敬、仰慕或执著。但是排斥了深情厚爱的那种理性,是无法填补它们的地位的。这种公众的深情厚爱与风尚相结合,有时候是需要用以作为某些补充的,有时候是作为某些纠正措施的,并且总是作为对法律的助手的。有一位聪明人而且是一位伟大的批评家对于诗的结构所提出的那句箴言,对于国家也同样是真确的:Non satis est pulchra esse poemata, dulcia sunto.[诗歌只有美是不够的,还

① 按,古希腊哲学家往往是在学园的丛林中漫步谈论哲学的。——译注

得有深情。][①]每个国家都应该有一套风尚的体系，使一个教养良好的心灵愿意去享受它。要使我们爱我们的国家，我们的国家就应该是可爱的。

但是风尚和舆论在打击之下消失了，而这种或那种权力却将存留下来；而且它会找到其他更恶劣的手段来作为自己的支撑。为了要颠覆古来的体制，谋篡已经摧毁了古来的原则，它将以类似于它用来获得权力的那些方法来保持权力。当古老的封建的与骑士的效忠精神——它使国王摆脱了恐惧从而使国王和臣民都摆脱了对暴君制的警惕——将会在人们的心灵中熄灭时，由于有先发制人的谋杀和先发制人的抄没财产，所以预料得到将会有种种阴谋和暗杀，以及一长串的阴森的和血腥的准则，它们构成为一切权利的政治法典，但并不是根据它自己的荣誉和那些要服从它的人们的荣誉。

当古老的生活见解和规则被取消时，那种损失是无法加以估计的。从那个时刻起，我们就没有指南来驾驭我们了，我们也不可能明确知道我们在驶向哪一个港口。就整体而论，欧洲在你们革命完成之日，无疑地是处于一种繁盛的状态。那种繁荣的状态有多少是由于我们古老的风尚和舆论，是不大好说的；但是既然这些原因不可能与它们的运作毫不相干，所以我们就必须假定它们的运作在整体上乃是有益的。

我们过于轻易地以我们所发现的事物状态来考虑它们，而并未能充分留意到产生它们的以及可能维持它们的各种原因。最确

① 语出古罗马诗人贺拉斯《诗艺》第99。——译注

凿不过的莫过于:我们的风尚、我们的文明以及与风尚和文明相联系的一切美好的东西,在我们的这个欧洲世界里,多少世代以来都有赖于两项原则,[1]而且确实还是这两者结合的结果。我指的是绅士的精神和宗教的精神。贵族和教士,一个是以职业,一个是以恩宠,保存了学术的生命,哪怕是在干戈扰攘之中,而且哪怕当时的政府就是干戈扰攘的原因而并非是由之所形成的结果。学术报答了它从贵族和牧师那里所接受来的东西,并且由于开阔了他们的思想和丰富了他们的头脑而偿付了高利贷。假如他们都能继续懂得他们那种不可分解的联合以及他们应有的位置,那会是多么幸福啊!假如学术不曾被野心所败坏而是始终满足于只是做一个教导者而不想做主人,那会是多么幸福啊!但学术将要随着它的天然保护者和保卫者一道被投进泥淖之中,遭到一群猪一样的粗鄙之徒的践踏。[2][3]

假如像我所怀疑的那样,近代文学之有负于古代风尚的,更有甚于它们往往所愿意承认的;那么我们要像它们所应分的那样来充分评价其他的趣味,其情形也会是如此。甚至于商业和贸易和制造业这些我们经济的政治家们的神明,它们本身恐怕也只是被创造物;它们本身只不过是结果,而我们却挑出它们来当作是最初

---

① "两项原则"指荣誉和宗教。——译注

② 《新约》,《马太福音》第 7 章,第 6 节:"不要把圣物给狗,也不要把你们的珍珠丢在猪前,恐怕它践踏了珍珠,转过来咬你们。"——译注

③ 可参考贝利和孔多塞两个人的命运,此处特别想要提及他们。请把审讯的情况及前者的被处决与这一预言比较一下。——原注[按,贝利(Bailly, 1736—1793)和孔多塞(Condorcet, 1743—1794)两人均为法国科学家与大革命的政治活动家,后均遭革命政权的迫害而死。——译注]

的原因而加以崇拜。它们肯定地是在使学术得以繁荣那种同样的荫庇之下成长起来的。它们也可以随着它们天然的保护原则一起衰落。至少目前在你们那里,它们有全部消失的危险。当一个民族需要贸易和制造业,而高贵性的和宗教的精神又依然存在时,情操就提供了——而且还并非总是供应得很不好——它们的地位;但是当商业和工艺在一场考验一个国家不要这些古老的基本原则还能屹立得如何的实验之中竟然失败了的时候,一个粗暴的、愚蠢的、凶恶的而同时又是贫穷而悲惨的、野蛮的、缺乏宗教、荣誉和雄壮的骄傲的国家,目前一无所有,今后也毫无希望,又必然会是一种什么样子的东西呢?

我希望你们可以不会很快地就采取最短的捷径走向那种可怖而又可厌的局势。在国民议会和所有他们的教导者的进程里,已经出现了一种构思上的贫困、一种粗糙和庸俗。他们的自由是并不自由的。他们的科学乃是自高自大的无知。他们的人道乃是野蛮和粗暴。

还不大清楚,我们在英国是不是从你们那里学会了这些宏伟的和彬彬有礼的原则和风尚的——其中有相当的痕迹还保留着——或者你们是不是从我们这里学到了它们的。但是我以为,我们最好是追踪它们到你们那里。在我看来,你们似乎是——gentis incunabula nostrae[我们这个种族的摇篮]。[①] 法国始终是或多或少地影响着英国的风尚;而当你们的泉水被阻塞和受了污染的时候,泉水在我们这里——或者也许在任何国家里——就不会

① 语出古罗马诗人维吉尔《伊奈德(*Aeneid*)》,第3章,105。——译注

流得很长远或流得很清澈。照我看来，这就只会使得全欧洲极其密切而息息相关地注视着在法国所做出的一切事。因此，就请原谅我，假如我是过分冗长地谈到了 1789 年 10 月 6 日的残暴场面，或者是对一切革命之中最重要的场合——它可以从那一天算起，我指的是一场情操的、风尚的和道德见解的革命——在我的心目中所出现的反思给予了过多的篇幅的话。既然事情目前的状况是，一切可尊敬的事物都在我们身外被毁掉了，而且还在企图摧残我们身上的每一项可尊敬的原则，所以人们就几乎是被迫要为着保存人们的共同感情而辩解。

我和普赖斯牧师博士以及他那些世俗的群众（他们将选择是否采取他的讲演的那种情操），何以感受是如此之不同？——就因为这一条简单的理由——因为我应该这样做乃是很自然的，因为我们天生来就会在这类场面中对现世繁荣之不稳定的情况以及人类伟大性的巨大不确定性，受到忧郁情操的感染；因为在这类事件中，我们的感情就教导了我们的理性；因为当国王们被这场伟大戏剧的“最高导演”撵下了他们的宝座，变成了卑贱者侮辱的对象，变成了善良者怜悯的对象时，我们在事物的道德秩序中所看到的这类灾难，就正如我们在事物的物理秩序的一场奇迹中所看到的灾难一样。我们被震惊得陷入了沉思，我们的心灵（正像是长久以来被人所观察到的[①]）乃是被恐惧和怜悯所净化了，我们软弱的、未经思考的骄傲在一种神秘智慧的支配之下谦卑了

① 指亚里士多德《诗学》（第 6 章）为悲剧所下的定义乃是用眼泪净化人们的灵魂。——译注

起来。假如这样一种景象展现在舞台上，就可能引得我流下眼泪。我真正应该为在自己身上发现对描写中的不幸有着那种浅薄的戏剧感而感到羞愧，而我在现实生活中却能够对它感到欢欣。怀有这样一种颠倒的心灵，我就永远不敢在一场悲剧面前表现出我的面貌。人们就会想，以前加里克和不久之后的西登斯[①]从我身上所索取的眼泪，都是虚伪的眼泪；我应该知道它们都是愚蠢的眼泪。

的确，剧院比起教堂来是一个更好的道德情操的学校，在那里人道的感情就这样地被激扬起来。诗人们必须对付一群在人权学校里尚未毕业的读众，并必须致力于内心的道德素质，因而就不敢炮制出一幕像是一场狂欢那样的胜利。凡是在人们追随自己的天然冲动的地方，他们就不会忍受那类马基雅维里的政策之令人厌恶的准则，不管是用来获得君主制的还是民主制的暴政。他们在现代的舞台上会摒弃它们的，正如他们一度在古代的舞台上所做的那样；在古代舞台上他们甚至于不能忍受一个扮演暴君的演员口中说出这类罪恶的虚拟语句，哪怕是适合于他所扮演的角色。在雅典，剧场观众在这一凯旋日的真实悲剧之中没有一个是会忍受为人所曾忍受过的东西的；一个主要演员，就仿佛是在一个出售恐惧的商店里所悬挂的天平上面，他在衡量着有多少真实的罪行，又有多少偶然的好处；在加减权衡之后，便宣布天平是在有好处的那一边的。他们忍受不了居然看到

① 加里克（David Garrick，1717—1779）为英国著名的戏剧表演家，系作者友人。西登斯夫人（Sarah Siddons，1755—1831）为英国著名戏剧表演家，有“悲剧女王”之誉。——译注

在一本总账目中开列着新的民主制的罪行和旧的专制主义的罪行的对照，而政治会计师竟发现民主制依然负着债，却又一点都不能或不愿付款以求得平衡。在剧院中，最初直觉的一瞥，不需要有任何细致的推理过程就会表明，这种政治计算的方法会证明任何程度的罪行都是有道理的。他们会看到，根据这些原则，即使在没有做出最恶劣的行动本身的地方，那也毋宁说是由于阴谋者的侥幸，而不是由于他们吝惜付出背叛和流血的代价。他们很快地就会看到，罪恶的手段一旦得到宽容，很快就为人们所乐于采用。比起通过伦理道德的这条大路来，它们提供了一条更短的捷径。由于论证了叛卖和谋杀对公共利益是正当的，于是公共利益很快地就变成了借口，而叛卖和谋杀则变成了目的;终于巧取豪夺、心怀恶意、报复以及比报复更可怕的恐怖，就能满足他们那些永不满足的嗜欲。在人权的这些胜利的光辉之中，丧失了一切天然的是非感的后果就必定会如此的。

但是这位可敬的牧师却在这场“领导着凯旋”之中欢欣鼓舞，因为路易十六真是一个“为所欲为的君主”;换句话说，那不多不少恰好因为他是路易十六，而且因为他不幸生而为法国国王，有着一个悠长系列的祖先和人民悠久的默认(而他本人并没有任何布置)所使他享有的各种特权。那确实变成了一场不幸，即他生而为法国国王。但是不幸并不是罪行，而行为失检也并非总是最大的罪过。我永远都不认为一位君主，他全部御位期间的各种行为乃是对他臣民的一系列让步，他愿意放松他的权威，减少他的特权，号召他的人民享受他们的祖先所不知道的、或许是所不曾愿望过的自由；[1]这样一位君主，尽管他屈服于人们和君主们所赋有的共同弱点，尽管他曾一度认为有必要用武力来对付公开反对他本人以及他那残余权威的某些亡命策划，尽管这一切都应考虑在内，我仍将很难被导致认为，他就配得上巴黎和普赖斯博士的那种残酷而侮辱性的凯旋。从这样一个对于国王的例子，我要为自由这桩事业而战栗。在对人类犯下的罪大恶极而未受惩罚的暴行之中，我要为人道这一事业而战栗。但是有一些属于那种低级的和堕落了的心灵方式的人们，他们却以一种沾沾自喜的敬畏之情在仰望着国王，他们懂得怎样保住自己的禄位，严厉掌握着自己的臣民，肯定自己的特权并且以一种严酷的专制主义之觉醒了的警惕性来防范着自由到来的第一步。针对着诸如此类的东西，他们永远也不提高他们的声调。背叛了原则的人们，被幸运所选中，他们在受难的德行中永远看不到任何好东西，在成功的篡夺中也永远看不到任何罪行。

假如能够向我说明，法国国王和王后（我是指在那凯旋之前就是国王和王后的人）乃是顽固而残酷的暴君，他们已经炮制了有意的计划要屠杀国民议会（我想我曾在某些印刷品中看见过某些暗示着诸如此类的东西），那么我应该认为囚禁他们是正当的。假如这一点是真的，那就应该做出更多的事，但我的意见是那应该以另一种方式做出来。对真正暴君的惩罚乃是正义的一桩高贵可畏的举动，并且它曾经很真确地被人说成是对人类心灵的慰藉。但是假如我要惩罚一个罪恶多端的国王，我应该顾及对这种罪行进行

① 作者此处可能是指建立各地方的议会。——译注

复仇时的尊严。正义乃是庄严的和郑重的，它执行惩罚更多地是服从于必要，而不是进行选择。假若尼禄，或阿格丽品娜，或路易十一，或查理九世都是臣民；假若瑞典的查理十二在杀害了帕特库尔之后，或是他的前驱者克里斯蒂娜女王在杀害了莫纳尔代斯基之后，[1]落入到您阁下之手，或者是落入我的手里，我肯定我们的措施就会是不同的。

假如法国国王，或者法国人的国王（或者无论在你们宪法的新词汇里是以什么名义称呼他），他本人以及他的王后本人确实应该受到那些未公开承认但也未受到报复的谋杀企图，以及那些随之出现的比谋杀更为残忍的侮辱的惩罚，那么这样一个人就甚至于很不应该得到那种（我所理解是加之于他的）下级的行政委托了；他也就不宜于被称为一国之主——他已经蹂躏了和压迫了那个国家。在一个新国家里是不可能选择出比一个被废黜的暴君的职位更坏的一种职位的。但是先把一个人作为最坏的罪犯加以贬斥和侮辱，随后又在你们最高的关怀之中信任他是一个忠心的、诚实的和热忱的仆人，这和理性思维是不一致的，在策略上是不慎重的，在实践上是不可靠的。能够做出这样一种委托的那

① 尼禄(Nero，37—68)，罗马皇帝(54—68 在位)，为有名的暴君；阿格丽品娜(Agrippina ，15—59)是尼禄的母亲，曾教唆尼禄犯下种种罪行，后被尼禄杀害；路易十一(1423—1483)，法国国王(1461—1483 在位)，以残酷和狡诈闻名；查理九世(1550—1574)，法国国王(1560—1574 在位)，发动了圣巴托罗缪的大屠杀，迫害新教徒；帕特库尔(Patkul，1660—1707)为波罗的海地区德意志外交家，因反对瑞典国王查理十二(1682—1718，1697—1718 在位)而促使北方大战的爆发，后被瑞典军队杀害；克里斯蒂娜(Christina，1626—1689)，为瑞典女王(1632—1654 在位)，后逊位去罗马从事科学与艺术研究，莫纳尔代斯基(Monaldeschi) 原系她的宠信，后因公布了她的阴谋而被杀害。——译注

些人，必定要比他们可能对人民所犯下的任何罪行，更加犯有肆无忌惮地破坏信任的罪。既然这就是领导你们的政治家们前后矛盾所可能做出的唯一罪行，那么我的结论就是，这些骇人听闻的含沙射影，是没有任何根据的。我认为其他的一切造谣诽谤也并不更好。

在英格兰，我们对他们不寄予任何信任。我们是慷慨的敌人；我们是忠实的盟友。我们满怀鄙夷和愤怒在摒弃那些人的无耻谰言，他们以自己肩上的百合花形纹章[①]为证据给我们带来了种种轶闻逸事。我们最近也有过乔治·戈登勋爵在纽盖特的事；[②]而且无论他是成为一个公开的改宗犹太教者，还是他在热忱地反对天主教神甫和各种各样的教士时曾鼓动过一群暴民（请原谅我用这个字样，它在这里还是可用的）拆毁我们所有的监狱，都是给他自己保留了一份自由，但他却并未以一种有德的使用自由而使自己配得上那种自由。我们重建了纽盖特监狱，并租赁了那幢建筑。对于那些敢于诽谤法国王后的人，我们有着几乎像巴士底狱一样坚固的监狱。在这座精神的隐蔽所里，就让高贵的诽谤者待下去。让他在这里面默念他的塔尔穆德经，[③]直到他学会了和他的出身与身份更为相称的举止而不致再那么玷污他所宣称已经改宗的那种古老的宗教，或者是直到你们海水那边的某些人为了讨好你们

① 指当时法国一些朝臣佩带着百合花形纹章（flower-de-luce，fleur-de-lis）的王家标志逃亡到英国，曾大谈王后的丑闻。——译注

② 乔治·戈登勋爵（George Gordon，1751—1793）于1787年6月以诽谤法国王后罪被判刑，潜逃至欧陆，不久返英国，声称自己已改宗犹太教。12月他以藐视法庭罪被捕入纽盖特（Newgate）监狱。他曾于1780年涉及煽动暴民事件。——译注

③ 塔尔穆德经（Thalmud，或Talmud）为犹太教的经解和经说。——译注

新的希伯来的兄弟们而赎出他为止。那时候他可以有能力用犹太会堂的老地方和30个银币的长期复利的一小部分款项(普赖斯博士已经向我们表明,[①]在1790年之中复利将会成就什么样的奇迹)购买下最近才被人发现是被高卢教会[②]所篡夺了的土地。请派遣给我们你们教皇的巴黎大主教吧,我们也将派遣给你们我们的新教拉比。[③] 我们将这样对待你们交换派来给我们的人,就像他是一个绅士和忠实的人那样;但是请让他随身带来他的待客、奖赏和施舍的基金并依靠它;我们决不会没收那项荣誉而虔诚的基金之中的一个先令,并且也不会想到要靠掠夺教堂济贫募捐箱来充实国库的。

我亲爱的阁下,老实向您说,我认为我们国家的荣誉多少是涉及这个老犹太会和伦敦酒店的行为的反对者的。我没有任何人的委托书。当我反对的时候,我只代表我自己发言,正如我以全部可能的诚挚、以和那场胜利的演员们及其崇拜者们的全部交流所做出的那样。当我论述任何其他与英格兰人民有关的事物时,我是根据观察而不是根据权威发言的;但是我发言根据的是与这个王国的各色人等十分广泛而多样的交往以及我从早年开始并持续了将近40年的长期仔细的观察而得到的经验。考虑到我们和你们只不过是小小24英里的一水[④]之隔,而且这两个国家之间的相互

---

① 指普赖斯博士的一篇数理经济的论文。按,30个银币为犹大出卖耶稣基督的代价。——译注

② 高卢教会即法国天主教会。法国地方古称高卢。——译注

③ 按,拉比(Rabbin,或 Rabbi)为犹太教教士。——译注

④ 指英吉利海峡,由英国多佛(Dover)至法国加来(Calais)距离24英里。——译注

交往最近是非常之多的，所以我往往要惊讶，看来你们懂得我们是何其之少。我怀疑这是由于你们是从某些出版物上形成了对这个国家的判断的，它们确实是极其错误地——假如说毕竟是——表现了在英格兰普遍流行的各种见解和心性。几个小小的阴谋家企图在喧嚣吵闹、大吹大擂和彼此相互喊价之中掩饰起他们全部重大的要求，他们的虚荣、不安和阴谋诡计的精神，就使得你们猜想，我们之轻蔑地忽视了他们的能力，就是普遍地默认他们的意见的一个标志。我向您保证，事情绝不是这样。因为虽有半打蚱蜢在蕨类植物里面以它们扰人的声音形成了一个野生圈，但几千头大牲畜却在英国橡树的绿荫底下休息，悄然无声地在反刍；就请你们不要猜想，发出喧哗的那些东西就是田野上唯一的居留者；当然，他们的数目是很多的，而且他们毕竟也不同于小小的、枯干的、细微的、跳跃着的——虽则是高声叫喊的而又讨厌的——生命短促的昆虫。

我几乎胆敢肯定，我们一百个人当中也没有一个参与了"革命协会"的"凯旋"。如果法国国王、王后和他们的孩子由于战争的机缘落到了我们手中，那么即使是在最浓厚的仇恨下（但愿这种假设的事件不会发生，但愿没有这种仇恨），他们也会受到另一种凯旋进入伦敦的对待。从前在这种情况下，我们也曾有过一位法国国王；[①]你们看到了战场上的胜利者是如何对待他的；他以后又是以何种方式在英国受到接待的。四百年过去了，但我相信自从那

① 1356年9月19日英国"黑王子"在普瓦捷（Poitiers）战役中俘虏了法国国王约翰二世。——译注

时候以来我们并没有实质性的改变。多亏了我们对变革的坚韧抗拒,多亏了我们冷峻持重的国民性,我们还保留着我们祖先的特征。我认为,我们并没有丢掉十四世纪思想的大度和尊严,也没有把我们自己变成野蛮人。我们不是卢梭的信徒,也不是伏尔泰的门生;①爱尔维修②在我们中间也无所作为。无神论者不是我们的传道师;狂人也不能成为我们的立法者。我们知道*我们*没有发明什么;我们也不认为在道德方面有什么东西可以被发明出来。许多关于政府的伟大原则、许多关于自由的思想,在我们出生之前很久就已经为人所理解了;而这一切,在墓地埋葬了我们的妄自尊大之后,在沉默的坟墓将它的法则强加到我们粗暴的饶舌上以后,也都不能有任何发现。在英国,我们还没有完全抛弃我们天赋的心肠;我们在内心中还能体验到、并且我们珍视与培育那些人类与生俱来的情操,那是我们的责任感的最可靠的保卫者,最活跃的监视者,也是一切自由的、男子汉的精神的真正支柱。我们并没有被挖空,被在里面塞上些毫无价值的关于人权的肮脏的废纸,就像博物馆里填充了谷壳和破布的那些鸟类标本一样。我们保留着我们所有的、仍然是原来的和完整的、没有被夸夸其谈和对上帝的不敬所炮制成的情感。我们的胸膛里跳动着有血有肉的真正的心。我们

① 可参见柏克的另一段话:"有其师必有其徒。谁曾渴望伏尔泰和卢梭成为立法者?前者有写美文的天分;没有人能如此和谐地将渎神和诲淫结合在一起。至于后者,我几乎敢肯定他有很严重的智力障碍。但他用大胆的和非常规的眼光来观察事物,而且十分雄辩。"柏克致无名氏,1790.1,《书信集》第6卷78—81页。又见《致国民议会一成员的信》,1791。——译注

② 爱尔维修(Claude-Adrien Helvétius,1715—1771),法国哲学家。他的著作《论精神》(1758)曾受到教皇的猛烈攻击,但产生了广泛的影响。——译注

敬畏上帝;我们满怀畏惧地仰望着国王;满怀深情地仰望着议会;满怀责任感地仰望着行政官;我们满怀尊崇地仰望着教士;我们满怀敬意地仰望着贵族。[①] 为什么?因为当这些观念出现在我们心目之前时,我们自然而然地会喜爱它们;因为其他的情感都是虚假的、欺骗的,企图腐蚀我们的思想,败坏我们原始的道德,使我们无法适合理性的自由;它们通过向我们灌输奴性而又放肆无节制的傲慢而使我们得意忘形于一时,使我们终生适合于只作理所当然的奴隶。

先生,您看,在这个启蒙的时代我十足敢于宣称,我们总的来说乃是具有天然的情感的人们;我们不是抛弃我们所有的那些旧的成见,而是在很大程度上珍视它们;而且大言不惭地说,因为它们是成见,所以我们珍视它们;它们存在的时间越长,它们流行的范围越广,我们便越发珍视它们。我们怕的是每个人单只是依靠自己个人的理性储存而生活与交流,因为我们认为这种每个个人的储存是微少的,如果他们能够利用各个民族和各个时代的总的库存和资产的话,他们就会做得更好。我们的许多思想家不是去破除那些普遍的偏见,而是运用他们的智巧要发现贯彻其中的潜存的智慧。如果他们找到了他们所寻求的东西(事实上他们也很少失败),他们就会认为最聪明的办法还是让这些偏见以及其中所

① 我认为,英国人的形象被一位被认为是不信奉国教的牧师绅士在一封发表在报纸上的信里所歪曲了。在他给普赖斯博士的信中,谈到在巴黎流行的精神时,他说:“在这里,人民的精神已经清除了国王和贵族所强加于他们的心灵上的那一切妄自尊大的等级观念。不管他们谈论国王、贵族还是教士,他们所用的全部语言都是英国人的最开明、最自由的那些语言。”如果这位绅士想要用开明和自由这些词来形容某一类英国人,那可能是真的。但就一般情况而言,却并非如此。

包含的理性一起留传下去,而不是抛掉偏见的外衣而只留下赤裸裸的理性;因为偏见及其理性有一种使那种理性运行起来的动力和使之持续下去的热情。偏见可以在紧急情况下迅速得以运用,[①]它事先就把我们的思想纳入一种智慧和道德的稳定行程之中而不让人在决定的关头犹豫不决、困惑、疑虑以及茫然失措。偏见使一个人的美德成为习惯,而不致成为一系列毫无联系的行为。正是通过偏见,一个人的责任才成为他天性的一部分。

你们的那些文人和政客,以及我们之中所有那些摆脱了偏见的人们,在这些方面是与我们根本不同的。他们不尊重别人的智慧;他们以对自己的过分自信取代了这种尊重。对于他们,一种事物的规格只要是旧的,就有足够的理由被毁掉。至于匆促建立起来的新规格,他们也丝毫不关心它的持续;因为对那些很少或者根本就不考虑以前时代所做过的一切的人,对那些把全部希望都寄托于新发现上的人们,持续性并不是他们的目标。他们颇有体系地相信,一切具有永久性的东西都是祸害,因此他们与一切既有的成就都处于不可调和的战争状态。他们认为政府可以像服装的式样似地经常变换而不会有什么恶果;他们认为除非着眼于目前的方便而外,就无须坚持任何一种国家的组织原则。他们讲起话来总是似乎以为在他们与执政者之间有着一种独特的约定;这一约定只是约束执政者一方,双方并没有任何相互的关系;人民的威权,只要它愿意,无须任何理由便有权解除这一约定。他

① 按,此处的思想亦见切斯特菲尔德(Lord Chesterfield,1694—1773)《文集》(1756年),本书作者是熟悉他的作品的。——译注

们对自己国家的依附，仅仅是在国家赞同他们某些流变不定的规划时方才存在；那是随着政治体制之符合他们暂时的见解而告开始和终结的。

这些学说,或者不如说这些情绪,似乎在你们那些新政治家们当中很流行。但它们与我们在这个国家[英国]中所一直奉行的是完全不同的。

我听说在法国有人提出，你们那里所做的事情是仿效英国的榜样的。请允许我申明，几乎你们那里所做的每一件事都不是来源于我们英国人的实践中的或占主导地位的见解，无论是在法案中还是在行动的精神中。请允许我补充说，正像我们不想从法国那里学习这些东西一样，我们也肯定从没有教给那个国家这些东西。我们这里和你们进行联系的阴谋分子至今还只是一小撮人。如果说不幸由于他们的诡计、他们的煽动、他们的出版物以及由于一种源于一个期待中得到法国的建议和力量的联盟的自信，他们就可以吸引相当一部分人参加他们的派系的话，并且因此他们认真要在这里试图模仿一些你们所作所为的任何事情的话，那么我就胆敢预言，情形将是：他们随着给自己的国家带来一些麻烦，很快地就会自取灭亡的。这个民族在遥远的过去时代没有由于对教皇的一贯正确无误的尊重而改变自己的法律；[①] 而他们现在也不会出于对哲学家们的教义的内心虔敬的信心而改变它；尽管前者以革除教门和十字军为武器，而后者则以诽谤和路灯杆来

① 英国国会曾否决英王对教皇的屈服，并宣布罗马教廷无权任命英国主教。——译注

行事。

以前，你们的事情只关系着你们自己。我们只是作为人感受到它们；但我们毕竟是置身于它们之外，因为我们不是法国公民。但当我们看到有人向我们提出以法国为榜样时，我们就必须作为英国人来感受，并且还感到我们必须是英国人。不管我们怎样，你们的事务已形成了我们的利益的一部分；至少在回避你们的万灵药方或者你们的瘟疫时是如此。如果它是万灵药方，我们也不想要它。我们知道那种不必要的药方的种种效果。如果它是一场瘟疫，那么它就是我们要做出最严格的检疫加以预防的一场瘟疫。

我从各方面都听说有一个自称是哲学家①的阴谋集团，在最近法国发生的许多事件中博得了荣誉；他们的见解和体系成为所有这些事件的真正的指导精神。我没有听说过英国在任何时代有任何党派团体，不论是文学的还是政治的，是以这种名声而著称的。在你们那里，它难道不是由这些人组成的吗？不是由这些以其粗鄙流气的风格通常被人称为是无神论者或不敬神者的庸俗人们所组成的吗？如果是这样的话，我要承认，在过去我们也有过这种类型的作家，他们也都在当时喧嚣过一阵。但现在他们已永远默默无闻了。在最近40年内出生的人，有谁读过柯林斯、托兰德、廷德尔、查布、摩尔根以及所有那些自称是自由思想家们的一个字呢？现在有谁还看博林布鲁克的东西呢？有谁通读过他的作品呢？请问问伦敦的书商们，所有这些世界之光的名人现在都怎

① “自称是哲学家”此处系指自由思想者，即反对传统基督教教义的人，他们在18世纪属于“自然神教”，主张以理性的态度对待基督教。其中的代表人物见本段下文列出的名单。——译注

样了?[①] 用不了几年,他们少数的后继者也将走入"全体凯普莱特家人"的家族墓穴中去的。[②] 但是在我们这里,不论他们过去和现在是怎样,他们过去和现在都是些完全不相关联的个人。在我们这里,他们保持着他们同类的共性,却从不合群。他们从不以团体的形式进行活动,从不在国家中以一个派别著称,他们从不以一个派别的名义或资格,或者为了这个派别自己的目的而试图影响我们的任何公共事务。至于他们是否应该这样存在,是否应该被允许这样活动,则是另一个问题了。正因为这样的阴谋团体从未曾在英国存在过,因此他们的精神也就既不曾对我们宪法的原始结构的确立、也不曾对我们宪法所经历的几次修订和改善中的任何一次产生过任何影响。这一切都是在宗教和信仰的指导之下完成,并且是由宗教的法令所认可的。这一切都来自我们民族特点的纯朴性,都来自悟性之一种天生的坦诚和直率。它长期以来一直是我们历代当权者的特性。这种品性现在仍然被保持着,至少是在人民的伟大主体之中。

我们知道,而且更妙的是,我们在内心中感觉到宗教乃是公民

---

① 柯林斯(Anthony Collins, 1676—1729),洛克的朋友,《关于自由思想的讲话》(1713)的作者。托兰德(John Toland, 1670—1722),《基督教并不神秘》(1696)的作者,掀起了英国自然神论者和宗教正统派之间论战。廷德尔(Matthew Tindal, 1657—1733),《受到保护的基督教会的权利》(1706)的作者,该书曾被下院下令焚毁。查布(Thomas Chubb, 1679—1747),自然神论者,油烛商,他的名字成为粗俗风格的代名词。摩尔根(Thomas Morgan, ? —1743),参加了自然神论者的论战。博林布鲁克(Henry Saint John, Viscount Bolingbroke, 1678—1751),托利党政治家,《一个爱国君主的思想》(1738)的作者。——译注

② 凯普莱特(Capulet)家族为莎士比亚《罗密欧与朱丽叶》一剧中两大世仇家族中的一方。此处意指这些后继者将会与自己的前辈一样为人遗忘。——译注

社会的基础，是一切的善和一切慰藉的源泉。[1]在英国我们对此是如此之坚信不疑，以至于在岁月的长河中不论是迷信的锈蚀，还是人类心灵中所积聚起来的谬误都无法遮掩它，以至于英国99%的人都不肯选择对上帝的不虔敬。我们决不会愚蠢到要招请一个敌人来除去任何一种制度中的腐败，去纠正它的缺点或去完善它的结构。如果我们宗教的教诫曾经需要做进一步的阐释的话，我们也决不会邀请无神论者来解释他们。我们不会以那种亵渎神明的火光来照亮我们的神庙，它将以其他的光辉来照亮。这里氤氲着的将是其他的香料，而不是那些伪劣的形而上学的贩子们所贩运的有害的废料。如果我们教会的收入需要调整，那么不论于公于私，我们都不会以贪得无厌的态度去处理宗教献祭收入的审计、收取及其使用。我们并不激烈地谴责希腊的教会，也不谴责亚美尼亚的教会[2]，甚至当我们的激情平静下来之后，我们也不会再谴责罗马的宗教体系，但我们选择了新教；并非因为我们认为其中更少有基督教，而是因为按我们的判断，它有着更多的基督教。我们不

---

① Sit igitur hoc ab initio persuasum civibus, dominos esse omnium rerum ac moderatores, deos; eaque, quae gerantur, eorum geri vi, ditione, ac numine; eosdemque optime de genere hominum mereri; et qualis quisque sit, quid agat, quid in se admittat, qua mente, qua pietate colat religiones intueri: piorum et impiorum habere rationem. His enim rebus imbutae mentes haud sane abhorrebunt ab utili et a vera sententia.［因此在一开始我们必须说服我们的公民相信，神是我们的主人和万物的尺度，现存的一切都是神的意志和权威的产物；他们又是人类的大恩人，并关注着每一个人的品格，看他做了些什么事，犯了什么错误，是否虔诚地履行了自己的宗教义务；记下来哪些人敬神，哪些人不敬神。浸沉于这些思想中的人，自然会形成自己的真确而有用的观念的。］——原注（按，语出西塞罗《法律篇》，I，2。——译注）

② 按，亚美尼亚教会，通常被认为是东正教（即希腊教）的一支。——译注

是出于冷漠，而是出于热忱，才成为了新教徒的。

我们知道，人在本质上是一种宗教动物，能知道这一点乃是我们的骄傲；我们知道无神论不仅违反我们的理性，而且也违反我们的本能；因而就不可能长久流传。但是如果在一个动乱的时刻，在由地狱的蒸馏器——它在法国现在正如此剧烈地沸腾着——所产生的热酒精而导致的迷醉狂乱之中，我们抛弃了这迄今为止一直成为我们的自豪和安慰、成为我们的文明以及其他许多国家文明的伟大源泉的基督教，从而赤裸裸暴露了自己，那么我们就要担心（由于充分觉察到人的心灵是无法承受真空的）某种粗鄙的、有害的、堕落的迷信将会取代它的地位。

为了这个原因，在我们剥夺我们现存的体制赖以维 持他人尊敬的自然的、人文的手段，并使它为人轻蔑（正如你们所做的、并且为此理应受到惩罚的那样）之前，我们希望能向我们提出一些其他的东西来代替它。这样，我们就可以形成自己的判断了。

根据这些思想，我们就不像有些人那样来与现存的社会体制进行争论——这些人对这些体制的敌意已经形成了他们的一种哲学和一种宗教——而是对它们甚为依恋。我们决心要维护一个现有的教会、一种现有的君主制、一种现有的贵族制和一种现有的民主制，每一种都处于它现有的阶段而并不再多。我马上就要向你们表明，我们拥有的其中每一种各有多少。

这个时代的不幸（而不是像那些绅士们认为的那样是一种光荣）就是，每件事情都要加以讨论，就好像我们国家的体制一直都更是一个有争议的、而并非一种共享欢欣的题材。由于这个原因，并为了满足你们之中希望看到其例子的那些人（如果你们之中有这样的人的话)，我不揣冒昧地用一点有关每一种这类体制的想法来打搅你们。我并不认为古罗马时代的人是不明智的；当他们想要创新他们的法制时，便派出使节去考察他们所能抵达的那种组织得最好的共和国。①

首先，请允许我谈谈我们的教会体制，它是我们偏见的第一种，但并不是一种缺少理性的偏见，而是其中包含着深沉而广泛的智慧。我先来谈它。它在我们的心灵中是开头，是末尾，而且是贯彻始终的。因为奠基于我们现在仍然拥有的这种宗教体系，我们一直是按照我们早就接受的、而且一贯延续下来了的人性观念在行事的。这种观念不仅仅像是一个聪明的建筑师一样建造起来了一座庄严的国家结构，而且还像一个有远见的业主一样要维护这座建筑免于毁坏崩坍，使之像一座圣殿一样清除了一切欺诈、暴力、不公正和专制等等杂质，它庄严地、永远地献身于国家以及其中的一切公务。做出这种奉献是要使所有那些在人世的政府中代表着上帝本人的领导人应该对他们的职责及目的具有高尚可敬的思想；他们的愿望应该充满不朽性；他们不应该注意眼前微不足道的钱财或者庸人们的过眼烟云的称赞，而是应该注意他们天性中的永恒部分之坚定的、永恒的运用，注意在他们作为一份留给全世界的丰富遗产的范例中那种永久的声望和光荣。

这些崇高的原则应该注入到那些身居高位的人们的头脑中去；而教会组织则提供了使它们可以不断地保持活力和得到强化

① 按，古罗马十人会议(Decemvirate)创立时，曾遣使考察正值黄金时代，即德里克里斯时代的雅典。——译注

的力量。有助于使人的理解和情感与上帝相联系的理性的和自然的纽带之每种道德的、民事的或政治的体制，在增强那种美妙的结构物——人——上，都是必不可少的。人的特权就是，在很大程度上他乃是他自己的创造物；[①]而且当他像他所应该的那样被创造出来之后，就注定了要在这一创造中占有一个非同小可的地位。但是，因为更优秀的性质永远都应该是主导，所以只要一个人被置于别人之上时，他在那种情况下就特别应该尽可能地使自己接近于自我的完善。

通过一种国教体制而献身于国家，这对于以一种健全的敬畏之情来推动自由的公民们，也是必不可少的；因为为了保障他们的自由，他们就必须享有某一定部分的权力。因而在这样的社会中，一种与国家以及与公民对国家的责任感联系在一起的宗教，就要比在被屈服的条件之下人民只限于私人情感和自己家庭事务的那些社会中更为必要了。所有拥有任何一部分权力的人，都应该强烈地而又充满敬畏地烙上这样一种观念：他们只是受委托而行事的；他们必须就自己的那种委托来向一个伟大的主人、社会的创造者和奠基者[②]陈述自己的作为。

与那些单独的君主相比，构成为集体主权的那些人们甚至于应该更深切地把这项原则铭刻在自己的心灵中。缺乏了手段，这些单独的君主们就什么也做不成。然而凡是寻求帮助而运用手段

① 可参见《新辉格党人对老辉格党人的呼吁》(1791)，柏克《全集》第3卷，第86页。——译注

② 按，原文此处的“主人”、“创造者”和“奠基者”三个词均为大写，指上帝。——译注

的人,同时也会发现有各种阻碍。他们的权力因而就决不是完整的,他们也无法安然地滥加运用。这样的人,不管是怎样地在阿谀、骄横和自以为是之中被培养起来的,必定应该觉察到不管是否有人为法的保护,他们都须以这种或那种方式为他们滥用这种委托而负责。如果他们不被人民的起义砍掉脑袋的话,也会被那些用于保卫他们安全以防人民起义的御林军们给吊死的。因此我们就看到法国国王被他的士兵们为了增加薪饷给出卖了。但是凡在人民权威成为绝对不受限制的地方,人民便会对自己的权力产生一种无穷大的自信——因为它远为更有根据。在很大的程度上,他们自身便是自己的手段。他们更接近于自己的目的。此外,他们对世上最大的控制力之一,即名誉感和尊崇感,也更不负什么责任。在公共活动中,很可能分摊到每个个人身上的臭名确实也很小;舆论的作用是与滥用权力的人数成反比的。他们对自己所作所为的自我赞赏,使得公共评判在表面上看来是赞成他们的。因此完美的民主制就是世界上最无耻的东西。因为它是最无耻的,所以它也就是最肆无忌惮的。没有人以他那种身份会害怕自己可能要受惩罚。人民整体肯定是决不用害怕的:因为所有的惩罚都是着眼于保护人民整体而作出的范例,人民整体永远也不能成为任何人手下的惩罚对象。[①] 因此,无比重要的就是,不应该容许他们想象他们的意愿要比国王的更应该成为是非的标准。应该说服他们,他们全然没有权利,更没有资格为了自己的安全而运用任何

① Quicquid multis peccatur inultum[法不责众]。——原注(见古罗马哲学家、诗人吕卡〔Lucan,39—65〕《内战记》第5卷第260页。——译注)

不论什么样的武断的权力；因此，他们不应当在自由的假象之下来行使一种实际上是不自然的、颠倒了的统治权，不应专横地要求那些国家的执政者去婢躬屈膝地服从他们变幻无常的意愿，而不是无保留地献身于他们的利益（而那才是他们的权利），从而消灭了所有为他们服务的人们身上的一切道德准则、一切尊严感、一切判断力的运用以及一切始终一贯的性格；而就在这一过程中，他们也使自己委身而成了庸俗的阿谀奉承者或宫廷的谄媚者们那种奴颜婢膝的野心之恰当的、适宜的但也是最可鄙的俘虏。

没有宗教就全然不可能使人民清除自己对私欲的种种迷恋；当他们意识到自己是在行使（并且是在更高一级的委托方式上行使）权力时，而那种权力要成为合法的就必须是按照那种永恒不变的，而意愿和理性在其中乃是合而为一的法律，①那时候他们便会更加留心他们是怎样把权力交到了那些卑劣无能的人的手中的。在他们委任官员行使权力时，他们将不是在委派一项可怜的工作，而是一项神圣的职能；那并不是根据他们可鄙的私利，也不是根据他们的恣意任性，更不是根据他们的专断意志；他们将只把权力（进行委托或接受委托的任何人都会感到战栗的权力）委托给那些人——那些人是他们可以辨识出具有把积极的道德和智慧集于一身的主导比例并适宜于担负起责任的人，这样的人是要从具有人类缺陷和弱点的大量不可避免地混杂在一起的人群中间加以发现的。

当他们习惯地确信，对一个品质优良的人，任何邪恶，无论是

① 按中世纪经院神学的说法，在神明的心灵中理性和意志是同一的。——译注

现有的还是潜在的，都是不可接受的时候，他们便能更好地将一切带有狂妄的和无法无天的统治痕迹的东西从所有文职、神职和军职官员们的头脑中清除掉。

但是国家和法律所要为之而奉献的首要的、最重要的原则之一，便是提防它的那些临时的所有者和终生的租用者不去考虑什么是他们从自己的先人所得到的东西或是什么应该是留给后代的东西，而是要像十足的主人一样地行事；他们不会认为随心所欲地摧毁他们社会整个的原来的结构，从而割断永业、损坏遗产是他们的权利；但他们冒险留下给他们之后而来的人的乃是一片废墟，而不是一幢住宅——并且教导他们的后代不尊重他们的设计，就像他们自己不尊重他们前人的制度一样。由于经常大量地和多方地任凭心血来潮的异想天开和赶浪潮而在毫无原则地轻易改变国家，整个国家的链锁和延续性就遭到了破坏。一个世代就不能与另一个世代相衔接了。人类就会变得不会比夏天的苍蝇好多少。

首先，人们将不会再学习法理学这一人类理智的骄傲了，认为它只不过是一堆陈旧的被驳倒了的错误；然而它连同它的种种缺欠、冗杂和错误一起，却是历代理智的综合，它把原始正义的原则和人类所关注的问题的多样性结合在了一起。于是，个人的自以为是和狂妄自大——这是所有那些从来未见识过高于自己的智慧的人的必然产物——将会窃据法庭。当然，并没有什么确凿的法律可以建立起希望和畏惧的牢固不易的基础，能把人们的行动纳入一定的轨道或是指引他们走向一定的目标。在财产的占有方式和职权的运作方式中并没有什么固定的东西可以形成一种坚实的基础，使所有的父母都可以据之而为他们的下一代的教育或者将来在世上选择自己未来的事业进行考虑。没有什么原则是可以在早年就被铸成为习惯的。一个最能干的教师一旦完成了他那艰苦的教学任务之后，却会发现一切都变了；他并没有能带出来一个完成了一门有德的学业、在社会的地位上适合于赢得重视和尊敬的学生，而是他制造出来了一个可怜虫：受到世人的轻蔑和嘲笑，对于什么是受到尊敬的真正基础茫然无知。在其货币标准不断变化的一个国家中，当没有人知道什么是检验荣誉的标准时，谁还能保有几乎是随着心灵的最初冲动而在跳动的那种娇柔细致的荣誉感呢？生命中没有任何一部分会保留下来它那收获的。对于科学和文学的蒙昧、对于艺术和工艺制造的缺乏技术，必不可免地会随着缺乏稳定的教育和固定的原则继之而来；这样，用不了几代人，国家本身就会瓦解，分崩离析为个体性的尘埃，最后随着天上的风而消逝。

因此，为了避免反复无常和前后不一的恶果——那要比固执和最盲目的偏见还坏上一千倍——我们才把国家尊为神圣，以至于不以恰当的小心翼翼，就没有人可以去挑剔它的缺点或腐败；以至于一个人就决不可梦想通过颠覆而发动一场改革；以至于他应该接触国家的错误，就仿佛是满怀虔诚的畏惧和战栗的态度去接触父亲的创伤一样。这种聪明的偏见教导我们要满怀恐惧地看待他们国家的那些儿女。他们不顾一切，鲁莽地把自己年迈的父亲砍成碎块，[①]放进巫师的釜里，希望用他们那些有毒的草药和疯狂的咒语就可以使父亲的机体复活，使他们的老父得以重生。

---

① 据古希腊传说，德撒里国王珀里阿斯(Pelias)的女儿们听从美狄亚的教导，以这种办法惩处了她们的父亲。霍布斯(Hobbes)和考利(Cowley)曾引用过同样的传说。——译注

社会确实是一项契约。对于那些单纯以偶然的利益为目标的各种附属性的契约,是可以随意解除的,但是国家却不可被认为只不过是一种为了一些诸如胡椒或咖啡、布匹或烟草的生意,或某些其他不关重要的暂时利益而缔结的合伙协定,可以由缔结者的心血来潮而加以解除的。我们应当怀着另一种崇敬之情来看待国家,因为它并不是以单只服从属于暂时性的、过眼烟云的赤裸裸的动物生存那类事物为目的的一种合伙关系。它乃是一切科学的一种合伙关系,一切艺术的一种合伙关系,一切道德的和一切完美性的一种合伙关系。由于这样一种合伙关系的目的无法在许多代人中间达到,所以国家就变成了不仅仅是活着的人之间的合伙关系,而且也是在活着的人、已经死了的人和将会出世的人们之间的一种合伙关系。每一个特定国家的每一项契约,都只是永恒社会的伟大初始契约中的一款,它联系着低等的自然界和高等的自然界,连接着可见的世界与不可见的世界,遵循着约束一切物理界和一切道德界各安其位的那项不可违背的誓言所裁定的固定了的约定。这种法律并不屈服于某些人的意志——这些人由于来自对上的、无限高于他们的义务,不得不使自己的意志屈从于那种法律。那个大一统王国的各个市政团体在道义上并不可以随心任性为所欲为,根据自己有一种偶然改进的想法就整个拆散自己属下社团的联系,使之分解为若干基本原则之非社会的、不文明的、不相连属的混乱状态。只有最初的和至高无上的那种必要性,即那种不是被选择而是要做出选择的必要性,那种高于一切思考之上、不容讨论也无需证据的必要性,才有权证明诉之于无政府状态的正当性。这种必要性并非是对于准则的例外;因为这种必要性的本身也就是人们所必须自愿或被迫遵守的那种事物的道德的和物理的性质的一部分；但是假如把这仅仅是对必要性的屈服当作选择目标的话，那么法律就被破坏了，自然状态就会得不到遵守，反叛就会被宣布为不合法，就会从这个理性、秩序、和平、德行和成效显著的忏悔的世界被驱除、被放逐到那个疯狂、无序、邪恶、动乱、徒劳无益的忧伤的敌对世界里去。

亲爱的先生，我以为这些现在是、过去是并且长期将是这个[英国]王国里那部分并非最无知和不肯思考的人们的情操。那些属于这类人的人们，他们是根据人们应该形成自己的见解这一理由而形成自己的见解的。但那些不大肯探索的人，则从权威那里接受了它们，而天意注定了要依靠信任别人而生活的那些人不需要因依靠别人而感到羞愧。这两种人都朝着同一个方向在行进，尽管处于不同地位。他们都随着宇宙的秩序在行动。他们都认识到或感觉到这一古代的伟大真理："Quod illi principi et praepotenti Deo qui omnem hunc mundum regit , nihil eorum quae quidem fiant in terris acceptius quam concilia et caetus hominum jure sociati quae civitates appellantur."（"对于创造了宇宙的最高神来说，人世间最可以接受的莫过于这种叫做国家的有组织的人类社会和人类结合了。"）[①]他们之接收这条头脑和心灵的准则，并非是由于它带有作者的大名，也不是由于这项准则的更伟大的出处，[②]而仅只在于有了它才能给每一种真知灼见（即人类的共同性质和共同关系）以真

① 见西塞罗《共和国》第6卷。——译注

② 按，原文是古罗马政治家与将领西庇阿（Scipio Africanus，公元前237—183年）的话，出处见于古罗马作家西塞罗的《共和国》。——译注

正的分量和认可。他们确信做一切事情都得有所参照，一切都须参照到那指引着一切的参照点，所以他们就认为自己作为个人，在心灵的圣殿中，或以个人身份聚合在一起时，有责任不仅仅要怀念自己那高贵的出身和地位，而且还在于他们以其集体的资格应该向公民社会的缔造者、创立者和保护者表达他们全民族的敬意。如果没有这个公民社会，人类就绝无任何可能达到他那天性所许可的完美，甚至于也不可能遥遥地、微微地接近于这种完美。他们认为那位赋给了我们那由于我们的德行而可臻于完善的天性的造物主，同时也希望看到为达到它那完善所必需的手段。——因此他要求有国家。——他要求它有与一切完美的源泉和根本原型之间的联系。凡是相信造物主这种意志的人(那意志乃是万法之法、万王之王)，绝不会非难我们集体的这种忠诚和敬意，绝不会非难我们之承认最高的主人；我甚至还要说，这种对国家本身的奉献，作为一种获得普遍赞颂的祭坛上的值得称道的奉献是应该以全部公共的、庄严的仪式来进行的，在建筑上、在音乐上、在装饰上、在言论上、在人品的尊严上，都应符合人类的天性所教导于他们的那些习惯；也就是说，要出之以适度的华贵和真诚的形式，要出之以温和的庄严和肃穆的场面。他们认为，为了这类目的而花费国家一部分财富，就正如用它来刺激个人的奢侈是同样地有用。它是公共的装饰。它是对公众的慰藉。它培育了公众的希望。最穷苦的人也在其中发现了自己的重要性和尊严；而个人的财富和傲慢却每时 每刻都使那些地位卑贱和穷困的人感到自己的卑贱，并贬低和诋毁自己的身份。它是为了生活卑微的人们的，它要培植他们的性情，使他们心目中有一个国家，在那里财富的特权将告中止，那时候他们将天然是平等的，而且由于德行还可能更加不只是平等而已，他们的国家的这一部分公共财富是被花费了并且是被圣洁化了。

我向您保证我并不想标新立异。我告诉您的乃是从古至今在我们这里为人所接受的见解，它持续受到普遍的赞同；而且它们确实是如此之影响到我的思想深处，以致我甚至无法辨别哪些是我从别人那里所学到的，哪些又是我自己思考的结果。

正是根据某些这类原则，大多数英格兰的人民非但不认为一个全国性的宗教组织是非法的，而且很难想象没有它会是合法的。在法国，如果你们不相信我们热爱这个组织胜于一切，并且甚于其他一切国家，那么你们就完全错了；而且当这个民族由于偏爱它而做出了一些不明智、不正当的举动时（在某些情况下，他们肯定曾这样做过），您至少可以在他们的错误本身之中发现他们的热忱。

这一原则贯穿着他们全部的政治体制。他们认为他们的教会对他们的国家不是一种方便，而是一种本质；认为它不是一种异己的、可分离的东西，不是为了某种方便可附加的东西，不是某种根据暂时的便利而可以保留或抛开的东西。他们认为它是他们整个宪法的基础，借助于宪法和宪法的每一个部分，它支撑着一个牢不可破的联盟。在他们的心目中，教会和国家乃是不可分割的概念，很少只提到其中的一个而不同时提到另一个的。

我们教育的形成方式，也是要肯定并加固这种印象。我们的教育在某种方式上，从幼儿到成年的所有阶段里都是完全掌握在教士手中的。即使是我们的青年，在他们离开中学和大学，进入人生中最重要的时期，即开始把社会经验和学习联系起来的时候，当他们带着这种观点访问别的国家时，不是我们所见过的其他各地来的老家仆去当贵人们的管家，随着我们的年轻的贵族或绅士出国的人有3/4都是教士；不是作为严肃的牧师，也不是作为单纯的随从，而是作为性格严谨的朋友和伴侣，他们中不少人和贵族本人一样是良家子弟。有着这种关系，他们之间通常会终生保持一种密切的联系。我们认为，由于有这种联系，我们就可以使我们的绅士们依附于教会；同时我们又由于与国家领袖人物之间的交往而使教会不受官方控制。

我们是如此之坚持我们古老的教会方式和体制，以至于它们自从十四或十五世纪以来就很少有什么改变。在这一点上，正如在其他一切事物中一样，我们都坚持我们那古老的、已经确立的信条，即永远也不要完全地、突然地脱离我们的古代传统。我们发现这些古老的体制，从总体上来说，是有利于道德和纪律的；而且我们认为它们可以加以修正，而同时并不改变其基础。我们认为它们是可以接受和改善的，并且首先是可以保存科学和文学的各种遗产，正如天意的秩序所应该一一相继地产生出它们来那样。毕竟是具有这种哥特式的和僧侣式的教育（因为它那根本结构就是如此），我们才有权声称我们与欧洲其他任何国家一样，对科学、艺术和文学的进步——它们曾照亮了并装扮出近代的世界——做出过同样丰硕和同样古老的一份贡献；我们认为这种进步的一个主要原因就是我们并没有蔑视我们的先人所留给我们的知识财富。

正是由于我们对教会的依附，英国这个国家才认为把全体的伟大根本利益[1]委诸于他们根本就不信赖的民事或军事的公共机构的任何部分，也就是说委诸于个人的捉摸不定的贡献，乃是不明智之举。他们要走得更远。他们确实从来不曾容忍，也永远不会容忍把教会的不动产转化为一种依赖于国库的财政补贴，那可以由于财政困难加以推迟或停付，或者也许是取消；这些困难有时候借口是政治的目的，其实却经常是由政客们的挥霍、疏忽和贪婪所造成的。英国人民认为他们既有宗教上的理由，也有宪法上的理由反对任何要把他们的独立的教士转变成国家的宗教受补贴者的计划。当教士的影响力依赖于王权时，他们就为自己的自由而战栗；而当教士沦于依附王权之外的任何其他人的时候，其内部就必然会分裂、混乱，他们就会因公共的安宁受到教士派系之争而战栗。因此，他们才使自己的教会，就像他们的国王和他们的贵族一样成为独立的。

出于对宗教和宪法体制的综合考虑，出于他们认为以可靠的方式确保对弱者提供安慰和对愚者提供教育乃是一种责任这一见解，他们就把教会的地产合并于并且认同于人民的私有财产；国家无论就使用而言还是就拥有而言，都不是所有者，而只是他们的护卫者和调节者而已。他们宣告，提供了这种规定就可以像脚底下的大地那样的稳固，而不会随资金或活动的幼里普斯的潮流[2]而波动。

英国人——我是指那些有知识、具有开放和率直的智慧（如果

① 指教会和教会的财产。——译注

② 按，幼里普斯（Euripus）为优波岛（Euboea）和希腊本土间的海峡，以水流的湍急和方向多变而著称。——译注

他们有的话)的英国领导人物——会耻于像一桩愚蠢的诡计那样，在口头上宣扬一种宗教而在行动上却表现为蔑视它。如果他们以自己的行动(这是唯一很少会撒谎的语言)似乎在把道德界和自然界的伟大指导原则只看作一种使卑贱者俯首帖耳的办法，那么用这样一种行为他们恐怕就会挫伤自己心目之中的政治目标了。他们会发现，要使别人相信一种连他们自己也明显地毫不信任的制度是很困难的。这个国家的基督教政治家们确实首先是要满足群众；而这正因为他们是群众；并且因此(作为群众)就是教会体制的首要目标，也是一切体制的首要目标。他们被教导说，向穷人宣讲福音的情况乃是它那真正使命的一次巨大考验。因此，他们就认为，那些不关心给穷人宣讲福音的人，也就并不相信它。但是因为他们知道爱不仅仅是限于某种行业，而是应该运用于所有需要它的人的身上，所以他们也就并没有丧失对那些可怜的大人物的痛苦所应有的焦灼怜悯之情。他们在自己的傲慢和狂妄的恶臭之中，由于过分的细致，也并不排斥关心医疗自己心灵的脓疮和周身疼痛。他们很清楚，宗教教导的后果对于他们要比对任何其他人都来得更大；因为他们面临着巨大的诱惑，因为他们的失误会带来重大的后果，因为他们的坏榜样会传染，因为有必要在节制和德行的羁轭面前低下自己那傲慢和野心的强颈来，因为考虑到与人们最需要知道的东西相关的那种可怕的愚蠢和赤裸裸的无知已经支配了法院、军队首领、参议院，与在厂房里和田野里是同样之甚。

英国人民感到满意的是，对于大人物，宗教的安慰也像它那教导一样是必要的。他们也在不幸的人们中间。他们也感受到个人的痛苦和家庭的烦恼。在这些方面，他们并不享有特权；对于道德所征收的赋税，他们也得付出自己全部的费用。在那些摧心裂肺的烦忧之下，他们需要那种至上的慰藉，那些烦忧和动物生活的有限需求很不相同，它们的范围是无限的，并且在想象的狂乱无垠的领域里以无限的组合而呈现出多样化。这些人，我们这些往往是十分不幸的兄弟们，需要有某些仁慈的慰藉，以便填补那占据了那些在世界上没有什么可以盼望或恐惧的人的头脑里阴暗的空虚；需要有某些东西来缓解那些无所事事的人们的那种致命的消沉和担负过重的怠惰；需要有某些东西来激起他们在那种随着可以买到一切享乐而来的令人乏味的餍足之中能够继续生活下去的欲望，在那里天性不是留下来给它自己的进程，在那里甚至于愿望都可以事先计划好，因而成果也就被预谋好了的对欢乐的策划和设计所摧毁了；而在希望和成就之间也并没有穿插任何障碍或间歇。

英国人民知道，宗教导师们对于地位悠久的有钱有势者所可能起的影响会是多么地微不足道，而对新出现的暴发户的影响又是多么地微小，假如他们不是以一种与他们必须与之打交道的那些人相匹配的姿态出现的话，何况在某些情况下他们还必须对那些人行使某种似于权威的东西。假如他们把那个导师团体看得在各方面都不如他们的家内仆人的地位，他们又会怎样看待那个导师团体呢？如果贫穷是自愿的，那么就可能有所不同了。自我否定的强大范例对我们的心灵起着强大的作用；一个没有欲望的人会得到巨大的自由和坚定乃至尊严的。但是既然任何行业的人的大多数也都是人，而他们的贫穷不可能是自愿的，所以随伴着一切世俗的贫穷而来的那种不受尊敬在宗教界也是难免的。因此我们的富有远见的制度才注意使那些要教导傲慢无知者的人，那些要成为对肆无忌惮的邪恶[①]的监察者的人，既不至于引起他们的蔑视，也不依赖他们的施舍过活，而且它也不会诱使富人忽视对自己心灵的真正治疗。由于这些原因，在我们首先以一种慈父般的关切照顾穷人时，我们并没有把宗教贬斥到偏僻的市镇和乡村里去（像是某种我们羞于向人表明的事情那样）。不！我们愿意使它在宫廷和议会中昂起它那戴着主教冠的头。我们要使它和生活中所有的人相混合，和社会上的所有阶级都融汇在一起。英国人民愿意向全世界高傲的权势者和他们能言善道的诡辩家们表明，一个自由的、慷慨的、有知识的民族是尊重它那教会的高级神职人员的。它不会以财富和头衔或是以任何其他形式而狂妄自大，满怀轻蔑地去鄙视他们所尊崇的一切，或是擅自侮辱那种凭自己努力而博得的个人的高贵，他们希望那永远都是（而且那也往往是）知识、虔诚与德行的结果，而不是报酬。（因为又有什么东西才能成为报酬呢？）他们可以看到一个主教走在一个公爵的前面，而不会感到难过或不快。他们可以看到一位达勒姆（Durham）的主教或一位温切斯特（Winchester）的主教每年拥有一万英镑；但是他们不能设想，为什么这笔资财比起等量的地产之在这位伯爵或那位乡绅的手里来，就是在更坏的人的手里，尽管很可能事实是前者并不会养那么多狗和马，不会拿本应是喂养儿童的食物去喂它们。的确，教会的全部收入并非每一个先令总是用在慈善事业上的，或

① 意指那些因财富而傲慢、无知、狂妄和堕落的人。——译注

许也未必应该如此;但是总有一部分通常是这样使用的。我们最好是珍视德行和人道,把大多数事情留给人们的自由意志,哪怕对它的目标有所损失,而不要企图把人变成某种政治仁慈的简单机器或工具。总的说来,世界是只有靠自由才能获得的,没有自由,德行也就不能存在。

一旦国家确认了教会对地产的所有权,它就会始终一贯地听不到人们评论其多寡。过多或过少都是对所有权的背离。当至高无上的权威对这种所有权,正如对一切所有权那样,有着充分的、权威的监督以防止任何的滥用时,并且在它明显地背离了的时候,就会引导它趋向适合于自己建制时的目的,那么,不管在什么人的手里有多少数量,又能有什么恶果会产生呢?

在英国,我们大多数都认为那些使人对差别、荣誉和收入(它不是取之于别人的,与德行毫不相干)加以白眼的,并不是对古代教会的克己和禁欲的热爱,而是对那些往往是自己财富的创业者的人的嫉妒和恶意。英国人民的耳朵是灵敏的。他们广泛听到这些人的谈论。这些人的言谈暴露了自己。他们的语言是骗子的行话,是伪善的黑话和空话。当这些空谈家力图把教士们带回到那种原始的福音书式的贫穷时,英国人民就必定要这样想。那种原始的福音书式的贫穷,在精神上应当是永远存在于他们身上的,(并且也应该存在于我们身上,不管我们是否喜欢它,)但在事实上却必定是各式各样的——当那个团体对国家的关系起了变化,当人们的风尚,当生活方式,当人类事务的整个秩序确实都已经经历了一场全盘的革命时。当我们看到这些改革者把自己的财物交给公众,并把自己的全身献给早期教会的严格纪律时,我们就会相信他们是真诚的宗教狂热者，而不会像现在这样认为他们是撒谎者和骗子。

由于这些想法在大不列颠下院议员的头脑中已经根深蒂固，所以他们在国家危机之中就决不会通过没收教会和穷人的地产来寻求财源。亵渎神圣和放逐并不是我们供应委员会的方法和手段。[①] 交易巷(Change Alley)里的犹太人还没有敢流露出来希望以属于坎特伯雷大主教教区的收入作抵押。当我向您确认下述事实时，我不怕受到非难：在[英国]这个王国中，没有一个您希望引征的公共人物、没有一个任何政党或行业的人是不会谴责[法国]国民议会被迫做出的那种不诚实的、背信弃义的、残酷的没收那些财产的决定的，而保护这种财产权乃是他们的首要责任。

我要带一点民族自豪的得意感告诉您，我们这里那些曾希望举起他们那令人厌恶的酒杯向巴黎的各种社团祝贺的人们已经失望了。你们对教会的掠夺已经成了我们教会财产安全的保障。它唤醒了人民。他们满怀恐怖和惊讶地看着这种横暴而无耻的剥夺行径。它打开了并且将越来越打开他们的眼睛看清这些阴险的人们的私欲的扩张及其情操的那种狭隘的慷慨——它从隐秘的虚伪和狡诈开始，而以公开的暴力和抢劫告终。在我们国内，我们已经看到了类似的开端。我们警惕着在防范类似的结局。

我希望我们永远不会如此之完全丧失社会结合的规则所加诸于我们的一切责任感，竟至于在任何公共利益的借口之下要没收

---

① 法国大革命时期，许多教会的财产均被国家没收，高级教士被放逐到国外。——译注

一个单独无辜的公民的财产。除非是一个暴君(这个名词代表可以使人性腐化和堕落的一切东西),有谁能设想整个行业成千上万的人全部被没收了财产,不经起诉,不经听证,也不经审判?只要还没有丧失人性的一切痕迹,有谁能够想到要打倒那品位崇高而职责神圣的人们,其中有些人的年纪是立刻会唤起人们的尊敬和同情的,有谁能想到把他们从国家的最高位置上拉下来(而他们在国内本来是靠自己的地产维持生活的),使其沦于一种贫困、卑贱和受人鄙视的状态?

那些掠夺者在如此粗暴地把受害者从他们自己的餐桌旁赶走之后,在这个餐桌如此美妙地展现在贪婪的觊觎者的面前之后,确实会赏赐受害者一些餐桌上的残羹剩饭。但是,把人从独立地位驱逐到靠施舍为生,这本身就是一种极度残暴的行为。在某一种生活状态中有可能成为人们可容忍的条件、但不适应于其他事物的东西,当一切环境全都发生变化后,就可能成为一场可怕的革命;成为使一颗有德的心灵,除非要求置罪犯于死地而外,对惩罚任何罪行都会感到苦恼的那样一场革命。对许多心灵来说,这种罢黜和丧失公权的惩罚要比死更坏。毫无疑问,那是这种残酷的苦难的一种无限的加剧:那些由于教育以及由于其在履行职务中所处的地位这双重偏爱而被教导要拥护宗教的人们,要从掠夺了他们全部所有的那些人亵渎的、不虔敬的手中领取他们自己过去财富的残余作为施舍;要从那些众所周知而又直认不讳的无神论的傲慢而脆弱的手中领取(如果他们终究领取了的话)而不是从信徒的仁慈捐献的手中领取宗教的维持费。而无神论者的这笔施舍(那是按它所持有的蔑视的标准发放的),其目的只在于使接受施舍的人在世人眼中变得卑鄙和一文不值。

但是这种攫取财产的行为，看起来却好像是一种依法判决，而不是没收。他们似乎从王宫的各科学院和雅各宾派[①]那里发现了有些人对他们依法拥有、使用既符合法庭的裁决，又符合千百年来积累的规定的财产，并不享有任何权利。他们说，教士只有一种虚构的人格，那是国家的创造物，是他们随意可以摧毁的，并且当然在每一方面都可加以限制或改造。他们说，教士所拥有的财富确切地说并不是自己的，而是属于创造出这个神话来的国家的。因而我们就不必由于我们对他们这种结构性格的所作所为，而担心他们的天然情感或天然人格是否会受苦受难。你们是以何种名义去伤害人们，去剥夺他们自己职业的正当报酬，又有什么关系呢？——而他们所从事的职业不仅曾是国家所许可的，而且还是它所鼓励的；在这个被认为是可靠的报酬的基础上，他们规划了自己的生活，缔结了债务，并使大量的人完全依靠他们为生。

先生，您不要想象我是在做一份冗长的讨论，在祝贺这种对人与人的可悲的划分。论证暴君制是可鄙的，正有如它那力量是可畏的。你们那些掠夺者不是从他们早期的罪行中获得了一种权力，使他们得以免除为尔后所曾以及将来所可能犯下的罪行而遭受惩罚吗？这并不是逻辑学家的三段论，而是刽子手的鞭子，那可以驳斥成为抢劫和谋害的帮凶的一种诡辩。巴黎能言善辩的暴

① 王宫(Palais Royale)是奥尔良公爵(平民菲力普)的府邸，其庭园在法国大革命初期是革命者的活动中心。雅各宾(Jacobin)为著名的政治俱乐部，坐落在圣誉街的多明我派雅各宾修道院。“雅各宾派”一词最初是对该俱乐部成员的嘲讽，直到1792年他们才正式接受它(“雅各宾协会，自由与平等之友”)。——译注

君们高声谴责了那些在以往时代里扰乱了世界的、已经下了台的王朝的暴君。他们是如此之勇敢，因为他们是不会被关到自己旧主人的监牢和铁笼里去的。[①] 当我们看到我们当代的暴君们在我们眼前制造着更恶劣的悲剧时，我们是不是对他们会更温和一些呢？当我们能够以同样的安全行使自由时，难道我们不会像他们所做的那样来行使我们的自由吗？当讲出诚实的真理只不过需要鄙视我们憎恶其行为的那些人的意见而已的时候？

这种对一切所有权的侵犯行为，最初是根据他们行事的体系，用一种最令人吃惊的借口进行掩饰的——即尊重民族的信念。这些所有权的敌人们，起初是装作对恪守国王与公共债权人之间缔约有着最敏感、最细心、最认真的关切。这些人权的宣扬者们是如此之忙于教导别人，以致他们自己竟没有时间学点什么东西；否则的话，他们就会知道，公民社会所要信守的首先的、原始的信念乃是针对公民的所有权，而不是针对国家的债权人的要求。公民的要求在时间上是最先的，在资格上是最高的，在衡平上是最优越的。个人的财富，不管是自己挣得的，是遗产还是以拥有某些集体财物的资格，都不成为债权人安全保证的一部分——无论是公开的还是蕴涵着的。他们在做交易时，头脑里并没有那些东西。他很知道，公众无论是由一个国王还是由一个立法机构来代表，除了公共财产而外并不保证任何别的东西，而且除非来自对全体公民的正当的和按比例的征收而外，它就不可能有

① 按，监牢和铁笼是法国国王路易十一（1423—1483，1461—1483 在位）经常采用的办法。铁笼系凡尔登主教所创设的，他本人也是第一个受害者。——译注

任何公共财产。对于公众债权人而言，这一点是约定好了的，此外就不可能有任何约定。没有人能够抵押自己的不公正作为自己正直性的担保。

我们不可能回避要对由这种关于新的公共信念的极端严厉和极端疏忽之间所造成的矛盾做出某些观察，它影响着这种交易，而且它不是根据义务的性质，而是按与它缔约的各色人等在起影响的。在法国历代国王旧政府的一切法案中，国民议会除了有关现金的合同而外，全都不承认有效；一切其他法案其合法性都是极其含混可疑的。那个王朝政府所有的其他法案都被他们以一种如此可憎的眼光来看待，以致在它的权威之下拥有某种权利便被看作是一种罪行。作为为国家服务而获得的报酬津贴，肯定是所有权的一种良好的基础，正有如任何一笔向国家奉献的钱财是一样的安全可靠。它甚至于更好，因为为了得到那种服务，国家已经花了钱，而且花了很多钱。然而我们从不曾在法国看到有大量这类的人，他们在最为所欲为的时代、在最为所欲为的大臣手下都从未曾被剥夺过自己的收入，却遭到这个人权的议会无情的洗劫。当他们要求自己以血汗挣来的面包时，他们却被告知说，他们的服务并不是为现存的这个国家做出的。

公共信义的这种解体不仅是限于这些不幸的人们。[国民]议会以其所必须具备的完整的一贯连续性致力于一场可敬的思考：它在多大程度上应受前政府与外国签订的条约的约束，而他们的委员会则要报告其中哪些是他们应该批准的，哪些不是的。以这种办法，他们就把这个处女国家的对外信用也置于其对内信用的相等地位上了。

很难设想，依据什么样的理性原则，王室政府在这二者之中就不应具有报偿人们的服务以及以自己的特权签订协议的权力，而只是具有向债权人担保国家现有的和可能收入的权力。国家财富在一切事物中都是法国国王的特权或欧洲任何国王的特权所最少染指的。而抵押公共的收入却蕴涵着王权在最完全的意义上支配了公众的钱口袋。这远远超出了甚至征收一种暂时的或偶然的赋税的委托权。然而这种危险的权力（它是一种无限的专制主义的明确标志）制订的法案却被看作是唯一神圣的。一个民主的议会对于其资格得自君主权威之中最可非议和最可憎恶的运用而来的这套资产所表现的偏爱，又是从何产生的呢？理性并不能提供什么来协调这种不一致；对于衡平原则也不能指靠偏好来加以说明。但是这种矛盾和偏私，尽管不能有论证，却并非没有恰当的原因；而这种原因，我认为并不难发现。

由于法国的庞大国债，一种巨大的金融利益就不知不觉成长起来了，并且随之就有了巨大的权力。而由于这个王国中所流行的传统习惯，财产的一般流通，特别是由土地到货币和由货币到土地的双向转化，始终是件十分困难的事。比在英国更为普遍而且更为严格的家族规定、jus retractus［回复权］、[1] 王室所拥有的而且被法国法律准则认为是不可转让的大量地产，以及宗教团体的大宗不动产——所有这一切都使得法国的金钱和地产这两种利益比起在这个国家［英国］来更加彼此分离，不易混合；这两

[1] 按照法国旧法律，贵族可以随时强制性地重新收买他已经出让的自己某一部分采邑。贵族的后代也同样可以重新收买他祖先出让的任何一部分地产。在法国，有各式各样的这类回复权（droit de retrait）。——译注

种显然不同财产的拥有者彼此之间也不像在我们这里那样互有好感。

长期以来，人民以一种颇为邪恶的眼光来看待金融资产。他们把它看作是与苦难相联系的，并加剧了这些苦难。它同样使那些古老的地产利益者感到妒忌，部分地是由于它使得人民感到厌恶的同样原因，但更是因为它以一种炫耀的奢华的光彩使一些并无家谱世系、只有空头衔的贵族们黯然失色。甚至于当代表更恒定的土地利益的贵族与其他行业联姻时（这有时会发生），那种挽救了整个家族免于破产的财富，仍被认为是玷污和亵渎了它。因而甚至于通常种种可使不和得到平息、使争端转化为友谊的手段，也会加剧双方之间的敌意和仇恨。同时，那些不是贵族或新封贵族的富人，却随其事业而越发骄傲。他们满怀愤怒地感到了自己地位的卑下，拒不承认这种地位卑下的基础。为了报复这类对手的傲慢的侮辱，为了把自己的财富提高到他们认为是其天然的地位和评价，没有任何手段是他们所不乐于采用的。他们通过王权和教会来攻击贵族。他们特别攻击的是他们认为其中最脆弱的一方面，即教会的财产，那通常是由国王恩赐给了贵族的。主教职位和被委任的大修道院的圣职，[①]除少数的例外，都是由贵族阶级担任的。

在旧有的贵族土地利益与新兴的金融利益之间这场真正的、尽管并不总是为人所察觉的战争中，最大的（因为是最可加以运用的）力量乃是掌握在后者手中。金融利益在本性上更易于进行一

① 在中世纪，一些修道院在教皇的特许下，享有自己产业的使用权。——译注

切冒险;而它的拥有者也更倾向于经营任何一种新的企业。它是近期的积累,因此很自然地适合于一切新事物。所以它就成为一切希望变革的人们所追求的那种财富。

与这种金融利益一道，一种新型的人成长起来了，那种利益随着这些人很快地就结成了一种紧密的、引人注目的联盟；我指的是那些政治文人。这些文人喜欢突出自己，是很少反对创新的。自从路易十四[①]的生命和伟大衰颓之后，他们就不那么能得到他本人或摄政或王位继承人的栽培了；他们也不像在那种铺张但并非不高明的辉煌时代那么系统地靠恩宠和赏赐而效力于宫廷了。因此他们尽力想结成一种自身的团体来弥补他们在旧日宫廷的保护下所失去的东西；在这方面，法国的两个学院[②]以及其后由这些绅士们的一个组织所推进的《百科全书》这桩伟业[③]做出了不小的贡献。

文学家阴谋集团在几年之前就制订了某种摧毁基督教的正式计划之类的东西。他们狂热地在追逐这个目标,那种狂热程度迄今为止我们还只在某些虔诚体系的布道者身上看到过。他们沉醉于一种极其狂幻的、要使人改宗的精神;由此很容易地就会执著于

① 路易十四（1638—1715），法国国王（1643—1715 在位），是法国历史上有名的“太阳王”。——译注

② 当时法国实际上有 5 个“学院”：法兰西学院，1634 年由黎塞留创办；美术学院，1648 年由马萨林创办；文学院（1663）；自然科学院（1666），以及皇家音乐学院（1671）。其中前 4 个现在包括在现今的法兰西学院中。此处所谓两个学院系指法兰西学院和文学院。——译注

③ 《百科全书》于 1746 年由狄德罗和达朗贝尔着手组织，1780 年完成，共 35 卷，对法国大革命起了重要的影响。——译注

按他们的办法迫害异己的精神。[①] 那些以直接的或即刻的行为未达到他们伟大目标的事,可以在较长的过程中通过舆论的媒介来实现。要左右那种舆论,第一步便是建立起对那些指导舆论的人的控制。他们处心积虑地以极高的手法和坚韧使自己掌握一切通往文学荣耀的道路。他们之中的许多人也确实在文学和科学上占有很高的地位。世界对他们是很公正的;并由于垂青一般的才干而原谅了他们特殊原则中的邪恶倾向。这是一种真正的慷慨大度,而他们所回报的则是力图将富有见识、学问和情趣的声誉全都归于自己和他们的追随者。我胆敢肯定,这种狭隘的、排他性的精神有害于文学和情趣,不亚于它有害于道德和真正的哲学。这些无神论的教士们有一种他们自己的偏执,他们学会了以僧侣的精神来抨击僧侣。但是在某些事务上,他们却又是世俗的人。阴谋诡计也被用来补充论据和才智的不足。在这种文化垄断的体系之上,还加上了不断积极地用一切方式、一切手段去诽谤和诋毁那些不肯参与他们一党的人。对那些已经观察到了他们行为的精神的人,事情早已很清楚了:除了能把语言上和笔头上的不宽容转化为一场打击所有权、自由和生命的迫害的那种权力而外,并不需要任何别的东西了。

对他们所加以的零散的、微弱的迫害,更多地乃是形式上和表面上的姿态,而不是出自严肃认真的痛恨,[②]那既没有削弱他们的

---

① 这句话(直到下一段话的第一句末为止)以及其他地方的一些句子是我去世的儿子在阅读我的原稿时加上的。——原注

② 指当时贵族与教会的反抗均软弱无力,冉森派和耶稣会不能合作,巴黎议会的监督机构也无能为力。——译注

力量，也没有减缓他们的努力。整个的问题乃是，不管他们是遇到反对还是取得成功，一种世界上前所未知的强暴而恶意的狂热完全支配了他们的心灵，使得他们本该是有趣的和富于教益的言论变成了十足令人厌恶的。[①] 一种团伙的、阴谋的和叛教的精神浸透了他们的全部思想、言论和行动。而且，由于争论的热衷很快就把思想转变为武力，他们就开始与外国的君主们通信勾搭，希望通过起初他们是要去奉承的那些权威，就可以实现自己心目中的变革。对于他们来说，这些变革无论是通过专制主义的雷霆，还是通过群众骚乱的震荡来实现，全都无关紧要。这个团伙和前普鲁士国王[②]之间的通信就向我们揭示了许多他们全部行径的精神。[③] 出于与这些君主相勾结的同样目的，他们以一种突出的方式培植着法国的金融势力；并且部分地通过那些身居要职而有着最广泛、最可靠的交际手段的人所提供的便利，他们精心地把持了一切舆论的渠道。

作家们，特别是当他们结成团体而行动并有着一种方向时，对公共的精神就起着巨大的影响；因此这些作家们和金融利益的联盟[④]在消除人民对这种类型的财富的仇恨和嫉妒方面起了不小的

① 作者于1773年1—2月访问了巴黎，并与当地的知识界有过接触（德芳夫人，莫尔莱神父及其他人）。不幸的是现在保存下来的他的信件中，没有涉及他对他们的印象。关于这些人对他的印象，见他的《书信集》卷2，425页。——译注

② 即“腓德烈大帝”（1712—1786，1740—1786在位）。——译注

③ 我不想引用他们任何粗俗、卑鄙、不敬的话来震惊有德行的读者们的感情。——原注

④ 他们与杜尔哥和几乎所有金融界人士都有联系。——原注

（杜尔哥（Turgot，1727—1781），1774—1776年任改革派金融总监，《对财富的形成和分配的思考》一书的作者。他是启蒙思想家的同道，为伏尔泰所推崇，为《百科全书》的编纂做出过贡献。在经济学方面，他被认为是李嘉图的前辈。——译注）

作用。这些作家们，像所有鼓吹新鲜事物的人一样，装出对穷人和卑贱者的极大热情，同时他们用种种讽刺极力夸大宫廷、贵族和教士的错误，使之令人憎恶。他们变成了一批蛊惑者。他们为了偏袒一个目标，就成为了连结令人憎恶的财富和激动不安的、绝望的贫穷二者之间的一条纽带。[1]

因为这两种人[2]看起来在所有最近发生的事件中都像是主要领导人，所以他们的联合和他们的政策就可以解释——不是根据任何法律的或政策的原则，而只是作为一种*原因*——那种普遍的狂暴，由于它，一切宗教团体的土地财产都遭到了冲击；还可以解释那种与他们所借口的原则相反的、对来源于王权权威的金融利益所采取的精心照顾。一切对财富和权力的嫉妒，都被人为地导向反对其他阶层的富人去了。除了我所论证过的这些而外，我们又能根据什么其他原则来解释像教会的财产这样的一种看来是如此之奇特而又不自然的表象呢？——它经受了长期岁月的更替和无数国内暴乱的震撼的考验，既受到正义、又受到偏见的保护，而它现在正被用于偿债，一种相对晚近的、不光彩的而且是由一个受到诋毁和被颠覆了的政府所欠下的债。

公共产业是公共债务的一种充分的抵押品吗？假如它不是，并且还肯定会造成某一方面的损失，当这种唯一合法享有的产业——那是缔约双方在进行交易时都已计算过了的——被发现不够抵债时，那么按照自然的和合法的衡平原则，谁又该成为受害者

① 此处系指启蒙思想家把资产阶级和穷人在反对国王、贵族和教会的旗帜下结合在一起。——译注

② 即资产阶级和启蒙思想家。——译注

呢？肯定地说，它应该不是赊售的一方，就是说服他赊售的一方，或者是这双方；而不应是与这一交易毫无关系的第三方。在资不抵债的任何情况下，不是应该由那些软弱得根据不可靠的担保而贷款的人来承担，就是由那些欺诈地提供了无效担保的人来承担。法律不知道有其他的裁决准则。但是按照新的人权体制，那些依照衡平应当承担损失的唯一的人，却正是那些将无恙地得到补偿的人；而那些要去偿还债务的人，既非借方又非贷方，既非抵押人又非受押人。

对这些交易，教士阶级都做了些什么呢？对任何超过了他们自己债务范围的公共缔约，他们该怎么办呢？对于这一点，确实是把他们最后的一亩地产都投进去了。没有什么别的比对他们处理教士阶级债务的做法的关注更能导致[国民]议会的真精神，那种精神以其新的公平和新的道德，更适合于公开的没收。这个抄没者集团——他们忠实于金融利益，为此而对其他每一个人无忠实可言——发现教士阶级是足以忍受一种合法的债务的。当然，他们宣布教士们合法地拥有财产——而那是他们的借贷权和抵押地产之权所暗含了的；这就承认了这些被迫害的公民的权利，而正是在这一行动中他们的权利是如此粗暴地遭到了蹂躏。

如果像我说过的那样，除了公众的整体而外，还有什么人是要向国家债权人做出补偿的话，他们就应该是那些办理这种协定的人了。那么，为什么不没收所有那些财政监督官们的地产呢？[1] 为什么不是那一长串的部长、财政官和银行家们被没收呢？——当国

① 后来轮到他们也都被没收了。——原注

家由于他们的办法和建议而沦于贫困之际，他们却发了财。被没收的为什么不是拉博德先生(Laborde)[①]的地产而是巴黎大主教呢？[②] 他可是与公共债务的设立和承包没有任何瓜葛。或者，如果你们为了金融家的利益而必须没收旧有的地产，为什么这种惩罚只限于一个阶层呢？我不知道舒瓦瑟尔公爵[③]的挥霍是否从他所得自他的主人的无限赏赐中还剩下了点什么，而那个朝廷曾以各式各样在战争与和平中的挥霍浪费而大大加重了法国今天的债务。如果还剩下有这类东西的话，为什么不把它没收充公？我记得我在法国旧政府的期间曾经到过巴黎。我在那里时正好是艾吉永公爵[④]被专制君主的保护之手刚从断头台上抢救了下来(正如一般所认为的那样)。[⑤] 他是一位大臣，与这段挥霍浪费时期的各种事件不无关系。为什么我没有看到把他的地产交给他所在的市

---

① 19世纪的编辑们认为作者此处所指的是让-约瑟夫·达尔(1724—1794)，他是富有的银行家，被路易十五封为拉博德侯爵。然而还有另一位富有的当代人拉博德，即弗朗索瓦—路易—约瑟夫，拉博德·梅雷维尔侯爵(死于1801年)，为前者之子，是财政官和政治家，王室财产总管。他后来成为制宪议会的活跃分子，并在1790年成为那些负责收取教会的银器作为爱国奉献的委员之一。有可能就艾吉永和罗什富科们而言，(见后文注解)作者所指的不是叫这名字的某一个人。——译注

② 国民议会在1789年11月没收了全部的教会地产。当时的巴黎大主教是安托尼—埃莱奥诺尔—莱昂·勒克莱尔·德·朱涅(1728—1811)，他曾以慷慨输捐而著称。大约此时，他放弃了自己的职务并自我流放。——译注

③ 艾蒂安-弗朗索瓦，舒瓦瑟尔公爵(1719—1785)，路易十五的大臣。他去世时身负重债。本书作者后来为此处的引证而感到遗憾；他应舒瓦瑟尔遗孀的要求，同意就此点对本书的法文版做了修改。(见《书信集》第2卷234—237页，285页，337页。)——译注

④ 埃马纽埃尔—阿尔芒，艾吉永公爵(1720—1788)，为上阿尔萨斯总督，1770年曾犯有滥用职权之罪，此案在路易十五的命令下被强行了结。他是法国最富有的贵族，但在国民议会中拥护革命。参见下一条注。——译注

⑤ 艾吉永公爵是被路易十五的情妇杜巴蕾夫人所挽救的。——译注

镇呢？诺阿耶世家[①]长期以来都是法国王室的仆人（我承认是很出色的仆人），当然也就得到了一定份额的赏赐。为什么我一点都没有听说用他们的地产来偿还公共债务呢？为什么罗什富科公爵[②]的产业就比罗什富科红衣主教[③]的更为神圣呢？我并不怀疑前者是一位可敬的人物，他也很好地使用了自己的收入（如果我们谈论其使用会影响到对财富的资格并不是一种玷污的话）；但是我下面的说法并非是对他的不敬，即可靠的消息足以保证我说，他的兄弟[④]鲁昂红衣大主教对他自己的同样有效的财富的运用要远为值得赞许并且远为更富于公共精神。当一个人听到对这类人士的放逐以及没收他们的产业时，能不感到气愤和厌恶吗？如果谁在这种情况下不产生这种情绪，他就不是一个人了。一个不能表达这种情绪的人，就不配享有自由人这个名称。

几乎没有一个野蛮的征服者曾在财产权方面制造过一场如此之可怕的革命。没有哪个罗马派系的头子，在所有他们拍卖自己

---

① 路易—马里，诺阿耶子爵（1756—1804）于1789年8月4日在国民议会提议废除一切封建特权。这项提案得到了阿尔芒—德西雷，艾吉永公爵（1761—1800）的支持，后来被通过。这个艾吉永公爵即前面提到过的那个艾吉永公爵的儿子。——译注

② 作者对于法国革命初期倾向革命的贵族及其在英国的同党所采取的批判态度，见《给一个贵族的信》（1796）。佩恩（E. J. Payne）认为此处系指弗朗索瓦·亚历山大·弗雷德里克，罗什富科—利扬库尔公爵（1747—1827）。此人是经济改革家和英国哲学的崇拜者，路易十六的朋友，1789年国民议会主席，后来被迫流亡国外，后又重返法国，并在拿破仑时代积极参与了公共生活。——译注

③ 多米尼克·德·拉·罗什富科（1713—1800），鲁昂大主教、红衣主教。他从一开始就声明反对大革命的原则，并在波旁王朝被推翻后（1792年8月10日）流亡国外。他出身于罗什富科家族的穷困而偏远的一支。——译注

④ 实际上不是他的兄弟，与他没有很近的血缘关系。但是这个错误并不影响这一论据。——原注

的掠夺品的场合竖起了"crudelem illam hastam"[①] 时，曾对被征服的公民的财物进行过如此之巨额的出售。人们不得不偏袒那些古代的暴君们说，他们所做的事很难说是在冷血中做出来的。充满了复仇的情绪，充满了血腥和掠夺的无数最新的你争我夺和反击，他们的激情被点燃了，他们的脾气暴戾了，他们的理智混乱了。他们由于害怕随着归还财产而把权力归还给那些被他们伤害得已绝无宽恕的希望的家族，以至于被逼得超越了一切节制的限度。

这些罗马的掠夺者还仅仅是暴君的初步，还没有受过有关人权的教导，以致在没有遇到挑衅的情况下就相互施加一切的残酷手段；他们认为有必要为这些不义的行为涂上一层保护色。他们认为被征服的一方全都是些叛徒，是拿起武器或以其他充满敌意的行为在反对国家。他们认为这些人是因为他们犯了罪才被剥夺财产的。而在你们那里，在你们那里人类精神有了进步的状态中，却不拘这些形式。你们没收了500万英镑的岁租，把四五万人赶出了家门，仅仅是因为"你们高兴这样做"。英国的暴君亨利八世因为并不比罗马的马里乌斯们和苏拉们[②]更有教养，也没有在你们的新学校中学习过，所以并不知道在那个进攻性的大武器库中可以找到多么有效的一种专制主义工具，叫做人权的。当

① crudelem illam hastam："残酷的矛头"。按古罗马习惯，系以长矛戳在地上表示在进行公开拍卖。这句话大概是西塞罗说的，指对被没收的苏拉的财产进行拍卖。——译注

② 马里乌斯（Marius）和苏拉（Sulla）为公元前1世纪的罗马将领，曾进行过多年的内战与屠杀。——译注

他决心要掠夺修道院之前——就像雅各宾俱乐部掠夺了一切教会财产一样——他还着手设立了一个委员会来审查这些团体所犯的罪行和滥用职权的情况。正如可以预料的，他这个委员会报告的事实，有夸大，也有谎言。但不管真假，这个委员会报告了种种渎职和侵权。然而，因为渎职可以纠正；因为个人的罪行并不意味着要没收团体的财产；因为在那个黑暗的时代，财产还没有被发现是偏见的产物，所以这一切渎职（肯定有足够之多）还很难被认为是这样一场（像他有意进行的）没收财产的充分根据。所以，他设法获得在形式上是献出这些产业。所有这一切冗繁的手续乃是由一个在历史长河中最确凿无疑的暴君之一所采用的，他在冒险向国会要求通过一项法案肯定他那邪恶的办法之前，作为必要的前奏，他要以分一部分赃物来贿赂他那奴颜婢膝的两院成员，并向他们许诺永久免税权。假如命运把他保留下来到我们这个时代，只要有 4 个专用名词就会完成他的工作，省掉了他这一切的麻烦；他不需要别的，只消一句短短的咒语——“哲学、光明、大度、人权。”

我绝不能说什么来称颂暴君制的那些行为。迄今为止，在任何虚假的保护色之下也还不曾有哪个声音称颂过他们；然而这些虚假的保护色也表明专制主义对正义的一种致敬。位于一切恐惧和一切悔恨之上的权力，却并没有放置于一切羞耻之上。而当羞耻之心还保持着警惕时，道德感就还没有在暴君们的内心中完全熄灭，节制也就还没有最后从他们的头脑中被驱逐出去。

我相信在这种情况下，每一个正直的人在他的思考中都会表同情于我们的政治诗人，并且只要这种贪得无厌的专制主义的行为出现在他的眼前或在他的想象中，就要祈祷摆脱这种预兆：

——但愿没有风暴
降临到我们的时代，在那里毁灭也要得到改造。
告诉我，我的缪斯，
是什么可怕的悲惨过错、
是什么罪行可能激发一个基督徒的国王
如此大发雷霆？
是奢侈还是贪婪？
难道是他如此之节制、贞洁和正直？
这些是他们的罪行吗？还是更是他自己的，
对没有钱的他，钱财就足以构成罪行了。[①]

---

① 这段诗的其余部分是这样的：
耗尽了他那王位的财富，
却谴责别人的奢华以满足自己。
而这种想粉饰亵渎神明的可耻行动，
又必得装上虔诚的名义。
没有一种罪行是如此大胆，
除非是被理解为真正的或至少也是表面的善行；
有谁不怕做坏事，却又害怕那个名声，
虽然不管良心，却仍是声誉的奴隶。
这样他就保护了甚至纵容了教会；
但君主们的刀剑要比他们的风度更尖锐。
因而他就改造了以往的时代，
摧毁了他们的仁慈，保卫了他们的信仰。
于是宗教就停留在一个怠惰的斗室里，
在一种空洞的沉思中。
像是躺在一块岩石上一动也不动，
但我们又像一只过分活跃的白鹳在吞噬着。

同样是这种财富——它在所有的时代、所有的政体之下对于贫穷和贪婪的专制政权都是大逆和 lese nation[叛国]——诱使你们一举而破坏了所有权、法律和宗教。但是法兰西这个国家是否已到了如此之悲惨无告的地步，以至于除了抢劫而外就没有别的来源维持其生存？在这一点上，我希望能得到一些信息。当三级会议召开时，法国的财政状况是否已经到如此地步，以至于各个部门在按公平和宽容的原则做出节约后，也没有由各个等级公平地分担支出的任何办法，使之可能得以恢复？如果只需这样一种公

难道不知道有什么温和的区域，
界乎他们冰冷的和我们炽热的区域之间？
难道我们不能从那场昏睡的梦中醒来，
而只有在一场更坏的极端之中烦躁不安？
对那种昏睡不醒却无法可医，
而只好任其中暑？
难道知识就没有界限，而必须走得那么远，
竟致使我们希望愚昧？
或是宁可在黑暗中摸索自己的路，
而不要由一个虚假的向导引路，在白天犯了错误？
有谁看见了这一片狼藉而不问，
是哪个野蛮的入侵者洗劫了大地？
但当他听到了不是哥特人，也不是土耳其人，
而是一个基督教的国王
带来了这片荒芜；
当我们最美好的和他们最恶劣的行动之间，
都带上热诚的名称时，
当我们的虔诚是这样一种结果时，
他会认为我们的堕落可以被宽恕吗？

《库珀之山》——约翰·德纳姆爵士。——原注

（按，本诗作者约翰·德纳姆爵士（1615—1669）是查理一世的朋友，英国著名诗人。——译注）

平分担的话，你们很懂得那是很容易做到的。内克先生[1]在他向凡尔赛举行的三级会议提出的财政预算中，曾详细地阐述了法国的状况。[2]

如果我们信得过他，那么就没有必要为了使法国的收支维持平衡再征收任何新的赋税。他说明各种名目的经常开支(包括一笔 4 亿新贷款的利息)为 5.31444 亿里弗[3]，而固定收入为 4.75294亿里弗，则赤字为 5.615 亿里弗，或不到 220 万英镑。但是为了平衡它，他提出了节约开支和增加收入的计划(认为定能完全落实)，其总额比赤字的数目还多些。他以下面这些着重的言词结论说(报告的第 39 页)："Quel pays, Messieurs, que celui, où, sans impôts et avec de simples objets inapperçus, on peut faire disparaître un déficit qui a fait tant de bruit en Europe."["先生们，除了我国，还有哪一个国家在不增加税收的情况下并以一种不为人注意的简单目标，就能消除一笔在欧洲引起了如此大的反响的赤字?"]至于内克先生的报告中指出的还账、减少负债和其他有关公债的伟大目标以及政治安排，毫无疑问是可以接受的，但须对公民们一视同仁地有一种很温和的、按比例的评估，使他们所有的人都得以最充分满足他们的需要。

---

① 雅克·内克(1732—1804)，日内瓦银行家。他继杜尔哥之后被路易十六任命为财政总监，并在 1776—1781，1788—1789，1789—1790 期间连续担任此职务。他的正直和道德勇气被广泛承认，但他的治国才能却常受人批评。他是斯塔尔夫人(de Staël)的父亲。——译注

② 见财政总监先生的报告。该报告是由国王命令在 1789 年 5 月 5 日做出的。——原注

③ 里弗(livre)，法国旧时流通的货币名，当时价值相当于 1 磅白银。——译注

如果内克先生的这种说法是假的，那么国民议会强迫国王接受他为大臣，就要受到最高程度的谴责了，并且国王是由于任用了一个人担任*他们的*大臣而被废黜的——此人曾有能力在一个极其重要的关键时刻并在直接属于他的特定职责的事情上，竟如此之臭名昭著地滥用了他的主人的和他们自己的信任。但是，如果这种说法是确切的（就像您一样，我一直对内克先生怀有高度的敬意，所以我不怀疑那是确切的），那么又能够说什么来赞同那些人呢？他们不去征收温和的、合理的和普遍的赋税，而是没有任何必要地像冷血动物一样，求助于一种偏颇的而残酷的没收行为。

教会方面或贵族方面可曾以特权为借口拒绝这种赋税呢？不，肯定并没有。对于教士们，他们甚至跑在第三等级所希望的前面。在三级会议召开之前，他们已经向他们的代表们发出了明确的指示，要放弃一切使他们的立足点不同于其他法国臣民情况的豁免权。在放弃特权这一点上，教士阶级做得甚至比贵族更为明显。

但是让我们假定就像内克先生最初所陈述的那样，赤字保持在5600万（或220万英镑）。让我们承认他弥补这项赤字的一切财源都是厚颜无耻、毫无根据的捏造，而且国民议会（或者他们的雅各宾派文件老爷们[①]）因之就理应把这种赤字的全部负担都加到教士阶级的身上——即使我们承认这一切，需要220万英镑也无法解释要没收500万英镑之多。把这220万英镑单方面加在教

① 在斯图亚特王朝统治下的苏格兰宪法中，有一个委员会负责准备法律草案；不经它的事先批准，就没有一项法案能够被通过。这个委员会因此被称为文件老爷。——原注

士阶级的头上是迫害性的和不公正的，但它还不足以毁灭那些被强加以这种负担的人；因此就还不能满足经营者们的真正目的。

不熟悉法国情况的人，在听到教士和贵族们在纳税方面享有特权时，可能会想象在法国革命之前这两个阶级对国家丝毫没有担负。这是一个大错误。他们在纳税方面彼此并不平等，而他们每一方又与平民不平等。然而，他们是缴纳了大量捐税的。不管是贵族还是教士，都未享受过任何对消费税或海关税或任何名目繁多的间接税的豁免，它们在法国以及在［英国］这里，都构成为所有公共缴纳中很大的一部分。贵族要交纳人头税。他们还要交纳被称为第二十个便士的一种土地税，有时高达每英镑 3 先令，有时 4 先令；这两种直接税并不轻，其作用也绝非微不足道。由征服而被兼并于法国的各省中（它们在面积上大约构成全国的 1/8，但在财政上构成更大得多的比例），教士们也要缴纳与贵族们税率相同的人头税和第二十个便士税。在原有省份的教士不缴人头税，但他们是用一笔大约 2400 万［里弗］，即 100 万多一点的英镑为代价赎买了他们自己的。他们被免除了第二十个便士税，但当时他们做出了无偿的捐赠，他们为国家借了债，他们承担一些其他的开销，而这一切约计为他们纯收入的 1/13。他们还须每年再缴纳 4 万多英镑，使自己与贵族的贡纳持平。

当这种巨大剥夺的恐怖悬在教士阶级的头上时，他们又通过艾克斯（Aix）的大主教做出了另一项捐献；① 而这项捐献却由于太过分了而不应加以接受。但对于国家债权人来说，它十分明

① 系指当时教士阶级被允许保留教会土地，但放弃什一税。——译注

显地要比没收所能合理地带来的任何东西都更为有利。它为什么未被接受呢？原因是很明白的：人们并不想要教会来为国家服务。为国家服务被当成是摧毁教会的一个借口。而在摧毁教会的过程中，他们也会毫不犹豫地摧毁自己的国家；而且他们也已经摧毁了它。如果以敲诈勒索的计划来代替没收的方案，那么设计中的一个伟大的目的就会遭到失败。一个与新共和国相联系着的、并为了自身的生存而与之相联系着的新的土地利益集团就不可能产生出来。这就是为什么巨额的赎金不被接受的原因之一。

根据一开始所准备推行的没收计划，其疯狂性很快就变得昭然若揭。把这种数量庞大的地产，这种由于没收王室的全部广阔的领地而扩大了的地产，一下子投放到市场，很明显地会由于这种没收，由于这些土地(而且事实上由于全法国地产)的贬值，而使所期望的利润落空。这样突然间把它全部的流动资金由贸易转到土地上面来，就必然成为另一场灾难。人们又采取了什么步骤呢？国民议会在感受到了他们那种计划中的土地出售的种种不可避免的恶果之后，是不是再回到教士们的捐赠上来呢？没有任何的苦痛可以迫使他们走上一条为正义的任何表现所认为不光彩的道路。在放弃了这种大量立即出售的一切希望之后，另一项计划似乎已继之而来。他们提出以股份来交换教会的地产。这项计划中的大难题产生于如何均摊被交易的对象。此外还出现了其他的障碍，这些又把他们推回到了某种出售计划上面来。许多市镇都发出了警报。他们不愿意听说把王国的全部掠夺物都转移到巴黎的公债执有者手中。许多这些市镇都已经系统地沦于最可悲的贫困状态。哪里都看不到钱。他们因此被弄到了热烈地渴望的地步。

他们盼望着任何一种通货可以振兴他们濒危的工业。于是这些市镇就被允许分一份赃,那显然地使最初的计划(如果人们确实严肃地接受过的话)变得完全行不通了。公共开支的急需对各方面都形成压力。财政大臣以一种最迫切、焦虑和预警的声音,重申他要求支援的呼吁。因此在各方面的压力下,于是代替了把他们的银行家转化为大主教和修道院院长的最初计划,代替了清偿旧债务,他们发行了一种利息为3%的新债,设计了建立在最终出售教会地产的基础之上的一种新纸币。[①] 他们发行这种纸币,首先主要地是为了满足贴现银行[②]对他们提出的要求,这个银行乃是他们虚幻的财富的一架大机器,或造纸厂。

现在对教会的掠获变成了他们一切财政运作的唯一来源;变成了他们全部政策的活命原则;变成了他们权力存在的唯一保障。要把每一个人都降到同样的底层并使全国都以一种罪恶的利益来支持这种行动及其推行者那些人的权威,就有必要采取一切哪怕是最暴烈的手段。为了迫使那些最不情愿的人也来参与他们的掠夺,他们就强使在一切支付中都使用他们的纸币。凡是考虑到这个目标乃是他们一切计划总趋势的中心、乃是他们后来一切措施所由以出发的中心的人们,便不会认为我太冗长地讨论国民议会的这一部分行动了。

为了切断王权和司法机关之间的联系的一切表象,为了把全

---

① 指 assignats(指券),为法国大革命期间在被国家没收的教会和王室土地基础上发行的纸币。正如作者所预见的,这种体制使投机者发了财。——译注

② 贴现银行(Bank of discount),即 Caisse d'Escompte,为杜尔哥任财政总监时所创立。——译注

体都置于对巴黎独裁者的默默服从之下，最高法院[1]古老的司法独立及其全部的优缺点被全盘废除了。当最高法院存在的时候，人民显然可以不时地求助于它，并团结在它们古老法律的规范之下。然而我们应当考虑的问题是，在这些现在已被废除了的法庭中的各种官吏都是用高价买得他们的职位的，对此以及对于他们所履行的责任，他们却只收到了很低的利润回报。简单的没收仅仅是对教士阶级的一种恩惠；——对于律师们也看到了某些公正性的表象；他们会收到一笔巨额补偿。他们的补偿成为国债的一部分，而为了清偿这笔债务，便有一笔用之不尽的基金。律师们会得到新的教会证券作为对他们的补偿，这种证券是随着司法及立法的新原则一起前进的。被遣散的官员只能或是分担教士们的苦难，或是像所有其他人一样以这样一种方式并从这样一种基金中收回自己的财产；而所有那些曾经被古老的司法原则所哺育并且曾经是所有权的坚定卫士的人，一定是会满怀憎恶来加以看待的。即使是教士阶级，也要从这种带有不可磨灭的亵渎神明的烙印和他们自身毁灭的征象的贬值证券中，得到一份可怜的补贴，否则他们就只好挨饿。这样一种强制性的纸币对于信贷、所有权和自由的如此之粗暴的伤害，是任何时代、任何国家的暴政与背信弃义的联盟所很少展现过的。

在这一切活动过程中，终于出现了那个伟大的 arcanum[奥妙]，即事实上(就他们的行动中可以推测出来的任何确定的事而

① 最高法院(parliament，法文为 parlement)为兼有行政与调节职能的司法机构，在大革命中被废除了。——译注

言)，教会的地产在任何公正的意义上都并没有被出售。根据国民议会最近的决议，它们确实是被交付给了那些最肯出价的人。但是应该注意到的是，**这场交易的钱仅仅付出了一部分**。剩下的那部分将在为期12年之内付清。因此那些哲学式的购买者在缴出某种押金之后，便可以立即拥有地产。它们在某些方面就变成了送给他们的一份礼物，是封建占有制在向新制度输诚。这种规划显然是对一批没有钱的买主敞开了大门。其后果将是，这些买主或不如说是受惠者，不只是用他们所积累的地租(那是国家也同样可以收到的)来偿还，而且也用建筑材料的赃物，用滥伐森林，或用他们那习惯于高利盘剥的手从可怜的农民那里所能榨取的不管什么样的钱来偿还。农民则被委之于这些唯利是图而又恣睢专横的人们的决断之下，这些人由于对一个新的政治体制之不稳定地据有一块地产的不断增长的收益有着不断增长的需求，而刺激了他们各式各样的敲诈勒索。

当这一切狡诈、欺骗、暴力、抢劫、焚烧、谋杀、没收、强制性的纸币以及形形色色的暴政和残酷都被用来实现与支持这场革命而产生了它们的自然效果，亦即冲击了一切有德的和严肃的心灵的道德情操时，这种哲学体制的煽动家们便立刻扯起喉咙，声明反对法国旧的君主政府。当把那个已被废黜的政权抹够了黑之后，他们就进而论证说，仿佛是凡不赞成他们这种新的滥用权力的人，便当然必定是旧的滥用权力的人的同党；而那些谴责他们残暴的自由计划的人，就应当被当作是奴役制的辩护士。我承认，是他们的需要驱使他们得出了这种卑鄙可耻的谎言的。使人们能认可他们的作为和计划的就只是这一假设：在他们与历史的纪录或诗人的创造所能提供的某些最令人作呕的暴君制二者之间并没有第三种选择。他们的这种谰言很难配得上诡辩这个名称。它不是别的，只不外是纯属厚颜无耻而已。难道这些先生们在整个理论界和实践界的圈子里从未听说过在君主专制主义和群众专制主义二者之间有任何别的东西吗？他们难道从未听说过有一种法制的君主制吗？那是被一个国家的伟大的世袭财富和尊严[①]所支配和制衡的；这两者又一般地都受到理性和人民的感情以一种适宜的和永恒的机构所启动的明智的制约所支配的。然则难道我们就不可能发现一个人没有罪恶的不良企图或可悲的荒谬，会宁愿有这样一种混合的和有节制的政府而不愿有这两种极端的任何一种；而且他可以声称一个缺少一切智慧和一切道德的国家轻易地选择了这个政府（*或者不如说当实际上已经拥有了这样一个政府之后就肯定了它*）的时候，就认为理所当然可以犯下一千种罪行并使国家陷于一千种邪恶之中，为的就是避免它吗？纯粹的民主制乃人类社会可以投身的唯一可容忍的形式，而任何人都不得迟疑于它的优点，否则就被怀疑是暴君制的朋友，也就是人类之敌——难道这真是一条如此之普遍被认可的真理吗？

我不知道把目前法国的统治政权归入哪一类。它扬言是一种纯粹的民主制，但我认为它正在沿着一条笔直的道路迅速地变成一种有害而不光彩的寡头政治。[②] 不过目前我承认它的性质和效果还是它自己所自称的那种设计。我并不仅仅根据抽象的原则而

---

① 指贵族阶级。——译注

② 其后 1795—1799 年法国的执政府（Directoire）似乎证实了作者此处的论断。——译注

谴责任何的政府形式。可能会有某些情势使纯粹民主的形式变成为必要的。① 另有些情势(很少有并且是有一种很特殊的背景)它会明确地为人所期待着。我不认为这是法国的或任何其他大国的情况。直到目前为止,我们还没有看到过大规模民主制的前例。古代人对民主制比我们更为熟稔。对于那些曾观察过大多数这类宪法并且最理解它们的作者们,我还不是全然没有阅读过,我禁不住要赞同他们的意见:一种绝对的民主制,就像是绝对的君主制一样,都不能算作是政府的合法形式。他们认为那与其说是一种健康的共和政体,还不如说是它的腐化和堕落。如果我没有记错的话,亚里士多德就说过民主制和暴君制有许多惊人的相似之点。② 关于这一点,我能肯定的是每当一个民主制的政体出现像它所往往必定要出现的严重的分歧时,公民中的多数便能够对少数施加最残酷的压迫;这种对少数人的压迫会扩大到远为更多的人的身上,而且几乎会比我们所能畏惧的单一的王权统治更加残暴得多。在这样一种群众的迫害之下,每个受害者就处于一种比在其他任何的迫害下都更为可悲的境地。在一个残暴的君主统治下,

① 指当时还存在有热内亚共和国、威尼斯共和国与瑞士联邦。——译注

② 当我写下我凭记忆引征的这段话时,已经离开我读亚里士多德的那段话有很多年了。有一位博学的朋友找到了这段话,原文如下:“Τὸ ἦθος τὸ αὐτὸ, καὶ ἄμφω δεσποτικὰ τῶν βελτιόνων, καὶ τὰ ψηφίσματα, ὥσπερ ἐκεῖ τὰ ἐπιτάγματα· καὶ ὁ δημαγωγὸς καὶ ὁ κόλαξ, οἱ αὐτοὶ καὶ ἀνάλογοι· καὶ μάλιστα ἑκάτεροι παρ' ἑκατέροις ἰσχύουσιν, οἱ μὲν κόλακες παρὰ τυράννοις, οἱ δὲ δημαγωγοὶ παρὰ τοῖς δήμοις τοῖς τοιούτοις.”[“二者伦理的特性是相同的,都对公民中最优秀的阶级实行专制主义;一个是用法规,而另一个是用命令和 arrêts(裁决)。煽动家和宫廷佞幸往往是同一样的人,经常是十分相像的;这些人在他们各自的政体形式内拥有主要的权力:佞幸是和专制君主一起,而煽动家是和我所描述的那种人民一起。”]亚里士多德,《政治学》第四卷第四章。——原注

他们可以得到人们的慰藉和同情以减缓他们创伤的刺痛；他们可以得到人们的称赞，在他们的苦难中激励他们高洁的恒心。但是那些在群众之下遭受到伤害的人却被剥夺了一切外界的安慰。他们似乎是被人类所遗弃，在他们整个物种的共谋之下被压垮了。

让我们假定民主制并不具有像我所认为它会具有的那种派系暴政的不可避免的趋势，并且假定它的本身的纯粹形式就具有如此之多的优点，正如我敢肯定它是只有在与其他的形式相混合时才会具有的那样；可是君主制在它那方面难道就完全不包含任何值得称道的东西了吗？我并不常常引用博林布鲁克。[①] 一般地说，他的著作也没有在我的头脑中留下什么长久的印象。他是一个傲慢而浅薄的作者。但他曾有过一个说法，在我看来却不乏深度和分量。他说他欣赏君主制有甚于其他政体，因为你可以更好地把任何一种共和制移植到君主制上面，而不能把君主制的任何东西移植到共和政体的形式之上。我认为他是完全有道理的。历史事实就是这样，那与他的思考十分吻合。

我知道谈论已成为过去的伟大政权的错误是何等之容易的一个题目。通过国家的一场革命，昨天摇尾乞怜的谄媚者就会转变为今天的严厉的批判者。但是那些有着坚定的、独立的精神的人，当他们思索的对象是政体这样一个对人类是如此严肃的事务时，将会不屑于扮演一个讽刺家和演说家的角色。他们会像判断人类

① 博林布鲁克(Bolingbroke，1678—1751)子爵，安(Anne)女王在位时曾任托利党的首相，亦以作家和修辞学家闻名。——译注

的性格那样地判断人类的制度。他们将会区分混杂在不免一死的制度之中的(正如在不免一死的人们之中的)好与坏。

你们法国的政府,尽管通常——而且我以为是公正地——有着无规格的或规格很差的君主制中最好的政府的名声,但仍然是充斥着对权力的滥用的。这种滥用在时间的长河中积累起来,就像它们在一切不受人民代表经常监督的君主制之下所必定会积累的那样。我对这个被推翻了的法国政府的缺点和错误并不陌生;而且我认为我在天性上或政见上并不倾向于颂扬任何一种正当而自然的遭人责难的对象。但现在的问题并不在于那个君主制的弊病,而在于它的生存权。法国旧政府是不是真的无法改造或不值得改造,以至于绝对需要立刻把整个的组织推翻,并为取代它而建立一座理论的和实验的大厦扫清地盘?全法国在1789年年初是有着另一种见解的。这个王国每一个地区给它们三级会议的代表们的指示,都充满了改革那个政府的种种方案,而丝毫没有涉及一点点想要摧毁它的计划。如果这样一种计划哪怕是暗示了出来,我相信就只会有一种声音,即以轻蔑和厌恶而加以摒斥的那种声音了。人们有时是逐步地被引导向前,也有时会急急忙忙地冲向某些事物,这些事物如果他们能全部看到的话,他们是根本就不会允许丝毫去接近的。当发出那些指示时,除了存在着滥用权力以及他们要求改革而外,并没有其他问题;就在今天也没有。但是在那些指示发出与革命爆发的间隙期,事情改变了形态;这种变化的结果就是,今天真正的问题乃是:那些进行改造的人和那些进行摧毁的人,究竟谁是对的?

听起有些人谈到法国的前王朝,你会以为他们说的是波斯在达赫玛斯·库里·汗[1]的凶暴的刀剑之下在流血，或至少描述的是土耳其那种野蛮无序的专制主义，在那里一个有着世界上最宜人气候的最美好的国家却被和平所蹂躏更甚于其他国家被战争所困扰；那里的人们不知道有艺术，那里的制造业奄奄一息，那里的科学荡然无存，那里的农业衰颓，那里的人种自身也在观察者的眼前泯没而消逝。这是法国的情形吗？我没有别的方法来决定这个问题，唯有参照事实。事实并不支持这种比拟。君主制本身带有许多弊端，也有一些好的东西；法国的君主制毕竟曾从宗教中、从法律中、从习俗中、从舆论中得到过对自己祸害的某些改正，这就使得它成为一个不如说是表面上的、而非实质上的专制政体（尽管它绝非是一个自由的、因而也绝非是一个良好的政体）。

在衡量一种政体对任何一个国家的作用的标准中，我必须认为该国的人口状况是一个十分确定的标准。一个国家如果人口繁盛并持续在改善，就不会有一个作恶多端的政府。大约 60 年以前，法国各财政区的监督[2]曾经做过（和其他问题一道）一项有关各自管区内的人口状况报告。我手头没有这些卷帙浩繁的文件，我也不知道哪里能找到它们（我只好凭记忆来谈，因而是不太肯定的）；但我想根据他们的说法，即使是在那个时期，法国的人口也估计在 2200 万人。在上个世纪末，人们一般估计为 1800 万。根据

---

① 达赫玛斯·库里·汗（Taehmas Kouli Khân，亦即 Tahmasp Quli Khan），后被称为纳迪尔·沙阿（Nadir Shah）（1688—1747），伊朗的统治者和征服者（1736—1747 在位），原为土匪头子。——译注

② 财政区是法国旧制度下管理财政的地方单位。每个财政区设有一个监督。——译注

这两种估计的任何一种，法国的人口状况都不坏。内克先生是自己时代的一个权威，至少不亚于那些监督们过去的时代，他在1780年根据显然是可靠的原则推断法国人口为2467万。但这是不是旧政权之下可能达到的最后数字？普赖斯博士的意见是，那一年法国的人口增长绝没有达到顶峰。在这些估计上，我当然承认他的权威要远远超过我承认他在一般的政治方面的。这位绅士根据内克先生的数据完全相信，自从那位大臣的计算之后，法国的人口有了迅速的增长；它增长得那么迅速，以至于他不同意在1789年这个王国的人口数字会低于3000万。在大大降低普赖斯博士的乐观估计之后（我也很以为应该降低），我仍不怀疑法国的人口在最近这段时期内有了可观的增加。但假设它的增长不过是从2467万到2500万，这仍在不断增长的2500万人口分布在大约2.7万平方里格[①]的土地上，仍是为数庞大的。例如，它远远高于我们这个岛国，甚至也远高于英格兰这个联合王国中人口最稠密的部分。

说法国是一个土地肥沃的国家，这种说法一般地并不确实。它有相当一部分是荒芜不毛之地[②]，其他自然条件也有许多不便之处。但就我所能发现的而言，在这片领土上最为得天独厚的部分内，人口数目是与大自然的恩惠相符合的。[③] 面积为404.5平方里格的利勒（Lisle）财政区（我认为这是一个最有力的例证），约

① 里格：league［英］，lieue［法］，旧时长度单位，约为3英里或4.8公里。——译注

② 按法国面积为1.23亿英亩（acre），其中有1700万英亩为不毛之地。——译注

③ 参见《论法国的财政管理》，内克著，第1卷第288页。——原注

在10年前有73万人，即每平方里格为1772人。法国其他地区的中间值在同样面积内约为900人。

我并不把这种人口状况归功于那个被推翻了的政府；因为我并不喜欢把在很大程度上是由于天意的恩惠的东西归功于人们的设计。但是这个被人谴责的政府并没有能阻碍、反而极可能是有助于那些因素发挥作用（不管那些因素是什么）——不管是属于土地的性质还是人民的勤劳传统，它们在整个王国中造成了如此巨大的人口数目，并在某些个别地方展示了那样的人口奇迹。而我从不愿设想，一个根据经验被发现是包含着有利于人口增长的原则（哪怕不那么明显）的那种国家组织，会是一切政治体制中最坏的一种。

国家的财富是另一项不可忽视的标准，根据它我们就可以判断，某一个政府在整体上看是保护人民的还是摧残人民的。法国在其人口的众多上远远超过了英国；但我觉察到她在财富的对比上却远逊于我们；他们那里的财富不如我们这里分配得平均，财富的流通也不那么方便。我相信英法两国政府形式的差别乃是英国方面占优势的原因之一。这里我说的是英格兰，而不是全部英国的领地。[①] 如果以英国全部领地和法国的相比，则会在某种程度上削弱我们方面的财富的相对比值。但是，法国的财富虽然比不上英国的，却仍然构成一种很值得尊敬的富裕程度。在内克先生于1785年出版的书中，[②]包括有大量的有关公共经济及政治算术

① 指联合王国，即大不列颠及爱尔兰。——译注

② 《论法国的财政管理》，内克著。——原注

的精确而有趣的事例;而他对于这个题目的思考总地说来是自由而开明的。在这部书里他给出有关法国状况的观念远不是这样一副形象,即在这个国家里,政府乃是一种十足的灾难、一种绝对的祸害,除了通过一场全盘革命这样一种暴力的而且说不准的药方之外就没有救药了。他证实从1726年到1784年,法国铸币厂所铸造的金银货币总量约达1亿英镑。[①]

内克先生不可能会弄错铸币厂所铸的金条总量。它是一项有官方记录的事项。这位干练的财政家关于在他1785年写书时,即法国国王被废黜和被囚禁的大约4年之前,社会上流通的金银总量的推算没有官方记录那么准确;但他们显然是建立在如此之坚实的基础之上的,以致我们很难在很大程度上拒绝同意他的计算。他计算的numéraire［硬币］或我们所称的specie［硬币］,法国当时拥有的约相当于8800万英镑。这对于一个国家是多大的一笔财富积累——即使是像那样的一个大国!在他1785年写书时,内克先生远不认为这种财富的汇聚会要停止,以至于他当时预计在他进行推算的期间流入法国的货币量将每年增长2%。

某些适宜的原因把铸币厂铸造出来的所有钱币从一开始就引入那个王国;某些起作用的原因必定使得内克先生所计算留在国内流通的这样一笔巨大财富洪流保持在国内或者重回到它的怀抱。假设对内克先生的计算作出一些合理的削减,剩下来的仍是一笔庞大的数目。如此之强大的获得与保留财富的原因,不可能

① 《论法国的财政管理》第3卷,第8、9两章。——原注

出现在一个衰落的工业、一种没有安全保障的所有制和一个专事破坏的政府之下的。确实，当我考虑法兰西王国的面貌时，我会想到她那许多富庶的城市、她那些宽阔的大路和桥梁之壮观与实用①、她那些在一个如此幅员辽阔的大陆上为水上交通提供了便利的人工运河和水道②；当我转过来看她的港口和海湾的宏伟工程和她那全部军用和商业的船队时；当我眼前看到她那众多的以如此大胆而巧妙的技术建造的防御工事，那在建造和维护上都所费不赀，以及对她各个方面的敌人都设置了一道武装的防线和不可渗透的障碍的防御工事时；当我想到在那片广阔的土地上只有多么小的一部分是没有耕作的，那高度完美的农艺给法国带来了多少大地上最美好的产品时；当我想到它那优异的制造业与纺织业（除了我们而外不次于任何人，而且在某些个别领域也不逊于我们）时；当我思索着那些公共的以及私人的伟大的慈善基金会时；当我品览使得生活美化和精致的一切艺术的状态时；当我历数她所培养出来的那些在战争中使她扬名的人们、她的能干的政治家们、她那大量高深的法学家和神学家、她那些哲学家、批评家、历史学家、古物收藏家，她的诗人和她的宗教的和世俗的演说家时，我在这一切之中看到了某些令人敬畏、使人们浮想联翩的东西，这些东西把人们的心灵扼止在轻率的和不分青红皂白的苛责的边缘，要求我们应该很严肃地检查一下，究竟潜伏的祸害是什么和有多么大，才使得我们有权一下子就把如此之宏伟的结

① 此处所说的大路大多为路易十四与路易十五时建造。——译注

② 法国第一条运河为十七世纪所建造的沟通塞纳河与罗瓦河的运河，沟通大西洋与地中海的运河系路易十四时建造。——译注

构夷为平地。以这样的观点看问题，我看不出有土耳其的专制主义。我也没有辨认出这个政府有这样的特征，即它在整体上是如此地压迫人或如此之腐化或如此之不负责任，以至于根本不能适用任何改革。我必须认为这样一个政府很配得上发扬自己的优点，改正自己的错误，并有改进为英国体制的能力。

不论是谁，仔细考查过这个被推翻的政府前几年的作为，就不会看不到它在宫廷的自然而然的浮沉变幻之中有一种朝着国家的繁荣和进步的真诚努力；他必须承认这个政府长期以来一直致力于在某些情况下是要彻底清除、在许多情况下是要大力纠正这个国家中过去所流行的各种滥用权力的做法和习惯的；甚至于对于他的臣民人身的无限权力——那无疑地是与法治和自由不相容的——在运用中也已一天天地越来越缓和了。政府本身远没有拒绝改革，而是以易受指责的便利程度向有关这方面的各种提案和提议者开放着。倒不如说它过多地被赋予了革新精神的面貌，而那又很快地转过来反对那些曾支持过它的人们，并以他们的灭亡而告结束。如果说很多年来那个垮了台的君主政体倒不是受到缺乏勤勉和公益心，而是受到在它一些计划上的轻率和缺少判断的打击，那么这种说法对它只是一种冷静而毫无吹捧的公正。把这最后 15 或 16 年的法国政府拿来和这段时期的（或任何其他时期的）最明智和体制良好的政府相比较的话，这种办法是不公道的。但如果是在挥霍浪费方面，或是在权力的雷厉风行方面以之与此前的任何统治相比，我相信真诚的判断是几乎不会去信赖某些人的善良愿望的——这些人不断地纠缠于路易十六统治时期的对宠爱者的赏赐或宫廷的靡费以及巴士底狱的恐怖。[①]

在旧君主制的废墟之上建立起来的这个新体制(如果它配得上有这个名称的话),究竟能否更好地发挥它所加以照料的这个国家的人口和财富的作用,还是一桩十分可疑的事。我体会到这场变革不是带来了改进,而是需要一段漫长的年代才能多少弥补这场哲学式的革命的后果,才能使国家回到它原先的立足点上来。几年之后,如果普赖斯博士认为适宜于惠赐我们一份对法国人口的估计的话,他将很难得出他于1789年所算出的3000万人那个总数了——或者是同年国民议会所算出的2600万人,甚或内克先生1780年的2500万人。我听说法国现在有大批的向外移民,而且有那么多人离开了宜人的气候和那西尔斯女巫[②]般迷人的自由,逃难到加拿大冰天雪地的地区并且是在英国专制主义下。

现在法国的硬币已经消失了,没有人能认为这与现任财政大臣曾可以找到8000万英镑硬通货的那个法国是同一个国家。而从它一般的现状来看,人们会推论说,一段时间以来它曾经是受勒普泰(Laputa)和巴尔尼巴比(Balnibarbi)那些博学的院士们的专门指导的。[③] 巴黎的人口已经大大减少了,以至于内克先生向国民

---

① 世人应该感谢卡洛纳(Calonne)先生做出的努力,他反驳了对王室花费的荒唐夸大,揭露了各种补贴的虚假数字——其邪恶的目的都是要煽动群众犯下各式各样的罪行。——原注

(夏尔-亚历山大·卡洛纳(1734—1802)曾任路易十六的大臣。他的《法国》一书于1790年在伦敦出版。反对法国革命的共同政见使他与柏克很快有了密切的接触。——译注)

② 西尔斯(Circe)为希腊史诗《奥德赛》中的女巫,她迷住了奥德修斯的同伴,把他们变成了猪。——译注

③ 关于由哲学家统治国家的观念,见《格列佛游记》。——原注

议会报告说,维持其生存只需不到以前所必不可少的生活供应品的4/5就够了。[①] 我听说(我从未听到过相反的说法),这座城市现有10万人失业,尽管它成了被囚禁的朝廷和国民议会的所在地。而据我得到的可靠消息,在这座都城中没有别的景象表现得比行乞更为令人震惊和厌恶了。确实,国民议会中的投票也使人对这一事实深信不疑。他们近来任命了一个处理行乞的常设委员会。为此他们立刻配备了强大的警力,并第一次征收了济贫税;为了解救目前的贫困,那一年公共支出的账面上已出现了大笔数目。[②] 与此同时,那些立法俱乐部或咖啡馆的领袖们却陶醉于对他们自身明智和才能的赞颂之中。他们以至高无上的权威在鄙视着其余的世界。他们安抚这些被他们弄得褴褛不堪的人民说,他们乃是一个

① 卡洛纳先生说,巴黎人口的下降要大得多,而且自从内克先生的计算以来,很可能是如此。——原注

②

	里弗赫	英镑	先令	便士
在巴黎和外省为补助失业的慈善工程款	3866920	折合 161121	13	4
清除流浪及行乞现象款	1671417	69642	7	6
进口谷物津贴	5671907	236329	9	2
扣除已追回欠款部分的维持生活必需品的支出	39871790	1661324	11	8
总计	51082034	折合2128418	1	8

当我将此书付印时,我对上表中最后一项的性质和范围是有怀疑的,它只有总项而没有任何细目。那时以后我看到了卡洛纳先生的著作。我必须认为,我没有条件早些读到此文是我的一大损失。卡洛纳先生认为这项支出是由于生活必需品的缘故,但是因为他无法理解何以谷物的价格与销售之间竟会维持高达1661000英镑的差额,他似乎就把这笔巨额支出归为革命的秘密花费。对这个问题我无从正面地说些什么。读者们自可根据这巨额支出的总量来判断法国目前的状况和形势,以及这个国家所采用的国家经济制度。这一切支出项目在国民议会中并没有引起任何质询和讨论。——原注

哲学家的民族。他们时而用各式各样骗人的游行、表演、骚动和叫嚣的手法，时而用阴谋和入侵的警报企图淹没发自贫困者的呼声，转移旁观者对这个国家残破和苦难的视线。一个勇敢的民族肯定是宁可选择一种与有德的贫穷相伴随的自由，而不会要一种富裕而腐化的奴役状态的。但是，在付出安乐而富裕的代价之前，人们应该十分确定所购买的乃是真正的自由，那是没有别的代价所能购买的。然而，我总是认为，一种不伴随着智慧和正义的自由看起来是可疑的，而且其后果也不会导致繁荣和富足。

这场革命的辩护士们不满足于夸大他们的旧政体的弊病，他们还把几乎所有可以吸引外国人注意的东西(我指的是他们的贵族和教士)都作为恐怖的东西用以打击他们自己国家的声誉。如果这只是一种诽谤，那它并不很严重。但它有着实际的后果。假如构成为你们地产所有者的大多数的贵族和绅士以及你们全体军官就像德国的一样——那时候汉萨各城市[①]为了保卫自己的财产而被迫联合起来反抗贵族；假如他们也像那些经常从自己的城堡中出击去抢劫商旅的意大利奥尔西尼(Orsini)和维泰利(Vitelli)[②]那样；假如他们也像埃及的马穆鲁克(Mamalukes)或是马拉巴尔海岸的奈瑞斯(Nayres)[③]那样，那么我就确实承认，过分吹毛求疵

---

① 德国西北部各城市于1241年结成汉萨同盟(Hanseatic League)，反抗海盗及诸侯的侵犯；极盛时曾有24个城市加盟。——译注

② 奥尔西尼为12至15世纪意大利归尔甫派(Guelph)贵族，因其与吉伯林派(Ghibelline)科隆纳家族的世仇争斗而著称。维泰利为15世纪意大利雇佣军首领。——译注

③ 马穆鲁克为13至16世纪统治着埃及和叙利亚的军人集团，原为奴隶。奈瑞斯为印度西部马拉巴尔(Malabar)沿海地区的军事贵族。——译注

地探索将这个世界从这种烦恼之中解放出来的手段也许是不可取的。公正和仁慈的伟大雕像[1]可以被暂时遮盖起来。道德为了自己的原则而屈从于暂停自己的规则，被这样可怕的紧急状态弄得惊惶失措的那些最敏感的心灵，在那些因残害人性而使人性蒙羞的、自命为贵族的人被诡计和暴力所摧毁的时候，可能会转过头去。而那些最憎恶流血、背叛和专横的没收的人们，则可能在这场两种邪恶之间的内战面前，始终是沉默的旁观者。

但是在1789年按国王的敕令在凡尔赛集会的那些享有特权的贵族们或他们的代表，难道配得上被看作是当代的奈瑞斯或马穆鲁克，或者看作是古代的奥尔西尼及维泰利吗？如果我在当时提出这个问题，我会被看作是一个疯子的。但是此后他们到底做了些什么，以至于他们要被逐流亡，他们个人要遭到追捕、殴打和刑讯，他们的家庭离散，他们的住宅被夷为灰烬，他们这个等级要被取消，如果可能的话，还要消除人们对这个等级的记忆，办法是强迫他们改变他们通常为人所知的真实姓名。请阅读一下他们发给他们的代表们的指示吧。他们也如任何其他等级一样热情地呼吸着自由的精神，同样强烈地称赞着改革。他们自愿放弃了自己在赋税方面的特权；正如国王从一开始就放弃了自己对征税权的一切要求一样。对于一部自由的宪法这个问题，全法国都只有一种意见。绝对君主制已经结束了。它没有呻吟、没有挣扎、没有痉挛地呼吸了最后的一口气。有关偏爱一个专制的民主制而不采取一种互相制约的政府的一切斗争和一切分歧，都是在这之后发生

① 古罗马的女神雕像中有公正和仁慈两座。——译注

的。而那个胜利一方的凯旋则是对英国政体的原则的胜利。

我注意到，很多年以来在巴黎流行着一种对你们的亨利四世[①]的偶像崇拜情绪，甚至是到了完全幼稚的程度。如果有什么东西可以使一个人对这种对王者气象的美化感到无聊的话，那就是这种恶毒吹捧的过分姿态了。而使用这部机器最起劲的人，正是那些以推翻他的继承者和后裔的王座而结束了他们的吹捧的人。这个人[②]至少也像亨利四世一样的天性善良，完全同样地热爱自己的人民，并且比那位伟大的君主做出更加无限的努力在纠正国家历来的弊端(我们甚至肯定亨利四世从来就没有想过这么做)。对他的那些谄媚者来说，幸好他们不是要对付亨利四世。因为纳瓦拉的亨利[③]是一个坚定的、积极的、精明的君主。他确实具有人道主义和温良的性情；但那是一种绝不会妨碍他的利益的人道主义和温良的性情。他从不在把自己首先置于被人敬畏的地位之前就去寻求人们的爱戴。他使用温和的语言，而伴以坚决的行动。他在整体上确定并维持自己的权威，而只在细节问题上做出一些让步。他慷慨地花费他那君权的收入，但他小心翼翼地不去损害这笔资财。他一刻也不放弃他在基本法中所规定的任何要求，也不惜让那些反对他的人流血——一般是在战场上，有时也在绞刑架上。因为他懂得怎样使那些忘恩负义之徒尊敬他的功德，

① 亨利四世(1553—1610)，法国及纳瓦拉国王。在他一生中，他为法国王权的加强和威望的提高、为促进国家统一与发展做出了很大的努力，被认为是法国最有威望的国王之一。——译注

② 指路易十六。——译注

③ 指亨利四世。——译注

所以他博得了这些人的称赞；这些人如果是生在他的时代，他就会把他们关进巴士底狱，并会在他以饥饿迫使巴黎投降之后把他们与那些弑君者一道绞死的。[①]

如果这些谄媚者对亨利四世的倾慕是真诚的话，那么他们必须记得他们不可能对他的评价比他对法国贵族的评价更高；法国贵族的德行、荣誉、勇气、爱国心和忠诚乃是他经常称颂的主题。

但是法国的贵族自从亨利四世时代以来就退化了。这是可能的。然而它有甚于我可能在任何程度上信以为真的东西。我并不自命像其他某些人那么准确地了解法国；但我曾终生致力于使自己了解人性；否则我就不配担负起为人类服务的那份卑微的差事了。在这种研究中，如果人性中有很大一部分在一个仅距这个岛国[英国]24 英里的国家[法国]中出现了改变的话，我是不可能注意不到的。根据我所能观察到的，并以之与我所能进行的探讨加以比较，我发现你们[法国]贵族中的大部分人是有着高尚的精神并有着精细的荣誉感的，不管是就他们个人自身而论，还是就他们的整体而论，超乎其他国家一般情况的是，他们对自己的整体保持着监督的眼光。他们的教养相当不错；心地善良[②]有人情味，热情

① 1790 年 10 月 1 日，此书的法文版译者杜邦给作者去信，希望他能将这段话作些修改，因为他不认为亨利四世是如此强悍。次日柏克回信，仍坚持自己的意见。信中说："你们从小就只听到对这位君主的温仁的颂扬。有人使你们忘记了他性格中警惕和强硬的一面。而如没有这一面，他就不配称为伟人。""如果今天支配着法国的那些人是他的臣民的话，他无疑会行使自己的权力惩罚他们的。"

如果柏克对亨利四世的描述是正确的话，那么路易十六显然要软弱得多。1789 年 6 月他曾对卢森堡大公说："我决定牺牲一切，我不愿看到哪怕有一个人为了有关我的争辩而丧生。"——译注

② 此处"心地善良"(officious)作"乐于助人"解。——译注

好客；他们的谈话坦诚而开放，有一种军人的调子；颇带文学意味，尤其喜好他们自己母语的作家。许多人是怀着远高于这类描述的抱负。我所谈的都是我们一般所遇到的人。

至于他们对待地位较低下的阶级的举止，在我看来是温良和善的；相对于在我们这里普遍存在的上等人和下等人之间的交往而言，他们就带有更多的近于家常味的成分。殴打任何一个人，哪怕是一个地位最低下的人，都是闻所未闻的事，而且会被认为是极不光彩的。其他形式的欺压社会下层人民的例子也很少见；至于对平民的财产或个人自由加以侵犯，我从未听说他们有哪一个干过；而且在旧政权之下，法律也严格不允许在国王的臣民中有这种残暴行为。作为拥有地产的人们，我觉得他们的行为是无可指摘的；尽管在许多旧的土地占有制度中有很多可指摘的、并有很多可改进之处。凡是他们出租自己土地的地方，我没有发现过他们与他们农民的订约是压迫性的；而当他们与农民合伙经营[①]时（这是常见的情况），我也没有听说过他们要强占那最大的份额。那种比例看来似乎不是不公平的。可能会有例外，但那肯定只是例外而已。我没有理由相信法国土地贵族在这些方面比我国的土地士绅更为恶劣；在各方面他们肯定也不比他们本国的其他非贵族地产主更好惹是生非。在城市里，贵族并没有权势可言；在农村也很少有。阁下，您知道，大部分文职政府的管理权和最基本的治安管理权并不在这些我们首先加以考虑的贵族的手里。[②] 国家的税收体

① 与农民合伙经营的体制称为 métayage。——译注

② 按，此权已收归中央政府。——译注

制及税赋征收，这个法国政府中问题最为严重的部分，并不是由佩剑的人来掌管的，他们也不对它的原则错误和在执行中可能出现的任何偏差承担责任。

我很有理由否认法国贵族在压迫人民方面有着很大的一份责任，即使是在确实有压迫的情况下；但我也准备承认他们不是没有犯下相当严重的过失和错误。愚蠢地模仿英国方式中最坏的那部分，已经损害了他们天然的性格，却又没有代之以他们或许有意仿效的东西，这肯定使得他们还不如他们以前的样子。在他们中间比在我们这里更为常见的是，他们在一生之中可加以原谅的阶段过后，仍然在继续着习惯性的放荡生活方式；尽管是被更多的外在礼貌所掩盖而可能不那么有害，但它也更根深蒂固而难以救药。他们过分纵容了那种放肆的哲学，而那种哲学却有助于给他们带来毁灭。但他们还有一个更致命的失误，即那些在财富上已经接近或超过了许多贵族的平民，并没有完全被承认财富在任何一个国家中出于理性和良好的政策应该赋予的那种身份和地位——尽管我认为他们并不与其他贵族的身份和地位相等。这两种贵族被过分小心地彼此分开了；然而，还赶不上在德国或其他一些国家的那种程度。

正如我已冒昧地向您提示过的，我认为这种隔绝是造成旧贵族毁灭的一个主要原因。特别是军职被过分排他性地保留给了世族。但这毕竟只是属于一种见解上的错误，可以被另一种相反的见解加以纠正。平民在其中享有自己那部分权力的一个常设议会，可以很快地清除这种区别中的过分令人反感的和侮辱性的东西；甚至于贵族道德上的错误，也很可能由于一种各等级的组成所会造成的更大的职业和行业的多样化而得以纠正。

我把这一切反对贵族的狂喊乱叫认为都只是一种做作。被我国多少世代所产生的法律、舆论和长期形成的习惯所赋予的荣耀乃至特权，绝没有可以激起任何人的恐惧和愤怒的东西。即使人们过分地坚持这些特权，也绝不是一种罪行。每一个人为了保持他认为是属于自己的所有以及使自己不同于众的东西而进行的激烈斗争，乃是植根于我们天性中要求安全感、反对不正义和专制主义之中的一种。它就像是一种要保障所有权以及要维护一个稳定的国家中的团体的本能在起作用。这有什么可以让人吃惊的呢？贵族是社会秩序中一件优美的装饰品。它就是一个优雅社会的科林多式建筑的雕花柱顶。Omnes boni nobilitati semper favemus.［所有我们的好公民总是爱戴贵族的。］[①]这是一位聪明善良的人说的话。这种对贵族带有几分偏爱的倾向，确实是一颗开明仁慈的心灵的一个标志。只有在自己的心里毫无能使自己高尚的原则的人，才希望摧毁一切人们用于给社会舆论建立一个团体，使短暂的尊敬得以化为永恒的那些制度。只有一种乖戾的、恶意的、嫉妒的心性而毫无对现实或对道德的形象和表现的爱好的人，才会高兴看到那曾长期在光辉和荣誉之中繁荣过的制度夭折。我不愿看到任何东西被毁坏，不愿看到社会中产生任何空白，不愿看到大地上有任何废墟。我的研究和观察并没有向我展示法国贵族有任何不可救药的过错，或任何除了彻底清除就无法通过改革来加以清除的弊端；因此我既不感到失望，也没有感到不满。你们的贵族并

① 语出西塞罗《为塞斯提乌斯辩护》第9卷第21页。——译注

不应该受到惩罚;但贬黜就是一种惩罚。

我怀着同样的满意发现,我对你们国家的教士阶级的研究结论也并无不同。听说人类中那些伟大的团体已经无可救药地腐化了,这对于我来说决不是一个令人慰藉的消息。当人们谈论将要被他们掠夺的那些人的罪行的时候,我对他们任何人都是不很相信的。我毋宁要疑心这些坏事都是捏造的或是夸大了的,因为有人在觊觎从对他们的惩罚中获利。敌人决不是一个好证人,强盗则是更坏的证人。在这个阶级中无疑地有各种祸害和弊病,这是必然的。它是一个古老的组织,并没有得到经常的修正。但我没有看到有人犯有值得被没收他们财产的罪行,也没有看到值得遭受那些残酷的侮辱和贬黜以及那种违反自然的迫害的罪行,而这种迫害却用来代替了改良的途径。

如果这种新的宗教迫害确实有什么正当理由的话,那些扮演煽动群氓去进行抢劫的号手角色的无神论诽谤者们,是不会爱护任何团体而不去洋洋得意地追究现存教士阶级的过错的。他们没有做到这一点。他们发现自己只好是翻阅过去时代的历史去寻找(他们是以一种恶意的、任性的辛勤去寻找的)教士团体所制造的或对教士们有利的每一桩镇压和迫害的例子,以便按照一种非常不公正的(因为是非常不合逻辑的报复原则)来证明他们自己的迫害和他们自己的残酷的合理性。他们在废除了其他所有的谱牒和家世的区分之后,却发明了一种罪行的谱系。为了某些人生身祖先的罪过而惩罚这些人,是很不公正的;但是以虚构在历史上有着共同集体继承的祖先渊源作为是惩罚那些与过去的罪过(除了是在名字上和一般特性上而外)毫无关系的人的理由,那就是属于这个启蒙时代的哲学的一种不公正的精致化了。国民议会所惩罚的人,有许多人——如果不是大多数的话——与他们现在的压迫者们所可能做的那样,是同样之憎恨过去时代里教士阶级的暴力行为的;如果他们不是很好地觉察到了目前运用一切言论的真正目的的话,他们也会同样高声地、同样强烈地表达自己的那种感受的。

社会团体之所以长久存在,乃是为了它的成员的利益,而不是为了对他们的惩罚。国家本身就是这样的团体。我们在英国完全有理由认为,发动对所有法国人的不可和解的战争,就是为了在我们相互敌对的若干期间,他们曾给我们带来过的灾难。而在你们方面,你们也可以认为,由于我们的亨利们和爱德华们的不义侵略带给了法国人民无比的苦难而攻击所有的英国人是有道理的。确实,我们彼此进行这种灭绝性的战争,应该双方都是有道理的,完全有如你们由于过去时代里一些同名字的人的作为而对你们现在的同胞进行毫无道理的迫害一样。

我们没有像我们可以做到的那样,从历史中汲取道德的教训。反之,一不小心,它也可以用来败坏我们的心灵,毁掉我们的幸福。历史是一部打开了来教诲我们的大书,可以从人类过去的错误和苦痛中汲取未来智慧的材料。它被颠倒过来,也可以成为为教会中和国家中的各方提供进攻性和防御性武器的一座弹药库,供应挑起并复活争端和敌对的工具,向内乱火上加油。历史——就其大部分而言——包括由傲慢、野心、贪婪、报复、欲念、叛乱、虚伪、失控的狂热和一大串无序的欲望给世界带来的苦难,这一切震撼着公众的,具有同样的

为患巨大的风暴，它在冲击着
个人的状态，使得生活不幸。①

正是这些恶行才成为这种风暴的原因，而宗教、道德、法律、优先、特权、自由、人权等等都是借口罢了。从一种现实利益的某种似是而非的外观中总可以找到这些借口。你不想从人们的头脑中根除骗人的借口所应用的那些原则，从而使人们免于暴政和动乱吗？但如果你这样做了，你就会把人心中一切有价值的东西都根除了。正像这些都是借口，巨大的公众灾难的制造者或工具通常都是国王、教士、官吏、元老院、最高法院、国民议会、法官和军官。你不会由于宣布了决议，今后不得再有君主、国务大臣、宣教师，不得再有法律的解释者、高级军官、公共议会等等，就能救治这些灾难的。你可以改变名称。但事情必定会以某种其他的形式继续存在。在社会中必定总是存在着一定量的权力——它处于某些人的手中并有某种名称。聪明的人是把他们的疗法应用于祸害，而不是应用于其名称，要治愈的是这些祸害的长期原因，而不是这些原因偶然应用的机构或临时借用的形式。否则的话，你可能在历史上很聪明，而在实践上则是个蠢材。很少有两个时代有着同样形式的借口，或同样的灾难形态。恶是有一点创新精神的。当你还在议论它的形态时，它那形态早就成为过去了。同一个祸害本身会采取新的形体。精神是在轮回的；但它远不是由于改变了自己的面貌就丧失了自己的生命原则，它在自己新的躯体中以一种青春活力

① 语出英国诗人斯宾塞（Spenser, Edmund, 1552—1599）《仙后》第2卷。——译注

的新鲜生机而新生了。当你以为你在鞭挞它的死尸或在铲平它的坟墓的时候,它却走了出来,继续肆虐。当你还为这些幽灵和幻影而感到恐怖时,你的家已经成了盗贼们的老窝。因此,凡是那些仅仅接触到历史的表象或外壳的人,就认为他们正在向不宽容、傲慢和残酷进行作战;但在憎恨古来的党派的不良原则的迷彩之下,他们却批准了并哺育着不同派别的同样丑恶的祸害,或许还更丑恶。

你们的巴黎公民以前在对加尔文派教徒的臭名昭著的圣巴托罗缪节[①]的大屠杀中,曾使自己充当了现成的工具。对那些可能想要为了当时的丑行和恐怖而报复今天巴黎人的人,我们又应该说什么呢?他们确实是被引导去憎恨那场屠杀的。尽管他们很凶恶,但要使他们憎恶它却并不难;因为政客们和赶时髦的教师们对于恰好以同样的方向来发泄自己的感情毫不感兴趣。然而他们发觉使这种同样的心性保持活跃乃是自己的利益所在。只消到了另一天,他们还是要搬演这同一场屠杀来取悦当年进行屠杀的那些人的后裔的。[②] 在这场悲剧式的闹剧中,他们塑造了洛林红衣主教,穿着道袍,下达大屠杀的命令。这种场面是意图使巴黎人憎恨迫害和厌恶流血吗?——不,它是在教导他们迫害自己的牧师;是通过煽起对教士的厌恶和恐惧来刺激他们欣然去摧毁这个阶级;

① 圣巴托罗缪为耶稣的十二门徒之一。8月24日为圣巴托罗缪节。1572年8月23日夜至24日凌晨,国王命令天主教徒对新教徒进行大屠杀,巴黎死者达2000余人,史称"圣巴托罗缪之夜"。——译注

② 按,此处系指一个剧本,名为《查理九世》,作者是马里—约瑟夫·德·谢尼埃(Marie-Joseph de Chénier, 1764—1811),他是法国著名诗人、启蒙思想家安德烈·德·谢尼埃(Andréde Chénier, 1762—1794)的兄弟。此剧在1787年曾被禁演,但在1789年11月又风行一时。——译注

而这个阶级如果终究应该存在的话，就应该不仅是安全地存在，还应该备受尊重地存在。那是在用花样和调料来刺激他们吃人肉的欲望(人们会认为他们那种食欲已经是足够大的了)，促使他们随时准备着新的谋害和屠杀，如果它适合于今天的吉斯(Guise)[①]们的愿望的话。一个有大量的牧师和高级教士在座的议会则被迫要忍受这种找上门来的侮辱。作者并没有被送去当船奴，演员们也没有被送进感化院。在这次演出以后不久，这些演员们还跑到国民议会去要求进行这个他们胆敢加以揭露的宗教的种种仪式，并在元老院中表现出他们那种当婊子的面孔；而巴黎大主教——人们只是由祈祷和祝福而知道他的职务，由他的布施而知道他的财富——却被迫放弃了他的府邸，逃离他的信众(就像逃离开一群饿狼一样)；确实仅只因为在16世纪时，洛林红衣主教是一个叛逆者和一个杀人犯。[②]

这就是那些人歪曲历史的结果，他们为了同样阴险的目的把人类知识的其他一切方面都歪曲了。但是那些愿意站在理性高度上的人——这种高度把多少世纪都置于我们的眼下并把事物带到真正比较的观点之前；它把一些小名字隐去，把一些小派别的色彩抹掉，除了精神和人类活动的道德品质而外，没有别的东西能上升到它那高度——将会对王宫[③]里的教师们说："洛林红衣主教是16

① 吉斯家族是洛林家族中年幼的一支，有三代人在法国政治中起过显著的作用。上面提到的洛林红衣主教路易·德·吉斯(Louis de Guise，1555—1588)，就是这个家族中有名的第三人。这个家族的名字是和圣巴托罗缪大屠杀联系在一起的。——译注

② 我们假设这故事是真的，但当时他并不在法国。一个名字也同样可以使用另一个。——原注

③ 王宫(Palais Royal)当时是革命派的活动中心。——译注

世纪的谋杀犯，而你们将享有成为18世纪的谋杀犯的光荣，而这就是你们双方之间的唯一区别。”但我相信，到了19世纪，当历史被人更好地理解、更好地运用之后，它将会教导我们文明的后代同样地憎恶这两个野蛮时代的恶行。它将教导未来的教士和官吏们，不要为了由现在现实中那种可悲的谬见的狂信者和暴烈的狂热者们所犯下的巨大罪过而去报复未来的那些仅只思考而并无行动的无神论者——那种谬见在其平静的状态中一旦为人接受后就不只是受到惩罚了。它会教导我们的后代，不要为了宗教或哲学的伪君子们的胡作非为而向宗教和哲学开战；宗教和哲学是在一切事物中显著地在体恤和保护全人类的那位无所不在的主的仁慈所赐给我们的两种最有价值的恩典。

如果你们的教士、或任何国家的教士，犯下了超出人类的弱点所能允许的合理界限之外的罪过，或犯下了很难与职业德行分开来的职业过错，那么尽管他们的罪过决配不上实行镇压，但我确实承认，这会很自然地产生一种效果，使我们对那些超过限度和正义而惩罚他们的暴君们的愤恨感大为降低了。我可以容许所有各派教士们都有某种对自己见解的固执、某种宣传自己见解的过分的热情、某种对自己的地位和职务的偏爱、某种对自己团体利益的依附、某种对那些驯顺地聆听自己教义的人和那些蔑视并嘲弄自己的人二者之间的厚此薄彼。我容许这一切，因为我是一个必须与别人打交道的人，是一个不愿意由于摧残宽容而成为最不肯宽容的人。我必须容忍这一切弱点，直到它们溃烂成罪行为止。

毫无疑问，人类情感由脆弱向罪过的自然进程是应该由警觉的眼睛和坚定的手来加以防止的。但难道你们的教士阶级是真的超过了正当的可容许的界限了么？从你们那里各种新近出版物的普遍风格中，人们会被引导着相信你们法国的教士是一种怪物，是一个迷信、愚昧、懒惰、欺诈、贪婪和暴虐的可怕的大杂烩。但这是真的吗？难道真的是时间的推移、利益冲突的停止、由党派仇恨所造成的灾难给人的惨痛教训，对他们毫无影响，不能使他们的心灵得到逐渐的改善吗？难道真的是他们每天都在重新侵犯着政治权力，危害着他们国家的国内安宁，并使政府的行动变得软弱无力了吗？难道真的是我们这个时代的教士们在以铁腕压制着世俗阶层，并且到处去点燃那种野蛮的迫害之火吗？他们是不是用各种欺骗手段力图增加自己的产业？他们是不是利用属于他们自己的地产已超过了正当的要求？或者他们是不是强行颠倒黑白，把合法的要求转化成一种恼人的勒索？当他们并不拥有权力时，他们是不是充满了那些企求权力的人的同样的邪恶？他们是不是被一种凶猛好斗的论战精神烧昏了头？受着对精神统治权野心的驱使，他们是不是准备在一切行政权的面前飞扬跋扈，烧毁教堂，屠杀其他教派的牧师，推翻他们的祭坛，在被颠覆的政府的废墟之上开辟出通向一个教条帝国的道路——有时候是奉承，有时候是强迫人们的意识脱离公共体制的裁判而屈服于他们个人的权威，以要求自由开始而以滥用权力告终呢？

这些或其中的某些，便是人们并非全无理由地在指责的过去时代某些教会人士们的罪过；这些教会人士分别属于当时分裂了和扰乱了欧洲的两大派别。①

① “两大派别”指宗教改革后的新教与旧教。——译注

如果在法国,就像在其他国家明显可见的那样,这些罪过是大大地减少而不是增多,那么就不应是以别人的罪行、以别的时代的坏品行来指责今天的教士,应该按照普遍的公正赞扬、鼓励和支持他们,因为他们抛弃了使他们的前人蒙羞的那种精神,并已采纳了一种在心灵上和作风上更适合于他们神圣职责的一种品格。

在上一个国王[①]御位的末期,当我有机会去法国时,教士阶级以其各种形式引起了我很大的好奇心。与某些出版物使我有理由期待着的相反,我并没有发现针对这个阶级有什么不满和怨言(除了有一批人,当时为数不多,但很活跃),我也很少或根本就没有看到由于他们的缘故而引起公私生活的不安。我继续考察,就发现这些教士一般都是有着温和的头脑和举止得宜的人,其中包括男女两性的僧俗两界[②]。我未能有幸结识很多教区教士;但一般说来,我得到了有关他们的品德和他们对责任的专注的很完备的记述。我和一些高级教士有着个人的联系;而关于这个阶级其余的人,我也有很好的信息渠道。这些人几乎全都是出身高贵的人士。他们很像他们自己这个等级的其他的人;而如果有任何不同的话,那也总是他们会更好些。他们要比军事贵族受过更好的教育,所以决不会在行使自己的权威上因为无知或不当而玷污了自己的职业。在我看来,他们除了教士的品质而外,还有着自由而开放的精神,有着绅士般的胸襟,是有荣誉感的人;他们的举止和行为不亢不卑。在我看来,他们毋宁是一个优异的阶级;是一个你在其中不

① 指法国国王路易十五(1715—1774年在位)。——译注

② 僧俗两界指修道院的修士与一般教会中的教士。——译注

会为发现有着费奈隆[1]式人物而感到惊奇的集团。我在巴黎的教士中间见到许多博学而正直的人(其中有许多是在别的地方遇不到的);而且我也有理由相信,这种描述并不只限于巴黎。我在法国其他地方所发现的,我知道只是偶然,所以只是当作一个很好的例子。我曾在法国外省的一个城市[2]中住过几天,那里的主教不在,我和他的三位主教代理人一起过夜,他们都是可以为任何教堂增光的人物。他们都是知识丰富的人,其中两位是深刻的、广泛的,精通古和今、东方和西方,特别是有关他们自己的专业方面。他们对我们英国神学家的广博知识,超出了我的预料;而且他们以一种批评性的精确探讨了那些作家的天才。他们其中的一位,即毛朗吉神父(Abbé Morangis)后来去世了。我在这里毫不犹豫地向这位高贵、可敬、博学而杰出的人物表示我的敬意;我也以同样的欣慰之情向其他那两位的才华表示同样的敬意,我相信他们还活着,如果我不怕伤害这些我无法去帮助的人们的话。

法国的高级教士中有些人在一切方面都是值得受到普遍尊敬的人。他们值得受到我和许多英国人的感谢。如果这封信居然能到了他们的手里,我希望他们能够相信,在我们国家中有人是怀着不平凡的感触在同情他们不公正地被推翻,和他们的财产被残酷

① 费奈隆(François de la Mothe-Fénelon, 1651—1715),康布雷的大主教,以虔诚、博学、优雅和仁慈著称。——译注

② 即欧塞尔(Auxerre,在巴黎东南90英里处),见柏克《书信集》第2卷,第421—422页。那里的主教让—巴蒂斯特—马里·尚皮翁·德·西塞(Jean-Baptiste-Marie Champion de Cicé,1725—1806)后来被迫流亡国外,并得到过柏克家族的帮助。这位主教是西塞子爵(Visconte de Cicé, 1745—1815)的兄弟。西塞子爵与柏克有书信往来。(见柏克《书信集》第6卷,第206—208页。)——译注

地加以没收。就一个微弱的声音所能传达的而言,我所说的话乃是我向真理所应做出的一项证词。无论什么时候,只要涉及这种违反自然的迫害,我都准备付出这种代价。没人能够阻止我要为人公正并且感恩。现在那些值得受到我们和全人类尊重的人正在群众的辱骂和暴虐权力的迫害之下挣扎,这就特别宜于由我们负责表示我们的正义和感激之情,现在是时候了。

你们在你们的革命之前,大约有120位主教①。其中少数人是具有突出的圣洁和无限的仁慈的人。但当我们谈到英雄人物时,我们谈的当然是罕见的德行。我相信他们中间突出腐化的例子可能也像那些超绝的善良的人是同样之少见。贪婪和放荡的例子是可以拈出来的,我不否认这一点;那些乐于调查的人总会得出这种发现的。一个像我这种年纪的人是不会惊讶,在哪一行哪一界中都有几个人在财富或享乐方面并非过的是那种自我克制的完美的生活——对财富或享乐,人人都向往,有些人是期待着,但那些最激烈地要求它的人,却正是那些最关切自己的利益、最沉溺于自己的情欲之中的人。当我在法国的时候,我敢肯定坏教士是为数不多的。他们中某些个别的人以生活不规矩著称,但他们却具有自由的精神并赋有能使自己对教会和对国家很有用的品质,这就多少弥补了他们所缺乏的严肃德行。我听说,除了少数的例外,路易十六在提升高级教职时对他们的品德要比他的前一任②更注意得多;而且我相信这可能是真的(因为在他整个御位期间,一些

① 按,当时的大主教和主教共有131人,后缩减为83人,即每省1人。这131人中有48人在国民议会中占有席位。——译注

② 按路易十六的"前一任"系指他父亲路易十五。——译注

改革的思想正在流行)。但现在的这个统治权已经表明了一心只是想要掠夺教会。它惩罚了所有的教士,这就是在偏袒坏教士,至少是在名誉方面。它建立起一种有辱人格的受雇制度,这使得没有一个有自由思想或自由的生活条件的人会把自己的孩子交付给它。它必然要降到最下层的人们中间去。而由于你们的低级教士人数太少,不足以完成他们的责任;由于这些责任无可估量地繁琐而又辛苦并且不受人尊重;由于你们不让中层教士能有安逸,所以将来的法国天主教会[①]中,一切科学或学问都不会存在。为了使这个方案完整,你们的国民议会还完全不顾有圣职授予权的人的权利而规划了未来的教职选举制;这种安排只会把所有严肃的人、所有在自己的职责和自己的行为上准备保持独立性的人驱逐出教士的行业,它将把对公共精神的全部指导权投入到那些放肆的、粗野的、狡诈的、宗派主义的、谄媚的坏人手中,他们的那种状况和习惯,足以使他们那种可鄙的薪俸成为卑劣下流的阴谋的目标(与这种薪俸相比较,一个英国间接税税务官的收入要更丰富和更体面一些)。至于那些仍被他们称为主教的神职人员,被选了出来,收入也是比较可怜的,他们是通过同样的办法(即拉选票的办法),由那些人所共知或可以被炮制出来的各种教义派别选出来的。这些新的立法者在有关这种高级神职所要求的资格方面,无论是教理方面还是道德方面,都没有任何规定;他们也没有对下级教士做过任何规定;看来就只是无论上级或下级都可以随心所欲地宣传和

① 按此处原文为 the Gallican Church,系指法国(高卢)天主教会,即"独立于罗马的天主教会"。——译注

实践他们所高兴的任何形式的宗教或反宗教了。我还没有看到主教对自己下级的管辖权是什么，或者他们究竟是不是有这种管辖权。

阁下，简单地说，在我看来这种新的教会机构只准备是临时性的，是预备彻底废除基督宗教及其任何形式的；一旦使教会的高级教职受到普遍蔑视的这种计划得以完成，人们在思想上反对基督教的这最后一击就准备好了。那些不肯相信指导着这些事情的哲学的狂徒们长期以来就在筹划着这样一种计划的人，是全然不了解他们的性格和行为的。这些狂热分子毫不犹豫地承认自己的意见，即一个国家没有任何宗教要比有一个宗教可以生存得更好；而且他们可以用一份他们自己的纲领来取代宗教中任何可能有益的东西——亦即，他们想象以一种建立在对人的生理需求的知识基础之上的教育，逐步地把人带到一种开明的自利，[1]据他们说，当很好地了解到了这一点之后，它就会与一种更广泛的公共利益合而为一。这种教育的纲领是早已为人所知的。而最近他们则美其名曰**公民教育**（就仿佛他们搞出了一个全新的专门名词似的）。

我希望他们的英国同党（对他们，我更认为不如说是行为严重不当，而不是想达到这种可恶的纲领的最终目标）既不能掠夺教士，也无法把这种民选的原则引入我国的主教和教区牧师职位。这一点在当今世界的条件下，将是教会最后的腐化，是对教士品格的彻底毁灭，是国家由于对宗教的一项错误安排所曾遭受的最危险的打击。我完全知道，在王室和领主贵族的荫庇之下（就像现在

① “开明的自利”指爱尔维修《论精神》一书末尾论公民教育的话。——译注

在英国和前不久曾在法国那样)，主教和牧师的职位有时是以卑劣的手段获得的；但另一种竞选教士的方式却会使他们无限地更加肯定和更为普遍地屈服于卑鄙野心的一切邪恶手段，当这些邪恶手段作用于大多数人并通过他们起作用时，就将相应地造成灾祸。

你们那些掠夺过教士的人们，以为很容易使自己的行为与所有新教国家相调和，因为那些被他们这样掠夺、罢黜并付之与嘲笑和轻蔑的教士们都是属于罗马天主教的，也就是属于他们自己所宣称的主张的。我毫不怀疑，在我们这里正如在其他地方，我们总能找到一些可怜的心怀偏见的人，他们仇恨与他们自己不同的教派和党派，远甚于他们对宗教本质的热爱；他们对那些在其具体的计划和体系上与自己不同的人的愤怒，远甚于对那些攻击我们共同希望的基础的人。这些人写作和谈论问题时的态度，可以想见是依据自己的情绪和性格的。伯内特[①]说，当他1683年在法国时，“要赢得最美好的那部分人赞同罗马天主教教义的办法是这样的：使他们自己怀疑整个的基督教。一旦做到了这一步，他们对表面上自己是在哪一边或采取哪种形式就无所谓了。”如果这是法国当时的宗教政策，那就是她现在有太多的理由所要为之后悔的了。他们宁愿要无神论，也不要一种不投合他们观念的宗教形式。他们成功地摧毁了那种形式；而无神论又成功地摧毁了他们。我可以很容易支持伯内特的说法；因为我在我们自己人[英国人]中间已经观察到了太多的与之相类似的精神(因为它有一点点便已经

① 吉尔伯特·伯内特(Gilbert Burnet，1643—1715)，威廉三世时索尔兹伯里的主教。此处所引出自他的《他当代的历史》。——译注

是“太多太多”了）。然而，这种精神却并不普遍。

改革了我们英国宗教的导师们，与你们目前在巴黎进行改革的医生们毫无相似之处。或许他们（也像他们所反对的那些人一样），不如说是受到了比所可能愿望的更多得多的党派精神的影响；但他们却是更真诚的信徒，是具有极为热烈和崇高的虔诚的人；为了捍卫自己特殊的基督教理想，他们随时准备像真正的英雄一样地效死（他们有些人确实是死去了）；他们会以同样的坚定并更欣然地为了普遍真理的那座宝库，为了他们自己的以血相争的那些宗派而效死。这些人会满怀厌恶地否认那些声称与他们有交情的卑鄙的人们，理由只不过是那些人掠夺了与自己有争执的人的财产，以及那些人曾鄙视公共的宗教——而他们为了这种宗教的纯洁性曾热忱地奋斗过，这种热忱毫不含混地表明他们对于自己所希望加以改革的那个体系的本质的最高的敬意。他们有许多后裔都保留着同样的热忱，但却有着更多的节制（正如更少地从事于斗争）。他们没有忘记正义和仁慈是宗教的实质部分。不虔敬的人绝不会以不义和残酷而使自己与自己任何一类同胞有什么交流。

我们听到这些新导师们在不断地夸耀自己的宽容精神。至于说那些认为没有什么东西是值得尊重的人，也会宽容一切见解——这一点实在是没有多大意义的。同等加以忽视并不是一视同仁。那种出自轻蔑的仁慈，也并不是真正的仁爱。在英国有很多人是以真正的宽容精神在宽容的。他们认为宗教的各种教义，尽管程度不同，都是重要的；而在它们之中，正如在一切有价值的事物之中一样，都有一种正当的偏爱理由。因此他们既偏爱，而又宽容。他们宽容不是因为他们蔑视各种意见,而是因为他们尊重正义。他们会虔敬而深情地保护一切宗教,因为他们热爱并尊重他们大家所一致同意的伟大原则以及他们大家所一致追寻的伟大目标。他们越来越清楚地认识到,我们全都有着一种共同的事业,在反对着一个共同的敌人[①]。他们不会被宗派精神所误导,以至于分不清做哪些事是对自己的这一小部分有利的,又有哪些是敌对的行动,是通过某一类具体的人而以他们自己在另一种名目之下也被包括在内的整体为目的的。我不可能说我们[英国]各色人等的品性都是怎样的。但我说的是他们中的大部分;而且我必须告诉您,就他们而论,亵渎神圣绝不是他们有关善举的学说的一部分;他们非但不以这样的资格称你们为同志,而且如果你们的教授们被接纳到他们的圈子里的话,他们就必须仔细地把自己那种有关剥夺无辜者的合法性的理论隐蔽起来,而且他们必须归还他们所偷窃的一切财物。在此以前,他们并不是我们的人。

你们可能认为,我们反对你们没收主教、教长、牧师和教区教士们从自己土地的独立地产中所获得的收入,是因为我们英国有着同样的制度。你们会说,这种反对的论点并不适用于没收修道士和修女的财物和废除他们这个阶层。的确,你们的普遍没收财产这种特殊办法作为一个先例,并没有影响到英国;然而这个道理却适用,而且起着很大的作用。长期国会[②]曾经没收了英国的教长们和牧师们的土地,它所依据的观念和你们的国民议会发售修道院土地所依据

① 此处“共同的敌人”指不信教或无神论。——译注

② 长期国会指1640—1660年的英国国会。它初期与英王查理一世对立,1648年后为克伦威尔所控制。——译注

的是一样的。但是危险就在于它根据的是不正义的原则，而不在于是哪一类人首先受到它的危害。我看到的是，在一个离我们很近的国家里，人们正在遵行一项置正义与人类的共同关切于不顾的政策。在法国国民议会看来，所有权是一文不值的，法律和惯例也是一文不值的。我看到国民议会公开谴责习惯法学说；而法国自己最伟大的法学家之一[①]却非常真确地告诉我们，惯例乃是自然法的一部分。他告诉我们说，明确肯定它的界限并保证它不受侵犯乃是建立公民社会的原因之一。一旦这些惯例被动摇了，则任何一种所有权都不会有保障——当它大得足以引起一个贫穷政权的贪心时。我看到的做法，是与他们对自然法的这一伟大的基本部分的蔑视完全符合的。我看到这些财产的掠夺者们先从主教、教长和修道士们下手，但我没有看到他们到此为止。我看到那些世袭王公们根据这个王国最古老的惯例法所拥有的大批地产（几乎未经辩论的仪式）便被剥夺了自己的所有权；他们不再有自己稳定而独立的财产，而沦为寄希望于国民议会随意的、慈善性的津贴，而这个国民议会在它蔑视合法所有者的权利的时候，当然会任意地毫不顾及领取津贴者的权利。这些人被他们最初的不光彩的胜利的那种骄横冲昏了头脑，又受到他们对肮脏钱财的贪欲所造成的窘境的压力，虽然失望却没有泄气，终于妄图全盘颠覆一个伟大王国的范围之内所有各类人等的一切财产。他们强迫所有的人在所有的商业活动中、在土地处置中、在民事中、在生活的全部交往中，都要接受他们的一种证

① 指让·多马（Jean Domat，1625—1696），《自然状态中的民法》（1689）一书作者。——译注

券作为完全兑现的、良好的、合法的支付手段，而那是他们对自己计划出售劫掠品的投机活动的象征。他们还留下什么自由或财产权的痕迹呢？在我们的议会里，对一块菜园的租赁权、对一间茅舍一年的利润、对一座小酒馆或面包店的信用、对侵犯所有权的最微不足道的迹象，都比你们那里对属于那些最可尊敬的人物的最古老、最有价值的地产、或对你们国家整个商业金融界的处理要更郑重得多。我们对立法权的权威怀有高度的尊重，但我们从未梦想过议会可以有任何权利去侵犯财产权，去压倒惯例法，或强行使用他们自己捏造的一种通货来代替真正的、为各国法律所承认的货币。而你们是从拒绝服从最温和的限制开始，而以建立起一种闻所未闻的专制主义而告结束。我发现你们那些掠夺者行事的理由是这样的，即他们的行动确实不会受到一种正义法庭的支持；但一切惯例法的规则都不能束缚一个立法议会。[①] 因此一个自由国家的这个立法议会的召开并不是要保障财产权，而是要摧毁它，而且不仅是财产权，还包括每一条可以使它稳定的规则和准则以及一切使它得以运转的手段。

当16世纪的明斯特(Münster)地方再洗礼派教徒们[②]以他们平均主义的制度和关于财产权的蛮横见解使整个德国陷于混乱时，他们这场风暴的蔓延对欧洲哪一个国家没有提供拉响警报的正当原因呢？在一切事物中，智慧所最害怕的便是这种瘟疫性的

---

① 加缪先生的讲话，由国民议会下令出版。——原注(加缪[Armand Gaston Camus，1740—1804]为詹森派法学家，制宪议会的成员，有关教士阶级法案的起草者。——译注)

② 按，再洗礼派起源于瑞士，后以德国萨克逊州的明斯特为中心，此派宣扬平均主义与基督教千年福王国学说。——译注

狂热,因为在一切的敌人中,这是它最难以提供什么力量加以反对的了。我们不能对无神论的狂热精神无动于衷;这种精神受到了大量文章的鼓励,以一种难以置信的勤奋和花费而传播开来,在巴黎所有的街头和公共场所都有种种说教在鼓吹着。这些文章和说教向群众灌输一种黑暗野蛮的残暴精神,取代了人们心中一切自然的共同感情以及一切道德的和宗教的情操;竟至于诱使这些可怜的人们以麻木的忍耐力在承担着由财产权方面所造成的剧烈痉挛和变动所带给他们的难以忍受的苦难。① 这种狂热的精神又伴随着改宗的精神。他们有各种团体在国内外进行阴谋联系,宣传

① 我不知道下面的描述是否严格真确,但它是被出版者当作是真的东西,以便刺激读者。在他们的文件中刊出的一封来自图勒(Toul)的信中,下引的这段话是关于这个地区的人民的情况的:"Dans la Révolution actuelle, ils ont résisté à toutes les *seductions du bigotisme*, *aux persécutions et aux tracasseries* des Ennemis de la Révolution. *Obliant leurs plus grands intérêts* pour rendre hommage aux vues d'ordre général qui ont déterminé l'Assemblée Nationale, ils voient, *sans se plaindre*, supprimer cette foule d'établissements ecclésiastiques par lesquels *ils subsistoient*, et meme, en perdant leur siège épiscopal, la seule de toutes ces ressources qui pouvoit, ou plutôt *qui devoit*, *en toute équité*, leur être conservée; condamnés *à la plus effrayante misère*, sans avoir *été ni pu être entendus*, *ils ne murmurent point*, ils restent fidèles aux principes du plus pur patriotisme; ils sont encore prêts à *verser leur sang* pour le maintien de la Constitution, qui va réduire leur ville *à la plus déplorable nullité*. "["在当前的这场革命中,他们抵御了一切宗教偏执的诱惑,抵御了革命敌人的干扰和迫害。为了向支配着国民议会的普通等级的意见效忠,他们忘掉了自己的最大利益,他们看到自己赖以生存的大批宗教机构受到压迫而毫无怨言;甚至按一切公正的原则都可以(或者不如说应该)给他们保留下来的他们所能有的唯一力量,即主教的席位也被取消了。他们遭受最可怕的苦难而不能为人倾听,但他们绝不尤怨,他们始终忠于最纯洁的爱国主义的原则,尽管宪法使他们的城市沦于最可悲的空虚,他们仍然准备流自己的鲜血来捍卫它。"]无法设想这些人民是在争自由的斗争中忍受这些苦痛和不义的,因为在这同一封信中很真确地说到这些人民从来就是自由的。他们所忍受的贫穷和毁灭,他们未加抗议地忍受最明目张胆的和直认不讳的不义,如果确是真的,就不会是什么别的东西,而只能是这种可怕的狂热主义的后果。而现在整个法国有大量的人群生活在同样的条件下,有着同样的精神状态。——原注

他们的信条。伯尔尼共和国，这个世界上最幸福、最繁荣、治理得最好的国家之一，便是他们准备摧毁的重大目标之一。我听说在某种程度上，他们成功地在那里播下了不满的种子。他们在整个德国也在忙碌着。在西班牙和意大利也并非没有尝试过。他们那恶意的仁爱之无所不包的计划，也没有漏掉英国；而在英国，我们看到有些人向他们伸出了双臂，这些人不止在一个讲坛上推荐他们的范例，不止在一个定期集会中公开呼应他们，向他们欢呼，把他们吹捧成我们效仿的对象；这些人从他们那里接受过来在他们的仪式和神秘活动中间所供奉的团体标志和旗帜；① 这些人就在我们的宪法已授予政府以全权维护这个王国的能力而政府也认为该向他们作战的时候，还在建议与他们结成永久友好的联盟。

我所担心的并非是我们教会的财产也会根据法国的先例被没收，尽管我认为那是一大罪过。我最大的关怀是，有朝一日在英国也会把为寻求财源而没收任何财物看成是一项国策；或者公民中的任何一个阶层会被引向把其他阶层看作是自己当然的猎物。②

---

① 见南特（Nantz）同盟的活动。——原注（南特的“爱国者协会”是“革命协会”的联系成员；伦敦革命会接受过南特爱国者协会所赠的旗帜，旗帜上有两国国旗与“大联盟”[Pacte Universel] 字样。——译注）

② “Si plures sunt ii quibus improbe datum est, quam illi quibus injuste adeptum est, idcirco plus etiam valent? Non enim numero hæc judicantur sed pondere. Quam autem habet æquitatem, ut agrum multis annis, aut etiam sæculis ante possessum, qui nullum habuit habeat; qui autem habuit amittat? Ac, propter hoc injuriæ genus, Lacedæmonii Lysandrum Ephorum expulerunt: Agin regem (quod numquam antea apud eos acciderat) necaverunt: exque eo tempore tantæ discordiæ secutæ sunt, ut et tyranni exsisterint, et optimates extermin-areutur, er preclarissime constituta respublica dilaberetur. Nec vero solum ipsa cecidit, sed

各个国家都越来越深地涉足于无边无际的债务海洋之中。公债在一开始是对政府的一种安全保障，因为它使大多数人关心国家的安宁；但在它过度了之后，也很容易变成政府倾覆的原因。政府如果通过征收重税来偿还这些债务，就会变得受人民憎恶而垮台。如果它不去偿还这些债务，它将会在所有党派中最危险的那一个的努力之下而被推翻——我指的是虽受到伤害但未被摧毁的、广泛不满的金融利益。构成为这种利益的人们首先是向政府的忠诚尽职来寻求自己的安全，其次则指望政府的权力。如果他们发现旧政府软弱无能、精疲力尽、缺乏活力，从而没有足够的生气可以满足他们的目的，他们就会寻求一个具有更充沛的精力的新政府；

etiam reliquam Græciam evertit contagionibus malorum, quæ a Lacadæmoniis profectae manarunt latius."[即使那些得到不义之财的人在数目上超过了财产受到损害的人，前者也决不因此而更加有力；因为在这类事件中，力量不是由数目而是由其社会影响决定的。如果一个一文不名的人可以将属于别人已有若干年、甚至若干代的地产据为己有，而以前的所有者却必须失去它，那还有什么公正可言？现在正是根据这种不义的原则，斯巴达人放逐了他们的监察官李桑得，并处死了他们的国王阿吉——这是斯巴达历史上前所未有的事件。从这时起，由于这种原因，严重的内部不和便使暴君得以出现，贵族被放逐，令人赞叹地建立起来的国家瓦解了。而且这不仅仅是斯巴达的崩溃，这种传染性极强的邪恶从这里开始越来越广泛地蔓延，终于将希腊的其余部分也夷为废墟。]——在描述了真正爱国者的模范、西锡安的亚拉图(Aratus of Sicyon)那具有完全不同的精神的行为之后，西塞罗就说道："Sic par est agere cum civibus; non ut bis jam vidimus, hastam in foro ponere et bona civium voci subjicere præconis. At ille Græcus (id quod fuit sapientis et præstantis viri) omnibus consulendum esse putavit: eaque est summa ratio et sapientia boni civis, commoda civium non divellere, sed omnes eadem aequitate continere."["这是与我们的同胞进行交易的正确方式，而不是像我们已经两次看到的那样，将矛插在台上，将他人的财产放到拍卖人的槌下。这位明智而高尚的希腊人认为他必须关心所有人的福祉。一个具有高超的政治家才干和十分明智的头脑的好公民所应做的，不是把公民们之间的利益对立起来，而是把这些人的利益在平等公正的原则基础上统一起来。"]——西塞罗：《论责任》第1卷第2页。——原注而这种精力并不是来自获得新的力量，而是来自对正义的鄙视。革命是偏袒没收财产的，而我们也不可能知道以后的没收会以什么可憎的名义得到批准。我肯定在法国占统治地位的那些原则会蔓延到所有国家的很多的人、许多阶层的人——这些人把自己无害的怠惰认为就是自己的安全。产业主的这种幼稚可以说成是无用，而无用又可以说成是不适于保护自己的地产。目前欧洲的许多地方都处于公开的混乱。在其他许多地方的地下已发出了隐隐的呻吟；一场动荡已经为人感到了，它在预示着政治界的一场大地震。在有些国家中正在形成一些性质极其反常的联盟和联系。[①]在这种情况下，我们就应该警惕。在一切大变动中（如果这些大变动必将来临的话），最能够削磨它们的灾难的锋芒的并促进其中可能具有的美好的东西的条件，便是我们在这些大变动中具有对正义的坚韧不拔的精神和对财产权的照顾。

但有些人可能争辩说，法国这种大规模的没收，不应使其他国家惊恐。他们说那不是由于野蛮的贪婪而产生的；那是一项有关国家政策的重大措施，采用它是要铲除一种广泛的、根深蒂固的、迷信的祸害。我要把政策与正义分开来是极其困难的。正义本身便是公民社会的重大的、经常性的政策；在任何情况下对正义的任何背离，都会使人怀疑根本就没有政策。

当人们受到现行法律的鼓励而接受某种生活方式，并在那种

---

① 参见两本书，书名为"Einige Originalschriften des Illuminatenordens" 和 "System und Folgen des Illuminatenordens。"慕尼黑，1787 年。——原注（这两部德文书的标题为：《关于光明会的若干原始文件》和《光明会的体系与后果》。光明会为德国无政府主义的异端团体，主张摧毁一切现存国家，消灭私有制，建立新的大同国家。——译注）

方式中像在一种合法的职业中受到保护时；当他们已经使自己全部的思想和全部的习惯都适应了这种生活方式时；当法律长时期以来已经使得他们之遵守这种方式的规则成为了一种荣誉的理由，而背离它们则是一种耻辱、甚至于是受惩罚的理由时——这时我敢肯定地说，一种通过专横的条款使人们的思想和感情遭受突然的粗暴行动的立法就是非正义的；这种用暴力贬低他们的地位和条件，用丑行和羞耻来诬蔑他们已往认为是自己的幸福与荣誉所系的性格和习惯的立法就是非正义的。如果在这上面再加上把人们从自己的住宅驱逐出去，并且没收他们一切的财物，那么我实在不够聪明，看不出这种由人们的感情、良心、偏见和财产权所制造的专制游戏与最恶毒的暴君政治怎么能够区别开来。

如果说在法国目前所遵循的方针，其非正义性是显而易见的，那么有关这项措施的政策，即人们期望由此获得公共福祉的政策，至少应该是同样明显并至少是同样重要的。对于一个其行动不受任何情绪影响而且他在计划中没有别的念头只有公共利益的人，下面这两种政策之间的巨大差别马上就会打动他的：一种是这些体制的最初设立所要求的政策；另一种则是彻底废除它们的问题所要求的政策。它们都早已广泛而深入地扎下了根，由于长期的习惯，其中许多比它们自身更有价值的东西都已经如此之适应了它们而呈现为与它们交织在一起的形态，以至于人们很难摧毁其中的一个而不明显地损害到另一个。假如情形真的像那些诡辩者们在他们的辩论中以其猥琐的风格所说的那样，那么这个人就会感到很为难了。但是在这件事上，就像在大多数国家问题上一样，总有一条中间道路的。在绝对毁灭与不加改造而存在这种单纯的二者必居其一的选择外，也还有其他的某种东西。Spartam nactus es; hanc exorna.［你的命运在斯巴达注定了，好好信任它吧。］[①]在我看来，这是意味深长的一个准则，应该永远为一个诚实的改革家牢记在心。我无法想象一个人怎么会使自己狂妄到那种不分黑白的程度，把自己的国家视若无物，只不过当一张他可以在那上面任意涂抹的 carte blanche［白纸］。一个富于热情与思考的好心人，可能希望他那社会并不像他所看到的那样子组织起来的；但是一个好的爱国者和一个真正的政治家则总是在思考他将怎样才能最好地利用他的国家的现实物质状况。保护现存事物的意向再加上改进它的能力，这就是我对一个政治家提出的标准。此外的一切，在理论上都是庸俗的，在实践上都是危险的。

在国家的命运中有些时刻有某些特殊的人物会受到召唤，要以巨大的精神努力来做出改善。在这些时刻，尽管他们看起来得到了他们的君王和国家的信任，并被授予全权，他们却并不是总有合适的工具。一个在做大事业的政治家，就要寻求一种权力，即工匠们称之为滑轮和杠杆(purchase)的东西；如果他在政治中也像在机械中一样，得到了这种权力，他运用起来就会得心应手。我以为在修道院的体制中就可以发现有一种体现政治仁爱的机制的伟大权力。那里有一种受社会监督的财政收入；那里有很多人全身心致力于公共的目的并且除了公共的联系和公共的原则而外再没有其他的联系和原则，这些人不可能把集体的财产转化为私人的

① 这是希腊悲剧家幼里庇底的《德勒福斯》一剧中，阿迦美浓向麦尼劳讲的话。——译注

财富；这些人摒弃了个人利益，他们的贪心都是为了集体的；这些人的个人的贫穷乃是一种荣誉，而绝对的服从则代替了自由的地位。人们指望在需要这些东西的时候就把它们制造出来的这种可能性是枉然的。风随着意思吹。[1] 这些体制是热心肠的产物，它们是智慧的工具。智慧本身并不能创造出物质的东西；这些东西是自然或运气给我们的礼物；智慧的骄傲就在于能加以使用。这些团体及其财富的长年存在对于一个有远见的人、对于思考着各种需要时间去形成、并且在实现了之后就可以持久维持的计划的人来说，是特别适宜的东西。如果一个人获得了对诸如存在于这种团体（像那些被你们粗暴地摧毁了的团体）的财富、纪律和习惯之中的力量的支配权和指导权，却无法把它转化为自己国家的伟大而长远的利益，那他就不配有很高的地位，或者说甚至不配在伟大的政治家的行列中被人提到。一个富有创造精神的人看到了这种力量，就会想到有千百种用途。在道德世界中要摧残由人类精神的旺盛的创造力之中所蓬勃生长起来的任何力量，就几乎等于在物质世界中摧毁人体中显然是最积极的品质一样。[2] 这就好像是试图摧毁（假如我们有能力摧毁的话）硝石之中不挥发气体的膨胀力，或者是摧毁蒸汽、电和磁的力量一样。这些能量在自然界中是永存的，它们也总是可以辨识的。但它们似乎有些是无法利用的，有些是有害的，有些只能供儿童玩耍用；直到有一天，思想的能

① 《新约》,《约翰福音》第 3 章，第 8 节："风随着意思吹，你听见风的响声，却不晓得从哪里来，往哪里去。凡从圣灵生的，也是如此。"——译注

② 可参见柏克《新辉格党人对旧辉格党人的呼吁》(1791)一书中关于"真正的、自然的贵族"的一段话(《柏克选集》第 3 卷，第 85—87 页)。——译注

力加上实践的技术驯服了它们的野性,使它们听用,并使它们立刻成为听命于人类的伟大目标和规划的最强有力和最驯服的工具。难道你们可以指挥其脑力和体力的那五万人和那既无懒惰又无迷信色彩的每年好几十万的收入,看来好像是太大,使你们无法加以使用了吗?难道你们除了把教士转变为受国家津贴者之外,就没有别的办法使用这些人了吗?难道你们除了只顾眼前挥霍浪费的拍卖而外,就没有别的办法使岁入带来利益了吗?如果你们的智力竟是如此之贫乏,那么事情就只好是任其自然了。你们的政治家并不懂得自己的行业,因而他们就把自己的工具都卖掉了。

但是他们原则的本身就带有迷信的味道,而它们也在通过永远不断的影响在培育着这种迷信。这一点我并不想进行争辩;但是这一点不应该妨碍你们从迷信本身之中汲取可以提供公共利益的任何资源。在道德的眼光下,人心中有许多品性和情绪是带有和迷信本身同样可疑的色彩的,你们却从中汲取了好处。你们的任务是纠正和缓解这种情绪中一切有害的东西,正如在一切情绪中一样。但是迷信是不是一切可能的罪过之中最大的一种呢?在它有可能过度的时候,我以为它就变成了一桩大罪过。然而这是一个道德的题材,当然也就可以容许有各种不同的程度和各种不同的表现。迷信是精神脆弱的人的宗教;你得宽容他们是处于一种迷信的大杂烩之中,有些是琐碎的、有些是狂热的形式或其他形式,否则你就将剥夺这些弱者心灵的一种对最强者来说也是必要的力量了。肯定地说,一切真正宗教的主体都在于服从世界主宰者的意愿;信仰他的教诲和仿效他的完美。其余的事,就都是我们自己的了。它们可能对伟大的目的有损害,也可以对它有裨益。

明智的人之作为明智的人,并不是崇拜者(至少不是 Munera Terrae [大地的礼物][1]的崇拜者),他对这些事物既不狂烈地执著,也不狂烈地憎恨。智慧并不是愚蠢的最严厉的改正者。只有那些彼此相争的蠢人,才会互相发动一场如此无情的战争,才会对自己的优势加以如此残酷的运用,以至于在他们的争执中竟把毫无节制的粗鄙都投到了这一边或那一边。审慎会是中立的;但假如我们处于一场对一些其性质本不值得如此之大动肝火的事物一方坚决拥护、另一方激烈反对的争端之中时,一个谨慎的人也要被迫做出选择,究竟哪种错误和狂热过度是他应该谴责的或应该容忍的;这时他或许会认为建设性的迷信要比破坏性的迷信更加可以容忍:那种美化一个国家的要比那种丑化它的,那种赐予的要比那种掠夺的,那种有利于错误的善行的要比那种激励真正的不义的,那种引导一个人摒绝自己安全合法的享乐的要比抢夺别人自我禁欲的那很可怜一点的生活资料的,都更加可以容忍。我以为,这样就很接近于我们的问题——亦即在修士们的迷信的远古创立者和今天自命为哲学家的人的迷信这二者之间的那个问题——的状况了。

目前我对人们之扬言出售[教产]是为了公共利益这一点暂不作任何考虑,尽管我认为那纯粹是欺骗。我这里仅仅把它看作是财产权的一种转移。就这种转移政策,我要谈一些看法打搅您。

在一切繁荣的社会中,生产者所生产的东西总是比维持他当前生活之所需的更多。这剩余的部分就构成了土地资本家的收

① 按,"大地的礼物"指物质事物而言,是会消失的;系与上天的永恒礼物相对而言。语出贺拉斯(Horace,公元前 65—前 8)《歌集》第 2 卷,第 14 节。——译注

人。它将被一个并不从事劳动的地产主所花费。但是这种闲逸的本身乃是劳动的发条，这里面有着对生产的鞭促。国家唯一的关怀就是，由地租所取得的资本应该重新回到它所来自的生产中去，以及这种花费应该尽可能地不损害花费它的那些人的道德以及作为它所返还的对象的那些人。

一个严肃的立法者，总会就收入、支出和个人职务的全盘观点来对人们向他提出驱逐一个所有者并建议以另一个陌生者取而代之的两个人之间仔细进行比较的。通过大规模的没收而进行的所有权的一切剧烈的革命，**必定**会导致种种困难；在此之前，我们就应该有合理的保证，使购买被没收的产业的人比起旧的所有者来——无论叫这些所有者是主教、司铎、受奖方丈或僧侣或者无论你高兴叫什么——在很大程度上将更勤奋、更有德、更严谨、更不想从劳动者的收获中榨取不合理的一份，或者是他们自身要耗费超出比一个个人正常所需的更多的份额；他们应该有资格以一种更稳定和更平等的方式支配剩余部分，从而符合政治消费的目的。僧侣们是懒惰的。假如是这样。假设他们除了在唱诗班中歌唱之外就没别的用处。他们至少也和那些既不歌唱又不说话的人是同样地有用。甚至于和那些在舞台上歌唱的人是同样地有用。他们的有用体现在似乎他们从早到晚都在从事那无数的奴隶般的、堕落的、不体面的、不人道的、往往是最不健康的、疫疠般的职业——由于社会经济的缘故许多可怜的人无可避免地沦于其中。如果打乱事物的自然过程，或在任何程度上妨碍由这些不幸的人被奇怪地加以指导的劳动在推动着的巨大的流转之轮的运动，一般说来并不是有害的话，那么我就更加无限地大力倾向于把他们从他们那可悲的劳顿之中解救出来,而不是去粗暴地打扰修道院中宁静的安谧。人道精神,也许还有政策,可能会在这方面而不是在另一方面更好地证明我的正确。这是一个我经常思考的题目,而每次思考都从不能对它不带感情。我确信在一个治理良好的国家里,没有任何一种考虑可以论证应该容忍这类职业和用人的正当性,除非是有必要屈从于奢侈的枷锁之下或者是荒唐的专制主义之下——那他们就会按其自身的专横方式去分配土地的剩余产品了。但是,就这种分配的目的而言,在我看来,僧侣们的无用的消费和世俗的懒汉们的无用的消费,其导向是完全同样的好。

如果那种所有制的优点和人们的计划的优点是相等的话,那么就没有理由要去变动了。但在目前的例子中,二者并不相等:其间的差异是有利于那种所有制的。在我看来,你们要加以驱逐的那些人,其花费事实上并不是采取一条比你们现正闯入他们家门的那些宠儿们的花费更直接、更普遍地通向腐化、堕落并使他们所践踏的人变得更可悲的道路。一个大地产的消费是对土地剩余产品的一种分散,当它采取的途径是积蓄起来大量书籍(那是人类精神的力量和弱点的历史),是大量收集古代的记录、奖章和钱币(它们印证和解释了法律和习俗),是绘画和雕塑(它们由于模仿自然,仿佛是延伸了造化的极限),是为死者建造的宏伟纪念碑(它超越坟墓而继续在关怀着和联系着生命),是收集自然界的标本(它成为世界上一切品类和种属的代表团,那由于人们的嗜好而促进了、并由于我们的好奇心而开辟了通往科学的大道)——为什么这对你们或对我就是不可容忍的呢?如果所有这些花销的对象在巨大的常设机构中得到了更好的保证,使之可以免于不稳定的个人任性或个人挥霍浪费的胡作非为，难道它们比起这些同样的情趣之风行于分散的个人之间就更糟了吗？难道瓦匠们和木匠们在劳作中分担农民们的汗水，在建造和维修庄严宏伟的宗教建筑时流下的汗水，不正像他们在建造和维修那些邪恶而奢侈的画阁和肮脏的暖室时流下的汗水是同样的愉快而健康吗？他们在修复那些因年代久远变得破败了的神圣作品时流下的汗水，不正像他们在建造满足一时的淫乐的那些临时的厅堂所流下的汗水是同样的光荣、同样的有益的吗？在歌剧院和在妓院和在赌场和在俱乐部或马尔斯大道[①]的尖顶纪念碑，不都是同样的吗？橄榄和葡萄的剩余产品用来维持那些由于虔诚想象的神话而上升到为上帝服务的尊贵地位的人们的那种节俭生活的必需品，难道要比供养那大批数不胜数的、因为屈服于人类的骄横而沦为无用的家奴的人就更糟了吗？难道装饰寺院比起勋章绶带、饰带、帽徽、小别墅[②]、精致的夜宵[③]和其他一切耗尽财富的数不清的纨绔行为和蠢事来，就更加配不上一个聪明智慧的人了吗？

我们即使宽容了这些，也不是因为喜欢它们，而是因为担心更糟的东西。我们宽容它们，因为财产和自由在某种程度上要求有这种宽容。但是为什么要禁止那另一种而且在各个方面看来肯定都是更加值得称道的对地产的使用呢？为什么要通过对一切财产的破坏和对每一项自由原则的侵犯，强行把它们从较好的推向更坏的呢？

---

① 马尔斯大道：举行革命的纪念性集会的场地。——译注

② 小别墅(petits maisons)：法国革命前，上层社会的时尚之一是在巴黎郊区拥有一幢小别墅以供私人享乐。——译注

③ 夜宵，即“小晚餐”(petit soupers)，当时往往极为昂贵。——译注

这种对新的分散的个人和旧的集体的比较，是建立在后者不可能进行任何改革这种假设之上的。但是在改革问题上，我一向认为无论一个单独的还是包含有许多个的团体，在其财产的使用方面以及在对其成员的生活方式和习惯的管理方面，都比分散的公民个人所能做到或也许所应该做到的，要更容易受到国家权力的公共指导；而且在我看来，这一点对于那些从事任何可以称之为政治事业的人而言，都是一种相当现实的考虑。对修道院的产业，已经谈得够多了。

至于主教、司铎和受奖方丈的产业，我不能发现为了什么理由，除了继承而外他们就不能以其他的方式拥有某些地产。对于拥有一部分、而且还是很大一部分地产——这些地产是由一些人继承下来的，他们对地产的头衔永远在理论上、并且往往也在事实上，乃是他们在虔诚、道德和知识等方面的出类拔萃的程度——有哪一个哲学的掠夺者[①]能够论证它是一件绝对的或相对的坏事？这种以所有者的优点为根据的财产权，反过来以其鹄的给了最高贵的家族以新生和支持，也给了最卑贱者以尊严和提高的手段。这种财产权的取得是以履行某些责任为前提的（不管你们可以选择何种价值加之于那种责任），并要求所有者的人品至少外表上有礼貌和举止庄重；他们要体现出既慷慨又有节制的好客精神；他收入的一部分要被当作慈善基金。他们即使是辜负了对自己的信任，即使他们滑到了自己的品格之外而蜕化为一个单纯普通的世俗贵族或绅士，但在任何方面与那些要接收他们被剥夺了的财产

① 指法国百科全书派的理论家。——译注

的人相比较，难道就会更坏吗？难道地产由那些毫无责任感的人所拥有，就比由那些有责任感的人所拥有更好一些吗？由那些在其财富的用度上，除了自己的意愿和嗜欲之外就没有任何规则和方向可循的人所拥有，就比由那些在品格和生活目标方面都趋向于德行的人所拥有，更好一些吗？何况[教会的]地产整个说来也并不具备人们认定的永久性产权[①]本身所应具备的一切特征和弊病。他们的转手流通要比任何其他的都快得多。任何过分都不是件好事；因此过大的一份地产尽管可以是终身正式拥有，然而如果存在某些不是只要事先交钱而是以另外的办法也可以获得的产业，我觉得似乎也不会对任何国家构成实质性的损害。

这封信写得太长了，[②]虽说就这个题目的无限内涵而言，它确实是很短的。有许多其他的附带问题时时从这个题目涌进我的脑海。我把我的闲暇时间用于观察，在国民议会的措施中我能否找出可以改变或修正我某些最初感想的理由——对此我并不感到遗憾。一切事情都更加强有力地证实了我最初的见解。我原来的目的本是要观察国民议会对重大根本机构的原则，以及在你们用以代替你们所摧毁的旧东西的全部新东西与我们英国体制中的某些成分双方之间做一个比较。但现在这个计划的范围比我最初估计的要大得多；而我又发现您不大想要听取什么事例。目前我必须

① 永久性产权(mortmain)，即由一个团体所拥有的不可让渡的所有权。——译注

② 按，本书第一部分写完后，作者曾有几个月的时间参与国会活动，其后又开始第二部分的写作。——译注

使自己满足于对你们的体制做一些评论，而留待另外的时间再讨论有关我们英国实际上所存在的君主制、贵族制和民主制的精神。

我已经观察了法国现政权所做的一切。我肯定是自由地在谈论它的。那些其原则在于蔑视人类古老的、永久的观念，并把对社会的规划建立在新原则之上的人，肯定会认为，我们这些认为全人类的判断更优越于他们的判断的人，会认为他们这些人以及他们的设计都要经过检验。他们必定会认为理所当然的是，我们更愿意倾听他们的理由，而一点也不是倾听他们的权威。对人类有巨大影响的偏见中，没有一个是对他们有利的。他们宣称自己敌视公众舆论。他们当然决不能指望得到这种影响以及其他一切从其审判的座位上被他们所推翻了的权威的任何支持。

我从不认为这个[国民]议会除了是一个利用时势攫取了国家权力的人们的一种自愿联合而外，还能是什么别的。他们并不具有他们最初集会时的那种资格和权威。他们已经具备了另一种极其不同的性质；他们已经完全改变了和颠倒了他们原来所处于其中的全部关系。他们并不具备他们在任何国家的宪法之下所可以运用的权威。他们已经背离了派遣出他们的人民的指示；而当[国民]议会不再依任何古老的惯例和成文法行事时，这些指示乃是他们权威的唯一来源。他们最重要的议案都不是由绝大多数所通过的；在这种只能代表整体的推定权威的微弱多数中，局外人就要考虑其原因及其决议了。

如果这些人建立起来这个新的实验性的政府，是作为被驱除了的暴政的一种必要的替代品，那么人类就会预期这种处理的时间会通过长期的惯例影响而成熟成为合法性的政府，虽则在其开始时，这种政府是暴力的。凡是具有要维护社会秩序的感情的人，都会承认这种由那些无可争辩的便利原则所诞生的社会秩序的合法性——即使它还在摇篮里；而一切正当的政府即产生于它，并根据它来论证它们自身延续的正当性。但是一个政权若不是由法律和必要性而诞生的，而是来源于往往是扰乱、有时候是毁灭社会的结合的那些邪恶和有害的做法，那么他们对这个政权的运作就会迟迟不肯给予任何一种支持。这个[国民]议会几乎为期还不到一年。我们听到他们自己声称他们已经进行了一场革命。进行一场革命是一件 prima fronte [表面上]需要有一种辩解的事。进行一场革命就是要颠覆我们国家的古老状态；任何普通的理由都无法拿来论证如此之暴烈的一场行动的正当性。人类的情理就授权我们要考查获得新政权的方式并批评由它所形成的运作，而不像通常对一个已成定局的并被公认的权威那样地带有敬畏之情。

这个[国民]议会夺取政权和维持政权的行动所依据的原则，与看来似乎在指导他们运用这种权力的原则是极其相反的。对这种差别的观察，使我们能深入到他们行动的真正精神里面去。他们为夺取和保持政权所做的或继续在做的一切，都用的是最普通的手法。他们的所作所为恰如他们野心勃勃的祖先在他们之前所做过的一样。追踪一下他们全部的阴谋、欺骗和暴力，你就可以发现其中没有任何一点新东西。他们以一个讼棍那种一丝不差的精确性在仿效着他们的前人及前例。他们从未有半点偏离暴政和篡权的真正公式。但在一切有关公益的管理方面，他们的精神则正好反其道而行之。在这里，他们把一切都委之于那些未经检验的思辨脚下；他们把公众最可贵的利益委诸于那些信口开河的理论——而他们之中没有一个人会决定把自己最微不足道的私人利益交付给这些理论的。他们造成了这种差别,是因为他们夺取政权和维持政权的愿望彻头彻尾都是认真的;所以他们在这里就要在前人铺好的路上前进了。至于公众利益,因为他们对那些并不真心关心,所以就完全委之于运气;我说是运气,因为他们的计划在经验中没有任何东西来证实他们的意愿良好。

对那些在涉及人类幸福的问题上自己感到畏缩和犹豫的人所犯的错误,我们必须永远以带有几分尊重的怜悯加以看待。但是在[国民议会]那些先生的身上,一丝一毫也没有那种唯恐为了做实验而伤害婴儿的慈父般的焦虑。在他们漫无边际的许诺和他们的预言之狂妄这方面,他们远远超过了任何江湖医生的海口。他们那种大言不惭的霸道,就以某种方式激发并挑起了我们要去调研一下他们的根据。

我深信,在国民议会中受人欢迎的领袖中是颇有一些人才的。其中有些人在他们的演说和写作中显示出辩才。而这不可能是没有出色的和有教养的才华的。但也有可能只有雄辩,却没有相应的智慧程度。所以当我谈到能力的时候,我必须进行区分。他们对支持自己的制度所做的一切事,就显示出他们是非凡的人。这个制度的本身,被当作一个创立起来是为了保障公民的繁荣和安全并促进国家的强大的共和国的蓝图,我承认自己无法从中找到任何东西——哪怕只有一个例子——可以表现出是那种有理解力的并有决断力的头脑的作品,或者甚至是那种具有庸俗的谨慎的头脑的作品。他们的目的看来始终是要躲避和绕开困难。在一切艺术中,大师们的光荣就是要面对困难并克服困难;他们克服了第一个困难之后，还要把它转化为重新攻克新困难的一个工具；从而使他们得以扩展他们科学的领域；甚至把人类智力本身的界标推向前去，超越自己原有思想的范围。困难乃是比我们自己更了解我们、比我们自己更爱我们的慈父般的保卫者和立法者[①]所加之于我们的一位严厉的教师。Pater ipse colendi haud facilem esse viam voluit.［伟大的父本人不愿意使耕作的路是一条轻易的路。］[②]与我们在进行较量的人强化了我们的神经，磨练了我们的技能。我们的对手也就是我们的助手。对困难进行这种可爱的斗争，就要求我们更好地认识我们的目标，并迫使我们考虑它的全部关系。这就不能允许我们可以成为浅薄的人。正是对这样一桩事业缺乏了智性的神经，正是因为堕落性的好走捷径和喜欢虚假的便利，才在世界上那么多的地方都建立了享有专制权力的政府。他们建立了前法国专制君主制。他们建立了巴黎的专制共和国。对于他们，智慧不够，就由充裕的暴力来补充。他们这样做，却什么也没有得到。他们靠偷懒的原则开始自己的工作，他们得到的是懒人共同的结局。那些与其说是他们避免了不如说是躲过了的困难，在他们的道路上还会重新与他们相遇；它们对他们会越来越多，越来越重；他们通过细节上一团混乱的一座迷宫而陷入了一场没有止境、又没有方向的忙碌之中，并且终于是使他们的全部成果都变得脆弱、有害而又不可靠。

正是因为没有能力与困难进行角力，法国专横的［国民］议会

---

① “保卫者和立法者”此处指上帝。——译注

② 语出古罗马诗人维吉尔《农事诗》第1卷。——译注

才被迫以废除并以全部消灭的办法来开始自己的改革规划。①但是难道才能是要在摧毁和推翻之中表现出来的吗？这一点你们的暴民们至少能做得和你们的议会同样的好。最浅薄的理智、最粗笨的双手，便可以完成这项任务而绰绰有余。暴怒和疯狂在半小时之内可以毁掉的东西，要比审慎、深思熟虑和远见在100年之中才能建立起来的东西还多得多。旧制度的缺点和错误是看得见、摸得着的。并不需要有什么才能，便可以指出它们来；而有了绝对的权力，只消一句话就可以整个扫除这些弊病和制度。当你们的政治家们要做一点事来填补被他们所摧毁的那些东西的地位时，就是这种同样既懒惰又浮躁的情绪、这种喜欢偷懒又讨厌安宁的情绪在支配着他们的。把他们所见到的一切事物都颠倒过来，这完全和破坏是一样的容易。在从来不曾尝试过的事情中，是不会发生任何困难的。批判精神对于发现过去所从不曾存在过的事物

① [国民]议会的一位领导成员，即德·圣艾蒂安先生（M. Rabaud de St. Etienne）*，曾经再清楚不过地解释了他们一切行动的原则："*Tous les établissements en France couronnent le malheur du peuple：pour le rendre heureux il faut le renouveler；changer ses idées；changer ses loix；changer ses moeurs；... changer les hommes；changer les choses；changer les mots... tout détruire；oui，tout détruire；puisque tout est à recréer.*"["法国的一切现存制度都加剧了人民的苦难。要使人民幸福，就必须改革这些制度：改变其思想；改变其法律；改变其道德；……改造人；改造事物；改造文字；……摧毁一切；对，摧毁一切，因为一切都要重新创造。"]选出这位先生做主席的议会，并不坐落在三百号或小房子里，**它是由那些貌似有理性的人组成的；但是他的思想、语言和行动都与那些在[国民]议会内外管理着目前正在法国运转的那架机器的人们的讲演、见解和行动毫无二致。——原注

* 让—保罗·拉博·圣艾蒂安（Jean-Paul Rabaud St. Etienne，1743—1793），新教牧师，后为吉伦特党的一员。1793年被送上断头台。——译注

** "三百号"是巴黎一座古老的盲人医院，"小房子"是一座疯人院，坐落在塞夫勒街。——译注

的缺点，几乎无能为力；而热烈的激情和骗人的希望却有着想象力的全部辽阔的领域，它们的议论可以在其中畅通无阻。

同时既要保存又要改革，那就完全是另外一回事了。当要保留下来旧的机构中有用的部分，并使加上去的东西适合于被保留下来的东西时，就需要我们运用富于朝气的心灵、坚定不移的注意力、各种进行比较与组合的能力以及在灵活性方面富有成果的理解力；它们是运用于在与各种相反的恶的联合力量之不断的冲突中、在与拒绝一切改进的顽固性之不断的冲突和对它所拥有的一切事物感到怠惰与厌倦的那种轻浮与草率的不断冲突中。但是你们会反对说："这样一种进程是缓慢的。它不适于一个以几个月之内就要完成若干时代的工作为荣的议会。这样的一种改革方式可能要花费许多年。"毫无疑问它会的，而且它也应该如此。这是时间在其中可以成为助手、运作缓慢而且在某些情形下几乎是无法觉察的那种方法的优越性之一。如果说当我们是对无生命的物体进行工作时，周密与审慎乃是智慧的一部分的话，那么当我们所要拆除和建造的主体并非是砖石木材，而是有知觉的生物时——由于他们的处境、条件和习惯的突然改变，大批的人就可能沦于悲惨的境地——周密和审慎就确乎成为了责任的一部分。但是看来在巴黎流行的意见是，冷酷无情的心和顽固不化的信念乃是一个完美的立法者的唯一资格。我对那种崇高职位的观念是大为不同的。真正的立法者应该拥有一颗富于敏感的心。他应该热爱和尊重他的同类而戒惧他自己。他的资质可以使他凭直觉的一瞥就把握住他最终的目标；但是他对这一目标的行动则应该是深思熟虑的。政治安排作为是为了社会性目标的一桩工作时，只能是以社会性的手段来铸就的。在那里,心灵必须同心灵协同合作。要产生那样一种心灵的结合——单凭它就可以产生我们所追求的全部好处——是需要时间的。我们的耐心将会比我们的力量成就得更多。如果我能够冒昧地诉之于如此之不合乎巴黎时尚的东西的话(我指的是诉之于经验),那么我就应该告诉您,在我的经历中我曾经认识过伟人,并且还曾经与某些伟人共事过;而我从未曾看到过有任何计划是不曾被那些其理解力要比领导他们事业的人低得多的人们的观察所加以修正的。经历一个缓慢而维持得良好的过程,每一个步骤的效果就都被人注意到了;第一步的成败就照亮着第二步;这样,我们就在整个的系列中安全地被引导着,从光明走向光明。我们就看到,各个部分或整个体系并没有发生冲突。在最有希望的设计中所潜藏着的邪恶,当它们一露出头来,人们就已有了准备。一种好处会尽可能地不为别的好处而被牺牲。我们是在补偿,在调和,在平衡。于是我们便可以有能力把人类心灵和人类事务中所发现的各种特例和互相冲突的原则统一为一个一致的整体。由此而产生的,并非是一种单纯性的[①]优异,而是一种远为高级的在组成成分上的[②]优异。凡是在漫长的世代延续与人类的重大利益攸关的地方,那种延续就应该被容许参与到如此之深刻地影响了他们的那些协商会议里来。如果说正义需要如此,那么这种工作本身也要求有不仅只是一个时代的心灵所能提供的帮助。正是从这样一种对于事物的观点来看,最好的立法者就往往

① 指个别地考察事物。——译注

② 指整体地考察事物。——译注

满足于在政府中建立某些确定的、稳固的主导原则;那种力量就像有的哲学家[①]称之为的可塑性;而原则既经确立之后,他们就任其自身去发挥作用了。

以这样的方式来行事,也就是以一种主导的原则并以富有成效的精力来行事,对于我来说,这是一种深沉智慧的标准。你们的政客们之认为是坚韧勇敢的天才的标志的,只不过是一种可悲的无能为力的证明而已。由于他们暴烈的急躁和他们不顾自然的进程。他们就被盲目地交付给了每一位计划家和冒险家、每一位炼金术士和江湖郎中。他们对转而分析任何属于平常的事物都感到失望。在他们的治疗体系中,日常饮食是没有一席之地的。最糟糕的是,他们这种对以一般的方法治疗平常的病症之感到绝望,并不只是出于理解力上的缺陷,我恐怕它是出于某些性情上的邪恶。你们的立法者们似乎是从讽刺作家们的高调和插科打诨中得出他们有关所有的职业、社会地位和职务的见解的;而这些讽刺作家如果被带到他们自己作品的文字面前时,他们自己也会感到吃惊的。由于仅仅听信这些,你们的领袖们就只从事物邪恶和错误的方面来看待所有的事物,并把那些邪恶和错误加以各种色彩的夸张。虽然看起来好像是自相矛盾,但这无疑地是真实的;而那些习惯于以寻找和指出错误为业的人们,大体上说,并不适合于改革的工作,因为在他们的心灵中不仅不具备良善公正的模式,而且他们习惯上也对于思考那些事物毫无兴趣。由于过于憎恨邪恶,他们就变得太不热爱人类了。因而毫不奇怪,他们并不准备,也没有能力

① 指中世纪的经院哲学家。——译注

去为人类服务。由此就出现了你们某些领导者们要砸烂一切的那种习性。在这场心怀恶意的游戏中，他们表现出了他们四只手[1]的全部活动力，至于其他，则雄辩的作家们的悖论，纯粹作为一种想象的游戏被提了出来，只是用以试验他们的才智，引起人们注意，激起人们的惊奇；而它们被这些先生们捡起来，却并不是以原作者的精神来作为培养他们的趣味、改进他们的风格的手段的。这些悖论对他们来说成为了严肃认真的行动基础，他们就在这个基础上管理着国家最重要的事务。西塞罗曾荒唐可笑地说，加图[2]力图在斯多葛哲学的低年级学生们用于锻炼智力的校园悖论的基础上进行国事活动。如果这对于加图来说是真的，那么这些先生们就是以生活在他那时代的某些人的方式来模仿他了——pede nudo Catonem.[光着脚，就成了加图。][3]休谟[4]先生告诉我，他从卢梭本人那里得知了他的写作原则的秘密。那位虽然古怪却很敏锐的观察家已经觉察到，要打动和吸引公众，就必须创造出奇迹；异教神话的奇迹早就失效了；继之而来的巨人、巫师、仙女和浪漫的英雄们也已耗尽了属于他们那个时代的那份信心；现在对于作家们来说，除了那种还可能制造出来的并有着和过去同样巨大的效果（尽管是以另一种方式）的奇迹而外，就再没有什么东西了；

① 原文为 quadrimanous(quadrumanous)，意谓猴子似的。——译注

② 加图(Marcus Porcius Cato，公元前 95—前 46)，罗马政治家及斯多葛派哲学家。——译注

③ 语出贺拉斯《书札》I，xix. 12—14。原诗意谓，如果有人外形凶猛，赤足褴衫，四处游荡，以使自己与加图相像，他就真的有了加图的仁义和德行吗？——译注

④ 休谟(David Hume，1711—1776)，英国哲学家、历史学家。卢梭于 1766—1767 年在英国时，曾得到休谟的帮助，后二人发生争吵。——译注

而那就是,在生活上、在风尚上、在特征上和在特殊局势下制造出来的、导致新的、前所未见的政治上和道德上的冲击的奇迹。我相信,如果卢梭还活在人世,在他某个清醒的片刻,他是会对他的学生们的实践的狂热感到震惊的——他们在他们的悖论中乃是奴性十足的效颦者;并且即使是在他们的毫无信心之中也会发现有一种隐然的信仰。

担当重大事务的人,即使是在常规的方式中,也应该让我们有依据可以推断其才干。而医国的医生——他不满足于治疗病症,而是在承担重建国家体制——则应该表现出非常的能力来。在那些既不诉诸实践又不抄袭样板的那些人的设计中,外表上就应该表现出来某些非同寻常的智慧形象。有没有这类东西曾经显示出来过呢?我就来观察一下(这对于这一主题将会是非常短暂的)这个[国民]议会所做的事情。首先涉及的是立法机构的组成;其次,是行政权力的组成;然后是司法机构的组成;再则是军队的模式,并以财政体制作为结束。看一看我们是否能在他们的规划的任何一部分中发现有惊人的才能,可以证实这些大胆的承担者们具有着他们所自命的那种超乎人类的优越性。

正是在这个新共和国的统治集团和领导组成部分的模式中,我们可以期望看到他们辉煌的表演。在这里,他们要证明对自己的傲慢要求所应有的名义。对于这一整个计划本身以及对于它所依据的理由,我所参考的是[国民]议会1789年9月29日的公报,以及随后对该计划所做的任何改动的记录。就这件事多少有些混乱而言,我却看出这个体制在实质上是像它起初所形成的那样地保存了下来。我的些许评论将着眼于它的精神、它的趋向以及它对建立一个人民共和国的适应性——他们声称他们的共和国是一个人民共和国——是否适合于任何共和国，尤其是这样一个共和国所建立的目的。同时，我要考虑它与它自身、与它自己的原则的一致性。

旧的机构是由它们的效果来检验的。倘若人民幸福、团结、富有而强大，我们就可以推想其余的一切了。好处来自哪里，我们就可以断定哪里会是好的。在旧的机构中，对于它们理论上的偏差已经找到了各种各样的修正办法。它们的确是各种各样的必要性和便利性的产物。它们通常并不是依据任何理论而建立的，毋宁说理论是从它们那里得来的。在它们里面，我们往往看到，在手段似乎并不完全协调于我们所能想象是原来的规划的地方，目的却得以最好地达成。由经验所教导的手段也许比起那些原来的计划中所设计的手段，能够更好地适合于政治目的。它们又反作用于原始的体制，并且有时还改进它们似乎已经偏离了的那种设计本身。我认为所有这些都可能很奇特地体现在不列颠的宪法之中。在最坏的情形下的每一种估计中的错误和偏差都被发现和估计到了，而航船却继续沿着她的航线前进。这就是老的机构的情况；但是在一个新的纯属理论性的体系中，每一种设计都被期待着在表面上看来能适应它的目的，尤其是在那些设计者们全然不必烦心去努力使新的建筑适应于旧的建筑物的地方——无论是在墙壁上还是在地基上。

法国的建设者们，把他们所发现的一切东西都当作是垃圾给清除掉了，并且像他们精于装饰的园丁一样地把一切事物都纳入一个精确的水平上。他们提出要把全部地方的和全国的立法机构建立在三个不同种类的三个基础之上：一个是几何学的，一个是算学的，第三个是财政的；其中的第一个他们称之为地域的基础；第二个为人口的基础；第三个为赋税的基础。为了实现这些目标中的第一个，他们就把他们国家的领土划分为 83 个规则的正方形，各为 18 里格（league）乘 18 里格。这些大的分区被称为省（Department），而这些他们又继续以正方形的量度分成为 1720 个地区，称之为公社（Commune）。他们又继续再往下划分，以正方形的计量方法来进行，分为更小的地区，称之为区（canton），总数为 6400 个。

乍看起来，他们的这种几何学基础并没有很多值得赞颂或责难之处。它并不需要有伟大的立法才能。对于这样的一个计划而言，除了有一个精细的土地勘测员和他的测链、瞄准器和经纬仪之外，就不再需要别的什么了。这个国家旧有的区划是由不同时期的不同偶然事件、各种财产权和司法权的起落浮沉确定了它们的疆界的。毫无疑问，这些疆界并不是根据任何一种固定的体系来规定的。它们要服从于某些不便利；但这些不便利已经在运用中找到了补救办法，并且习俗已经提供了适应性和耐性。在并不是根据任何的政治原则、而是根据恩培多克勒①和布丰②式体系的方

① 恩培多克勒（Empedocles，约公元前 490—前 430），古希腊哲学家，认为世界上一切事物都由四种最基本的元素（地、火、水、空气）以不同比例构成，受爱与恨两大动力的作用而轮流做主，循环不已。——译注

② 布丰（Buffon，1707—1788），法国博物学家，对动物界按种、属进行了归类。——译注

块套方块的这种新铺砌法以及这种组织和半组织之中，要使人们所不习惯的无数地方性的种种不便利必定不会出现，乃是不可能的事。但这些问题我将要跳过去，因为这需要对这个国家有确切的知识来说明它们，而这是我并不具备的。

当这些国家的总监们前来考察他们的测量工作时，他们很快就发现，在政治上的一切事物之中，最谬误的莫过于几何学的证明了。他们于是就求援于另外一种基础（或者毋宁说是一种支撑物）来支持起在那种谬误的地基之上摇摇欲坠的那座建筑物。显然，土壤的肥瘠、人民的数目、他们的财富以及他们缴纳税赋的多少，在方块与方块之间造成了如此无限的差异，以致使得测量法成为了衡量共同体中的力量的一种荒谬的标准，并且使得几何学上的平等成为了衡量人们分配的一切尺度之中最不平等的一个尺度。然而，他们又不能放弃它。但是由于把政治的与公民的代表制分为三个部分，他们就把这些部分中的一个部分归之于方形的度量，而并没有任何一件事实或一种计算能肯定这一地域性的比例代表制是分派得公正的，而且依据某一原则说应该是 1/3。可是我设想，既然从那门崇高的科学的赠礼中给予了几何学以这种比例（她的亡夫遗产的 1/3①），所以他们就留下了其余两份来让其他两部分（人口与赋税）混战一团。

但当他们要供养人口时，他们就不能像在他们几何学的领域里所做到的那样进展如此之顺利了。在这里他们的算学就背上了他们法学形而上学的负担。假如他们坚持他们的形而上学原则的

① 旧时，寡妇在法律上应得到其丈夫所遗地产的 1/3。——译注

话，这种算学的办法确实是很简单的。人们对于他们来说是严格平等的，并且在他们自己的政府中享有平等的权利。在这个体系中，每一个人头都会有其一票，而且每一个人都会直接投在立法机构中会代表他的那个人的票。“但只轻轻地——逐步地，却还不够。”[①]法律、风俗、习惯、政策、理性都要服从的这种形而上学的原则，却还得使自己服从于他们的意愿。代表要与他的选民能够发生接触之前，其间必定有许多的等级和若干阶段。事实上，正如我们马上将会看到的，这样的两个人互相之间是不会有任何形式的交流的。首先，对组成为他们所称的初级议会的区的投票人，有一种资格限制。说什么！对于不可剥夺的人权有资格限制？是的，但那是一种小小的资格限制。我们的不公正不会是有什么压迫性的；只不过是要交付给公众当地 3 天劳动的所值而已。无论怎么说，我都愿意承认，除却彻底推翻你们那使人平等的原则而外，这对于任何东西来说都不算多。作为一种资格限制，很可以不要去管它；因为它并不适应确立任何一种资格限制时的任何一种目的；并且，根据你们的意见，它从所有别人之中排除了那个人的投票权，而他的天然平等权却是最需要得到保护和防卫的——我指的是除了他的天然平等权而外别无其他可以保障自己的那个人。你们命令他去购买权利——而这是你们以前告诉他，在他一出生时大自然就无偿地给了他的，而且大地上没有任何权威可以合法地剥夺于他的。至于不能到你们市场来的人，则一种反对他的暴虐

① 语出蒲柏（Alexander Pope，1688—1744 年，英国诗人）《道德论》，IV. 129。——译注

的贵族制，就被你们这些假装是与它势不两立的敌人在刚入口的那个地方建立起来了。

这种分级制继续在进行着。这些区的初级议会选出代表到公社来；每200名有资格的居民选出一人。这是初级的选民与代表制立法者之间的第一道中介；而且这儿又设立了一道新的关卡以第二种资格限制来向人权征税：因为凡是不能缴纳10个劳动日的所值的人，就不能被选入公社。这并没有完，还有另外的一项分级。[①] 由区选到公社，再选到省，省的代表们又再选出他们的代表进入国民议会。这里是一种毫无意义的资格限制的第三个障碍。每一个进入国民议会的代表，必须交纳价值一马克[②]银币的直接税。对于所有这些资格限制的障碍，我们只能是同样地认为，它们是无力保障独立的，只对于摧残人权是有力的。

在全部这一过程中——那在它的基本成分上，倾向于基于自然权利的原则而只考虑人口——有着一种对于财产的明显关注；而这一点无论在其他规划中是如何之公正合理，在他们的规划中却是完全站不住脚的。

当他们来到他们的第三个基础，即赋税的基础时，我们就发现他们更加整个地忽视了他们的人权。这一最后的基础完全是基于财产的。这一原则完全不同于人类的平等并且是与之全然不可调

① 议会在执行他们委员会的计划时，作了某些改动。他们从这些分级之中剔除了一项，这就消除了一部分反对意见。但是主要的反对意见——即初级的选民投票者和代表制立法者之间并没有任何联系——仍然保持着其全部的力量。还有其他的变动，有些可能是更好，有些则肯定会更坏。但是对于作者来说，在规划本身根本就是邪恶荒诞的地方，这些微小变动的得失看来都是无足轻重的。——原注

② 马克（Mark），欧洲旧时称量金、银的重量单位，约合8盎司。——译注

和的，从而却得到了承认；但是这一原则刚一被承认，就（正如通常那样）被推翻了；而且它之被推翻（正如我们马上就要看到的）并不是要使财富的不平等趋近于自然的水平。在代表制的第三个部分（这部分专门保留给更高级的纳税）所增添的份额，仅仅是规定给区、而不是给其中纳税的个人的。不难看出，在他们的推理过程中，他们是怎样地被他们的人权与富人特权两者之间的矛盾观念所困扰。宪制委员会几乎要承认它们是完全不可调和的。“当问题在于个人与个人之间政治权利的平衡时——没有这一点，个人间的平等将被摧毁，而一种富人的贵族政体就会建立起来——这种有关纳税的关系，无疑地（他们说）是无价值的。但是当纳税的比例关系仅仅从大量的人群、并且单纯从省与省之间加以考虑时，这种不便就完全消失了；在那种情况下，它仅只是在城市之间形成一种公正的相互比例，而并不影响到公民的个人权利。”

在这里，纳税原则就人与人之间而言，被指责为无价值的，并且是破坏平等的；它还是有害的，因为它导致了一种富人的贵族政体[①]的建立。然而却又决不能抛弃它。摆脱困难的办法就是在省与省之间建立不平等，而使每个人在每个省中都处于确实的同等地位。请注意，这种个人之间的平等在以前各省内确定资格限制时就已经被破坏了；而人们的平等无论是集群地还是个别地受到损害，看来都无关重要。一个个人处于由少数人所代表 的人群中与处于由很多人来代表的人群中，并不具有同等的重要性。要告诉一个珍惜自己的平等地位的人说，有的选举人投票选出 3 个人

① 即古希腊政治学家所说的寡头制或富豪政体。——译注

和他投票选出10个人是有着同样的选举权的,那就太过分了。

现在,从另一种观点来看它,并且让我们假设他们按照纳税(也就是依据财富)的代表制原则设想得很好,而且对于他们的共和国是一种必要的基础。在他们的这一第三基础上,他们设想财富是应该受到尊重的,而且正义和政策都要求他们在公共事务的管理中以这样或那样的方式给予富人以更大的份额;现在就可以看到,议会是怎样通过赋予他们的地区——而不是赋予他们个人——凭借他们的财富而来的更大限度的权力,从而为富人们提供了优越性乃至安全感的。我很愿意承认(我的确把它奠定为一条根本的原则),在一个有着民主基础的共和制政府中,富人们的确需要有着比他们在君主制下所必需的额外的安全保障。他们遭到嫉妒,又由嫉妒而遭致压迫。在目前的规划中,没有可能推想他们会从贵族式的优先性中——群众的不平等的代表制就是以它为基础的——得到了什么好处。无论是作为对尊严的支持还是作为对财富的保障,富人们都感觉不到它,因为贵族式的群众是从纯粹民主制的原则产生的;而且普遍代表制所赋予它的那种普遍性,丝毫也没有照顾到或者联系到群体的这种优越性乃是建立在他们的财产之上的那些人们。如果这个规划的设计者们想要因为他们的纳税而对富人们有所加恩的话,他们就应该是或者把恩典赋予富人个人,或者是赋予由富人所组成的某种阶级(像是历史学家们所描述塞尔维乌斯·图利乌斯[①]在罗马早期体制中所做的那样);因为

① 塞尔维乌斯·图利乌斯(Servius Tullius,公元前578—前534)为古罗马的第6个王,他把罗马划为30个族,把人民由贫至富分为5个阶级;出身低贱者富有之后也可在国家中享有权力。——译注

富人与穷人之间的较量并不是群体与群体之间的斗争,而是人与人之间的一种较量;不是各个地区之间的,而是不同类别之间的竞争。如果这个规划被颠倒过来的话,会更好地适应于它的目标;亦即使得各群体之间的投票权都是平等的,每一群体之中的投票权还是与财产成比例。

让我们设想(这是个很容易的设想),在某一地区中,一个人的纳税和他的100个邻居是一样地多。而他只有1票反对这些人。如果在这个群体中只有一名代表的话,他那些贫穷的邻居们在选举那一名代表时,就会以100比1的票数胜过他。这实在太糟糕了。但是由于他而作了某些修改。怎么修改的呢?这个地区凭借他的财富选出(比如说)10名而不是1名代表:也就是说,由于交付了很大的一笔税,他就有幸要被穷人在选出10名代表时以100比1的票数胜过他,而不是被穷人在选出仅只1名代表时以恰好同样的比例胜过他。事实上,富人要遇到更多的困难,而并没有得益于这种代表制在数量上的优越性。在他的省份内代表的增长多达9人——以及民主制候选人可能会远远不止9人——是为了进行密谋策划,并且以牺牲他为代价而讨好人民并压制他。除了居住在巴黎的乐趣和参与了王国政府而外,下层的人民大众还由于这种办法而得到了另一种利益,即每天得到18个里弗的薪金(这对于他们是一个很大的目标了)。野心的目标增加得越多和变得越民主化,富人们也就随之以那种比例越受到威胁。

因此这必然是那个被认为是具有贵族性的省份里穷人和富人之间所发生的情形;但在其内部关系上则情形恰好与那种

特征[①]相反。在它的外部关系中,也就是在它与其他省份的关系中,我看不出那种按财富 而给予群体的不平等的代表制是怎样成为了保障共和国的均衡和安宁的手段的。因为如果它的目标之一是要保障弱者不受强者的欺压(像在所有社会都无疑会有的那样)的话,那么这些群体中更贫穷弱小的人又如何可以免于富有者的暴政呢?是靠给予富有者更进一步增加有系统的压迫手段吗?当我们涉及团体之间代表制的平衡时,它们之间就非常容易像是在个人之间一样地出现地方性的利益、争执和妒忌;而且它们的分歧就很容易产生一种更热烈的分裂精神,以及某种导致更近于一场战争的东西。

我知道,这些贵族性的群体是建立在所谓的直接纳税的原则之上的。没有什么会是比这更加是不平等的一种标准了。由消费税而产生的间接税,实际上是一种更好的标准,而且要比这种直接纳税更为自然地在追随着和发现着财富。要根据对这一种或另一种或这两种税赋来确定地方受重视程度的一个标准,的确是困难的;因为某些省份可能由于并非其内在(而是产生于它们有某些地区因其显著的税额而博得了偏爱)的原因,而在某一种或在两种税赋方面都交纳得更多。如果各种群体乃是独立的主权体,它们要以显著的份额供给联邦国库,而且税务局并没有(像它往常那样)对于全体课以很多的税;它们只是个别地而非集体地影响到人们,并且由于它们的性质而混淆了所有的地域界限,那么我们就可以谈谈基于群众的纳税基础了。但是在所有的事物之中,这一根据

① 指贵族性。——译注

纳税而确定的代表制是一个国家中最难于确定公平原则的事物了，因为一个国家要把它的各个地区都视为一个整体中的成员。因为一个大城市，例如布尔多或巴黎，看来似乎交纳了几乎与所有指派给其他地方的份额不成比例的一笔巨大的税额，并据此对它的群众加以考虑。但是这些城市是按照那种比例的真正纳税者吗？不是的。遍及全法国的商品消费者们都来到布尔多，支付了布尔多的进口税。吉耶讷(Guienne)和朗格多克(Languedoc)的葡萄酒生产，给这个城市提供了从出口贸易中所增长起来的税收的手段。把产业消耗在巴黎，因而就是巴黎这座城市的创造者的地产主们，是从他们的地租所由以产生的各省而为巴黎纳了税的。非常近似的同样论点，也可以用之于根据直接纳税而分配的代表份额，因为直接纳税必须根据实际的或认定的财富加以评定；而那种地方的财富其本身却并非出于本地的原因，而且因此就公平而言就不应该造成一种地方性的偏向。

非常令人瞩目的是，在这种确定依据直接纳税的群体代表制的根本规划之中，他们并没有确定直接纳税将要怎样规定以及如何分派。或许在这种奇怪的程序中有着某种潜在的政策趋向于延续当前的[国民]议会。无论如何，只有完成了这件事，他们才有可能有明确的宪法。它最终必然依赖于税收体制，并且必定随着该体制的每一变动而变动。当他们设计各种事物时，他们的税制之有赖于他们的宪法，远不如他们的宪法之有赖于他们的税制。这一定会在各群体之间引起巨大的混乱；正像地区对于投票的资格变化的限制必然会造成无穷无尽的内部纷争——只要是进行真正竞争的选举的话。

把这三个基础放在一起——不是就它们政治上的原因、而是就[国民]议会赖以工作的那些观念而言——进行比较，并且检验一下它与它自身的一致性，那么我们就不可避免地发觉，被委员会称之为人口基础的那项原则，并不是与其他两项具有贵族性质的所谓地域的和纳税的基础，都从同一个出发点开始运作的。结果便是，在所有三项原则都一起开始运作的地方，前一项原则就对后两项原则产生了最为荒谬的不平等。每个区有 4 平方里格，据估计平均有 4000 名居民，或者说在初级议会中有 680 名选民（这一数字要随着该区的人口而变化），而每 200 个选民要选出一名代表到公社。9 个区组成一个公社。

现在让我们来看一个区，包括有一个海港商业城或一个大制造业的城镇。我们假设这个区的人口是 12700 个居民，或 2193 个选民，构成 3 个初级议会，并向公社派出 10 名代表。

相对于这一个区的是同一个公社其余 8 个区中的其他 2 个。我们可以假设其中每一个的一般人口数为 4000 个居民和 680 名选民，或者说二者一共是 8000 个居民和 1360 名选民。这些将仅仅构成 2 个初级议会，并且仅仅派出 6 名代表到公社。

当公社的议会根据那个议会中被承认首先要起作用的原则，即地域的基础，而来进行选举时，那个只有其他 2 个区的地域之半的单一的区，将依据明确的区域代表制的理由在选出 3 名代表进入省议会的选举中，具有 10 比 6 的投票权。倘若我们正如我们很有理由地那样来设想，公社中的其他几个区在比例上少于平均人口（正像是主要的区超过了它那样），这种不平等尽管是惊人的，还会大大地加重。

现在，再看也被承认为在公社的议会中起首要作用的一项原则的纳税基础。让我们再来看看上面所说过的那样一个区。如果大商业或大制造业城镇所交纳的全部直接税平均分派给居民们，那么每个人都会发现所交纳的要远远多于一个农村居民依据同等平均数所交纳的。前者的居民所交纳的总额会比后者的居民所交纳的总额更多——我们可以公允地假定要多 1/3。那么这个区的 12700 个居民或 2193 个选民就要和其他区的19050个居民或 3289 个选民——这近于其他5个区的居民和选民的估计比例数——交纳得一样多。而这 2193 个选民，正如我前面说过的，只派出 10 名代表参加议会；那 3289 个选民则要派出 16 个。这样，就整个公社的纳税中的同等的份额而论，在依据代表整个公社的总税额的原则选举代表时，却会出现16票对10票的差异。

用同样的计算方式，我们会发现其他区的 15875 个居民或 2741 个选民只交纳不到整个公社纳税的 1/6，却比那一个区的 12700 个居民或 2193 个选民还要多3票。

在这一由地域和纳税而产生的代表制之奇特的权利再分配中，群体与群体之间的怪诞的和不公正的不平等便是如此。这一切所加的资格限制事实上都是消极的资格限制，它所赋予的权利与他们的财产成反比。

无论你愿意从什么角度来考虑，在整个这三种基础的设计中，我并没有看到把各种目标协调为一个一致的整体，而是有好几种互相矛盾的原则被你们的哲学家们勉强地而又无法调和地拼凑到一起，就像是被关在笼子里的那些野兽要互相撕咬直到它们互相毁灭为止。

我恐怕对他们考虑制订一部宪法的方式已经说得太多了。他们有着大量的但是很坏的形而上学;有着大量的但是很坏的几何学;有着大量的但是很坏的比例算学;然而假如它完全像形而上学、几何学和算学所应该的那样精确,而且假如他们的规划在它们的所有各部分都是完全一致的话,那么它也只不过是造成了一幅更美妙好看的幻景而已。值得注意的是,在一种对人类的伟大安排中,居然对任何道德事物或对任何政治事物找不到任何一种参照系,找不到有任何东西是关系到人们的关注、行动、情感和利益的。Hominem non sapiunt. [他们并不认识人。][1]

您看,我仅仅是从选举上考察这部宪法,一步一步地直到国民议会。我并没有深入研究各省内的政府,以及它们经历的公社和区的谱系学。在原来的计划中,这些地方政府是尽可能地要以选举议会的同样原则和同样方式来组成的。它们每一个的自身都是十分紧密而完整的。

您只能是看到在这一规划中,有一种直接而当下的趋势要把法国分解为一大堆共和国,并使得它们彼此之间全然独立,除了它们默认来自各个独立共和国的使节们的全体大会所决定的东西而外,就没有凝聚、结合或从属关系上的任何直接的宪法手段了。事实上,国民议会就是如此,而且这样的政府我承认在世界上确实是存在的,[2]尽管在形式上要无比地更加适合于它们人民的地域上和习惯上的境况。但是这种联合(而不是政治体)一般都是必然性

① 语出古罗马铭辞作家马提雅尔(Martial,约38/41—104)《格言集》。——译注

② 如当时的美国、瑞士和荷兰。但这几国的政府都是在反抗外来的专制暴政之中建立的。——译注

的而非选择的结果；并且我相信，当前法国的政权正是那第一个在获得了随意处置他们的国家的充分权威之后就已经选择了要以这种野蛮的方式来肢解它的公民体。

不可能看不到，这些号称的公民们就以这种几何学的分配和算学的安排的精神在对待法国，就像是对一个被征服的国家那样。他们像征服者一样地行动，他们模仿那种粗野种族的最为粗野的政策。这些蔑视被征服的民族并凌辱他们情感的野蛮胜利者的政策，永远是要尽其全力摧毁这个古老的国家在宗教上、在政体上、在法律上以及在风尚上的一切遗迹；混淆所有的地域界限；制造一场普遍的贫困；拍卖他们的财产；砸烂他们的君主、贵族和主教；贬低一切昂首于水平线之上或是可以用来在老见解的旗帜之下联合和团结在艰难困苦之中被瓦解了的人民的一切东西。他们这些人类权利的真挚朋友以罗马人解放希腊、马其顿和其他民族的那种方式[①]已经使得法国自由了。他们在向他们的每个城市都提供独立性的幌子之下摧毁了他们联合的纽带。

当组成为这些区、公社和省的新团体（这是用混乱的办法蓄意制造的安排）的成员们开始行动时，他们将发现他们自己在很大程度上彼此是陌生人。遍及各地而尤其是农村各区的选举人和被选举人，往往都没有任何公民的习惯或联系或任何成其为一个真正的共和国的灵魂的那种自然的行为准则。现在，地方长官和征税人与他们的辖区，主教们与他们的牧区，牧师们与他们的教区已不

① 公元前196年罗马征服希腊各邦后，宣布它们是自由的，后于公元前148年将它们并入罗马的马其顿省。——译注

再相识了。这些人权的新殖民地与塔西佗[①]所描述的罗马衰亡期的政策中那种军事殖民地有着强烈的相像之处。在更好和更明智的时期(无论他们对外族采取什么路线),他们都小心翼翼地把一种有条不紊的从属与殖民关系的各种成分放在同一个期间;而且甚至于把公民行为准则的基础奠定在军事的基础之上。[②] 但是,当所有这些美好的艺术品已经沦亡时,他们就正如你们的[国民]议会所做的那样,向着人类的平等继续前进,而且同样地几乎不去判断、不去顾及使得一个共和国成其为可以容忍和可以持久的那些东西。但是在这一点上,正如在几乎每个实例里一样,你们的新共和国是在那些标志着堕落与衰朽的共和国的种种腐化之中诞生的、繁殖的和养育的。你们的孩子是带着死亡的征兆来到世上的;facies Hippocratica [希波克拉底的面孔][③]成了他的容貌的特征和他的命运的预兆。

那些缔造古代共和国的立法者们懂得他们的事业是太艰辛

---

① 塔西佗(Tacitus,约 56—约 120),古罗马历史学家。——译注

② Non,ut olim,universæ legiones deducebantur cum tribunis, et centurionibus, et sui cujusque ordinis militibus, ut consensu et caritate rempublicam afficerent, sed ignoti inter se, diversis manipulis, sine rectore, sine affectibus mutuis, quasi ex alio genere mortalium, repente in unum collecti, numerus magis quam colonia. [整个军团——护民官、百夫长、士兵都在他们所属的百人队内——被移来以他们的一致同意和他们的同志关系创建一个小共同体的时期已经过去了。定居者们现在成了陌生人中的陌生人,成了来自不同步兵中队的人,群龙无首,互相淡漠;突然间,似乎他们在这个世界上除了成为群体地在一个地方组成一个聚合体而非殖民地的战士之外,便什么都不是。]塔西佗《编年史》,I,14,第 27。所有这些会更加适合于这一荒谬无稽的宪法中的毫无联系、循环更迭、两年一度的国民议会。——原注

③ 希波克拉底(Hippocrates),公元前 5 世纪时的希腊名医,他对濒死者的面容特征作过经典性的描述。——译注

了，以致不能靠并不比一个本科大学生的形而上学和一个税务官的数学和算学更好的工具来完成。他们必须与人打交道，他们就不得不去研究人性。他们必须和公民们打交道，他们就不得不研究那些与公民生活环境相联系的习惯的影响。他们深切地感到，这种第二天性对第一天性的作用产生了一种新的混合；并且因而在人们中间便出现了许多分歧，因他们的出身、他们的教育、他们的职业、他们生活的时期、他们居住在城镇还是乡村、他们取得和保有财产的各种方式以及因财产本身的性质而异，所有这些都使得他们有如不同的动物品种一样地繁多。因此他们认为他们自己不得不把他们的公民们安置到这样不同的阶级里去，放置到国家中这样不同的位置上去：那里是他们的特殊习惯使他们有资格去填充的；并且分派给他们这样不同的适当的特权：以此确保他们特殊的境况所需要的东西，并且对每一种人都可以提供这样的力量，从而能在由所有复杂的社会中所必定存在而且必定相互争斗的各种利益分歧所引起的冲突之中保护他们。因为那位立法者应该感到羞愧的是：连粗野的老农都应该很清楚如何分派和使用他的羊、马和牛，并应该有足够的常识不把它们抽象化，都等同于动物，而不给每一种动物以恰当的饲料、照顾和使用；而他，这位自己同类的管理者、安排者和保护者，却把自己高升为一种空洞的形而上学家，决意对自己所带领的那群人一无所知而只看成是普遍的人而已。正是由于这个原因，孟德斯鸠①就非常正当地指出了，古代伟大的立法者是在他们对公民的分类中最大限度地显示出他们的力

① 孟德斯鸠（Montesquieu，1689—1755年），法国启蒙思想家。——译注

量，并且甚至于超越了他们自己。正是在这里，你们现代的立法者却深深地陷入了反面的行列，并且甚而沉沦到他们自身的一文不值之下。前一种立法者们关注的是公民的不同种类，并把他们结合到一个共和国里去，而另外那些形而上学的和炼金术的立法者们却采取了截然相反的途径。他们企图尽力把所有各种公民都混为一个均一的群体，然后又把他们的这种混合物分成为许多不相连贯的共和国。他们把人们贬低为仅仅为单纯记数用的零散的筹码，而不是其力量产生于它们在那张表上的位置的数字。他们自己的形而上学的要素应该更好地教会了他们。他们的范畴表的口诀应该告诉过他们除了实体和数量之外在思想的世界里还有着一些别的东西。他们应该从形而上学的问答手册中学到，在每种复杂的思考中都还有八个要点[①]——这是他们所从未想过的，尽管在全部的 10 条之中，这 8 条是人类的技能到处都能加以运用的题材。

他们非但没有某些古代共和国的立法者们那么能干的心性——它以一种精心的准确性关注着人们的道德状况和倾向——反而夷平了并彻底砸烂了他们所发现的哪怕是君主制的粗糙的并非人为安排下的一切等级，而那种方式的政府对公民的区分并不具有在一个共和国中那么大的重要性。然而，这倒是真的，即每一种这样的分类如果恰当地加以排列的话，则在所有的政府形式中都会是美好的；并会构成反对专制主义暴行的强大阻力，同时又是使

① Qualitas［质量］、Relatio［关系］、Actio［主动］、Passio［被动］、Ubi［姿态］、Quando［时间］、Situs［地点］、Habitus［具有］。——原注（以上 8 个范畴 以及“实体”和“数量”两个范畴都是亚里士多德提出的。——译注）

一个共和国有效而持久的必要手段。缺少了这样的一些东西，如果目前对共和国的规划一旦失败，那么对一种有节制的自由的一切保障也就会随之而失败；所有能缓冲专制主义的间接限制也就都被排除了；就君主制如果在法国在这个或任何别的王朝之下重掌全部权势①而言，如果不是从一开始就由明智而有德的君主顾问们有意地加以抑制的话，那么它将很可能是大地之上所曾出现过的最为完整的专断权力。这将是上演一场最绝望的赌博。

他们甚至于宣称，伴随所有这些进程的一片混乱，就是他们的目标之一，并且他们希望以人们对伴随着他们制造出它的那些罪恶会卷土重来的恐惧而保障他们的宪法。他们说："由于这一点，对于不全盘使整个国家解体就不能将它打碎的权威而言，它的毁灭会变得困难了。"他们设想，如果这一权威居然达到了他们所已经获得的同等程度的权力，它就会更加节制和更加严厉地来运用它，而且会对他们肢解国家所使用的那种野蛮方式满怀虔诚地战栗不止。他们希望，由于恢复专制主义的德行，他们普遍邪恶的产物会享有安全。

阁下，我期望您和我的读者们能仔细地研究一下德·卡洛纳先生关于这一题目的著作。它确实不仅是一份雄辩的而且是一份有力的和有教益的杰作。我把自己只限于他谈到的与新国家宪法和国家岁入情况有关的部分。至于这位大臣和他的对手们的争论，我并不想对他们的事情发言。我也同样无意冒昧地对于他要把他的国家从它目前受奴役、混乱无序、破产和乞怜的可耻可悲的处境解

① 有人认为作者在这里预见了后来拿破仑的专制。——译注

救出来的那些财政的或政治的方式和方法发表任何意见。我也不能像他那样非常乐观地去推想:他是一个法国人,比我对那些目标有着更密切的责任,并对判断它们有着更好的方法。我希望他所提到的那份由[国民]议会的主要领导人之一所作的正式宣言——即关于他们规划把法国不仅是从君主制变为共和国,而且是从共和国变为一个单纯的邦联(confederacy)的倾向——会受到特别的注意。它给我的观察增添了新的力量,并且德·卡洛纳先生的著作确实在这封信的大部分主题上都以许多引人注目的新论据弥补了我的不足。①

正是这一要把他们的国家分裂成若干单独的共和国的决议,才把他们驱入了他们最大的困难和矛盾之中。如果不是由于这一点,那么所有从未能加以解决的个人权利、人口和纳税的精确平等和那些平衡的问题,就会全都毫无用处了。代表制虽然溯源于各个部分,却应该有责任同等地注视着全体。每一个进入[国民]议会的代表,都应该是法国的,而且是她各色人等的代表——是多数人的和少数人的,是富人的和穷人的,是大地区的和小地区的代表。所有这些地区本身都要服从于某个独立于它们而存在的永久权威——从这个权威产生了他们的代表制和一切从属于它的东西,并且代表制就是指向它的。这个永久的、不可变动的、基本的政府,就会使得——而且这也是它唯一能够做的事——那片领土成为一个真正的和严格的整体。在我们[英国]这里,当我们选举人民代表时,我们派他们到一个议会里去,在那里每一个人个别地

① 见《论法兰西国家》,第363页。——原注

都是一个臣民，并服从于一个政府全部完整的日常的职能。在你们，选举产生的[国民]议会就是主权者，而且是唯一的主权者，因而所有的成员就都是这个唯一主权者的构成部分。但是在我们这里，那就完全不同了。在我们这里，代表脱离了其他部分就不能有任何的行动和任何的存在。政府乃是我们的代表制的个别成员和地区进行咨议的所在。这就是我们团结的中心。这个咨议的政府乃是全体的而非各部分的托管者。我们公共议会的其他机构——我指的是上议院——也是如此。在我们这里，国王和贵族乃是对每一个地区、每一个郡、每一个城市之间的平等的、个别的和共同的保障。您什么时候听说过在大不列颠有的地方遭受过其代表制不平等之苦，有哪个地方根本就没有代表制？不仅是我们的君主制和我们的贵族制保障着为我们的团结所依赖的平等，而且它就是下议院本身的精神。这种受人如此之愚蠢地抱怨的代表制的不平等，也许就正是阻碍了我们像各地方的成员那样来思考和行事的那种东西。康沃尔(Cornwall)和整个苏格兰选举了同样之多的成员，但是康沃尔就比苏格兰得到更好的照顾吗？你们得自某些轻佻的俱乐部的任何根据，几乎没有促使他们动过脑筋。大多数那些根据任何动听的理由而希望做出任何改变的人，都是依据不同的想法在要求改变的。

你们的新宪法在其原则上与我们的正好相反；而且我很吃惊，有些人怎么会梦想把它里面所成就的任何东西拿出来作为大不列颠的样板。在你们那里，最后的代表与最初的选民之间并没有什么联系，或者不如说根本就没有联系。进入国民议会的成员并不是由人民选择的，也不对他们述职。在他当选之前，还有三次选举；介于他与初级议会之间的有两套行政机构，从而使得他（正如我所说过的）成为一个国家的大使而并非是一个国家内部人民的代表。由于这一点，整个选举的精神就改变了，而你们的宪法贩子们所设计的任何修正，都不可能使他成为别的除其现状以外的什么东西。这样做的企图正好会不可避免地引致混乱，如果可能的话，要比目前还更加可怕。除非是通过迂回的办法，使得候选人从一开始就求助于初级的选民们，以便这些初级选民可以通过他们权威性的指示（也许还有某些更多的东西）迫使随后的两个选民团体作出符合他们愿望的选择，舍此别无办法在最初的选民和代表之间产生一种联系。但是这显然会颠覆整个的规划。它又会把使他们陷入人民选举的那种嘈杂与混乱之中——而这正是他们想要用他们插进来的分级选举加以避免的——最终是冒险把整个国家的命运都交给了那些对它最没有知识又对它最没有兴趣的人。这是一种永恒的两难困境，他们被他们所选择的邪恶、软弱而又互相矛盾的原则抛入其中。除非人民打破并铲平这种分级，否则他们显然在实质上根本就没有对[国民]议会的选举权；事实上他们在外表上和在实际上一样几乎没有选举过。

在一场选举中，我们大家所寻求的是什么呢？要达到它的真正目的，你们首先必须具有了解你们的人适合与否的办法，而后你们就必须通过个人的义务或依附性而保持对他的某种控制。这些初级选民们在选择中是为了什么目的而受到恭维，或者不如说是受到嘲讽的？他们永远也不可能知道有关将要为他们服务的人们的品质的任何东西，而且这些人对他们也没有任何一种义务，不管是哪一种义务。在所有不适合由那些掌握着任何实际的判决权的人所委任的权力之中,最特别不适合的就是与一种个人的选择相关的东西了。在滥用权力的情形下,初级选民的团体永远也不能让代表来汇报自己的行为。在代表制的链条中,他和他们脱离得太远了。倘若他到了两年任期结束时行为不端,那也不会牵涉到他再连任两年。由于这部新的法国宪法,最优秀的和最明智的代表们就和最坏的代表们同样地进入了这座 Limbus Patrum [炼狱][①]。可以认为他们的根基是污秽的,必须驶进船坞去重新改装。每个在议会中服务过的人,都没有资格续任两年。这些长官们开始学习他们的行当时,也正像烟囱清洗工[②]一样,是没有资格来操作的。浮浅、新鲜、粗糙的学识,以及片断的、支离破碎的病态的记忆力,会是你们将来一切执政者注定了的特色。你们的宪法有着太多令人艳羡的东西了,以致在其中不会含有多少意义的。你们把代表会违背信赖的问题看得如此重要,以至于你们一点都不顾及他是否适合于执行它。

这个赎罪的间隔期,对于一个毫无信义的代表——他可能是一个好的拉票人,正如他是一个坏执政者一样——并非是不利的。这时他会策划使自己优居于最有智慧和最有德行的人之上。因为到最后这一选举宪制的所有成员也都同样地消散了,他们仅仅是为了选举才存在的,他们可能不再是同样的那些选举出他来的人们了——而当他要提出请求重新接受委托时,他是要对选举出他

① 炼狱,英语为 limbo,介于地狱与天堂之间,为未受洗而死亡的婴儿或耶稣降临以前的善良人们的栖身之处。——译注

② 此处系指那些还没有把长刷子伸进烟囱、自己就先爬进去清洗的孩子们。显然这样是无法进行清洗的。——译注

的人们负责的。要求公社的所有二级选民(对此)作出解释,那是荒唐可笑、行不通而又不公正的;他们本身在自己的选择中就可能已经受了蒙骗,就像第三级的选民即那些省的选民在他们的选择中所受到的那样。在你们的选举中,责任是不可能存在的。

我在法国的这几个新共和国的性质和宪法中,找不出有任何一种彼此一致的原则,于是我就思考那些立法者从任何的外来的材料中为它们提供了什么黏合剂。他们的联合、他们的场面,他们的公民宴会和他们的热情,我并不关心;它们都只不过是些花样而已;但是通过他们的行动而追踪他们的政策,我认为我能辨识出来他们准备把这些共和国联系在一起的种种安排。第一种就是没收,以及附着于它的强制性的纸币;第二种则是巴黎城至高无上的权力;第三种是国家的全部军队。对于这最后一种,我将保留我所要说的话,直到我要把军队本身作为单独一个题目来考虑的时候。

至于仅仅作为黏合剂的第一种(即没收与纸币)的作用,我不能否认这些相互依赖的东西会在某些时间构成某种黏合剂,如果他们的疯狂和愚蠢在管理中以及在把各个部分调剂到一起时从一开头并未引起抗拒的话。但是即便承认了这个规划有某种凝聚性和某种延续性,在我看来,如果不久之后,这种没收并未被发现足以支撑起纸币(正如我从道义上就肯定它是不会的那样),那么它就不是黏合,而是给这些邦联共和国(在它们彼此之间以及它们内部各个部分之间)都将无穷地增添分裂、颠倒和混乱。但是假如这种没收到目前为止还能成功地回笼纸币的话,这种黏合剂却要随着流通而消失了。同时它那约束力也会是很不确定的,而且它将随着纸币信用的每一次变化而或松或紧。

在这个规划中唯有一点是肯定的——它貌似一种间接的、但在那些指导这桩事务的人们的心中(我对此毫无疑问)却有一种直接的效应,那就是,它在每一个共和国中都造成一种寡头制的效应。一种并不是建立在任何实际的贮存或保证之上的纸币流通,数额已达到 4400 万的英国货币,而且这种通货强行取代了这个王国硬币的地位,因而成为了它的国库的实质,以及所有它那商业和民事的交易媒介;它必定要把所有的不管是什么权力、权威和影响——无论那可能采取什么形式——都交到这种流通的管理者和指导者的手中。

在英国,我们感受到了银行的影响,虽然它仅仅是一种自愿交易的中心。确实不懂得金钱对于人类的影响的人,看不到掌管金钱事务的力量——那取决于管理者的程度,要比我们的任何东西都更加广泛得多,而且在其性质上也更加深刻得多。但是这并不单单是一种金钱的事。在这个体系中还有另一个成员是不可分割地与这种金钱管理连结在一起的。它存在于随意抽取被没收土地的各个部分用于出售,以及进行一场把纸币变为土地、土地变为纸币的不断转换的过程。当我们跟随这一过程到达它的结果,我们就可以觉察到有关这一体系运作所必须运用的力量的强度的某种东西了。通过这种手段,金钱盈利和投机的精神就进入了大量的土地本身之中,并与之合为一体。由于这一运作,那种财产就(仿佛是)变得挥发了;它采取了一种不自然的而又古怪的活动,从而把所有的金钱的代替品以及或许全法国所有土地的足足 1/10 都投进了若干主要的和从属的、巴黎的和外省的管理者的手中;它现在已经得到了纸币流通的恶果中最糟糕而又最有害的部分，即它那价值的最大可能的不稳定性。他们把拉托娜对于德洛斯的地产的善意颠倒过来了。[①] 他们让他们的地产随风飘走，就像是破船中轻巧的碎片一样，oras et littora circum［绕着海岸和海滨］。[②]

这些新的交易者们都是些积习成性的冒险家，他们没有任何固定的习惯或地方的偏爱，一旦纸币的、金钱的或土地的市场显得有利可图，他们就会再去追逐盈利。虽然有一位神圣的主教[③]认为农业将从要购买教会被没收产业的那些“启蒙了的”高利贷者那里得到巨大的好处，但是我——不是个好农夫，却是个老农夫——要以极大的谦恭恳请让我去告诉他后来的主人，高利贷并不是农业的导师；而且如果“启蒙了的”这个词是按照新词典来理解的话——就像它一直在你们的新学派那里那样——我不能想象一个人之不信仰上帝怎么能教给他任何多一点点的耕种土地的技术或促进措施。“Diis immortalibus sero”［我为永恒的上帝而播种］，[④] 有一个罗马老人当他手执犁的一端而死神执着另一端时，曾这样说过。尽管你们要委派两个学院的所有领导人都参与 Caisse d'Escompte［贴现银行］的领导，但一个富有经验的老农就抵得上他们

① 按，德洛斯(Delos)为古希腊传说中一个漂浮的岛屿，宙斯将其固定下来以便拉托娜(Latona，即勒托 Leto)在此分娩她的两个子女(即阿波罗和阿耳忒弥斯)。——译注

② 语出维吉尔《埃涅伊特》，III，75。作者此处意谓法国国民议会不仅未使地产稳定下来，反而使它处于流转变动之中。——译注

③ 指塔列朗(Talleyrand，1754—1838)，当时法国欧坦(Autun)的地方主教，他拥护革命，被教皇革除教门，后成为法国著名的外交家。——译注

④ 语出西塞罗《论老年》，VII，25。——译注

的全体。在和一位卡尔都西派[①]修士的简短谈话中，我得到了比从我曾交谈过的所有的银行领导人那里得到的更多的有关耕作的奇异有趣的知识。然而，并没由理由要害怕金钱交易者们介入农村经济。这些先生们在金钱繁殖上是太精明了。起初，或许他们多愁善感的想象力会迷恋着纯朴的和无利可图的田园生活的乐趣；但是不久之后他们就发现农业是一桩更为艰辛的行业，而且比起他们所脱离的交易是获利太少了。在对它唱过了赞歌之后，他们就会像他们伟大的先驱者和典型人物一样背转过身去。——他们也会像他一样，开始时是唱着"Beatus ille"［幸福的人］[②]——但是结尾又是什么呢？

Hœc ubi locutus fœnerator Alphius,
Jam jam futurus rusticus
Omnem relegit idibus pecuniam,
Quœrit calendis ponere.

［高利贷者阿尔弗乌斯这样说，
他总是想成为一个农人，
这个月的中旬收回了所有的钱，
是为了下个月一开始再把它放出去。］[③]

在这位主教的神圣预告之下，他们就培养出了 Caisse d'Eglise［教

① 卡尔都西派(Carthusy)为圣布鲁诺(St. Bruno)于1084年在法国加尔都西山谷所创立的一个教派，故名。隶属于本笃会，以纪律严明、生活艰苦闻名。——译注

② 为古罗马诗人贺拉斯语，他写一个高利贷者称颂田园生活的美好，但不久就发现自己更爱钱而非爱田园生活。——译注

③ 语出贺拉斯《诗集》，II。——译注

会银行],那比它的葡萄园或它的谷地都获利更多。他们将会按他们的习惯和他们的利益来运用他们的才智的。当能够掌管财政和统治各地方时,他们是不会去扶犁的。

你们的立法家在一切事情上都是崭新的,他们是第一个把共和国建在赌博之上的,并把这种精神注入其中,如同它那性命攸关的呼吸一样。这些政治的宏伟目标就是要使法国变形,从一个伟大的王国变为一个大赌场;把它的居民变为一个赌徒的民族;使投机像生活一样地广泛;把它掺进它所关注的所有事务;并且把这个民族全部的希望和恐惧都从它们正常的渠道上转入那些靠投机为生者的种种冲动、激情和迷信之中。他们高声宣扬他们的见解:他们目前的这个共和国体系没有这种赌博基金就无法存在下去;而且它的一线生机就是从这些投机的纤维中抽取出来的。古老的基金赌博无疑地是够害人的,但它还仅仅是对个人如此。即使当它在密西西比和南海①有着最大的涉及面时,相比较而言也只是影响到少数人;在它扩展得更远时,如像在发行彩票时,这种精神也只有一个单一的目标。但是在法律——法律在大多数情形下禁止并且从不鼓励赌博——本身误入歧途,从而违反了它的本性和政策,并把赌博的精神和象征带入最细微的事情里去,使每个人在每件事情上都置身其中,公然强迫臣民们走向这种毁灭性的赌桌;这时候一种更为可怕的、还从未在世界上出现过的传染性的病症就蔓延开来。在你们那里,一个人不投机,就既不能挣得、也不能买到他的正餐。他早上所得到的,在晚上就不再有同样的价值了。

① 分别指法国和英国在18世纪早期发生的财政破产事件。——译注

他所被迫要偿还一笔旧债的那种东西，将不会被认为与他所要偿还他自己缔结一份债务时所要支付的是同样一笔钱而为人接受；当他要根本避免缔结债务而立即偿还时，那也不会是同样的一笔钱了。工业必定要凋萎，经济必定要从你们的国家被驱除出去。小心谨慎的深谋远虑将不再存在。不知道自己工资的数目，谁还会去劳动？谁还会去研究增进那些没有人能够预测的东西？在不知道自己储蓄的价值时，谁还会去积蓄？如果你把它从它在赌博的运用中抽出来，用于积累你们纸面的财富，那就不会是一个人的远见，而只是一只寒鸦的病态的本能。

这种系统地造就一个赌徒民族的政策中真正可悲的部分就在于，虽然所有人都被迫参与，却很少有人能懂得这场赌博；而有条件为他们自己利用这种知识的人就更少了。大多数人必定成为控制这类投机机器的少数人的蒙骗对象。它对农村必定会造成什么后果是显而易见的。城里人可以日复一日地算计着，农村居民却不能如此。当农民第一次将他的谷物带到市场，城里的官员就强迫他按票面价值接受指券；当他用他的这种钱去到商店时，他发现它贬值了7%。这个市场他是再也不愿去了。城里的人将会发火；他们要强制农村的人拿出他们的谷物。于是抵抗就会开始，巴黎和圣德尼的谋杀者们将会重新遍布法国。[1]

赋给农村的份额或许比在你们代表制的理论中的更多，但这

① 按，圣德尼(St. Denise)为巴黎的一区。正如柏克所预料的，1792年以后巴黎陷入了供应储备不足的危机。其征兆是他在此处指出的：1789年8月3日圣德尼区助理区长被暗杀，同年10月21日在巴黎对面包商的屠杀；这一切均与饥民不满有关。——译注

种空头馈赠又有什么意思呢？你们把金钱和土地的流通中的真正权力置于什么地位？你们把提升或贬低每个人的不动产的价值的手段放在哪里？其操纵可以使得法国每个人的财产减少或增加10%的那些人，必定成为每一个法国人的主宰者。由这场革命而来的全部权力都将落入城里的市民以及那些左右他们的金融领导人的手中。那些有地产的绅士、自耕农和农民中没有任何人有此习惯或倾向和经验，能使他们对法国现存的权力和影响的唯一来源有所分享。正是乡村生活的本性，正是地产的本性，在它们所提供的所有职业和所有乐趣中使得那种方式的联合和安排（那是唯一取得和发挥影响的方法）在乡村人民中间成为不可能的事。尽管用你们所能用的一切办法和全部的勤勉把他们联合起来，他们总是又分解为个体。任何团结性的东西在他们之间几乎总是行不通的。希望、恐惧、惊慌、艳羡，一天当中讲完就成过去的过眼烟云的故事，所有这些东西——它们是领导者用以控制和驱使随从者们的脑筋的缰绳和马刺——在分散开来的人民中是很不容易或者是几乎不可能加以运用的。他们集合，他们武装，他们行动，都是极其困难的，并要付出最大的代价。他的努力，如果居然能够开始的话，也不可能持久。他们不可能有系统地行事。倘若乡村的绅士们试图通过他们单纯的财产收入来施加影响，这对于那些有着10倍于他们的收入可以出售，而又可以把他们的赃物带到市场上较量而毁灭他们的财产的人又算得了什么呢？如果有地产的人想要抵押，他就贬低了他的土地的价值而抬高了指券的价值，他就以他必须要采用来与他的敌人进行斗争的那种手段本身而增加了他的敌人的力量。因此乡绅、海陆官员、有着自由的观点和习性而不附属于任何行业的人，就会完全被排除于自己国家的政府之外，就仿佛他是合法地被排斥在外似的。显然，在城镇中所有密谋来对付乡绅的东西都联合起来而有利于金融管理者和领导人了。在城镇中，联合是自然的。市民们的习惯、他们的职业、他们的消遣、他们的工作、他们的怠惰都不断地把他们引向相互接触。他们的德行和他们的邪恶都是交流着的；他们总是在戒备之中；所以他们已经组编并有所训练地被掌握在那些意图组织他们采取政治或军事行动的人们之手了。

所有这些考虑使我毫无疑问：倘若这一宪法的怪物能够延续下去的话，法国将完全被社团中的煽动家，被指券的管理人和出售教会土地的托管人、代理人、经纪人、金融骗子、投机家和冒险家——他们构成了一种建立在王权、教会、贵族和人民的废墟之上的卑劣的寡头制——所组成的各种城镇中的团体所统治。在这里，所有的平等和人权的骗人的梦想和憧憬都结束了。在这个卑鄙的寡头制的"塞波尼斯大沼泽"[①]中，它们全都被吞没了、沉沦了并永远消失了。

虽然人们的眼睛无法追踪它们，但人们禁不住要想，法国的某些重大过失一定会向上苍哭告的，上苍曾认为以屈服于邪恶卑劣的统治来惩罚它是适宜的；在这种统治中，找不到任何甚至在其他那些暴政下所显示的虚假荣光中的抚慰和补偿，使得人们即使终身受压迫，也并不感觉自己有失尊严。我必须承认，对于少数人的作为

① 塞波尼斯大沼泽(Serbonian bog)，位于古埃及北部，传说曾吞没过大军。见弥尔顿《失乐园》第2部，第592—594行。——译注

我深感忧伤并夹带着某种愤怒；他们一度身居高位，并且仍然有着伟大的品格，他们被华而不实的虚名所惑，他们在致力于一桩事业时走得太远而超出了自己的理解力所能测度的界限之外，他们把自己的美誉和他们声名赫赫的权威借给了那些他们不可能熟悉的人的诡计，并且从而就把他们的德行本身用之于毁灭他们的国家。

关于第一种黏合的原则，就谈到这里。

他们新共和国的第二种黏合物便是巴黎城的优越地位；[①]这一点我承认是与纸币流通和没收财产的那另一种黏合的原则有着牢固的联系的。正是在这个规划的这一部分里，我们必须寻找各省和各管辖区域(教会的和世俗的)一切古老的界限消灭的原因，以及事物之间一切古老的结合的瓦解和这样许多彼此并无联系的小共和国形成的原因。巴黎城的权力显然是他们所有政治的一个巨大的泉源。正是通过现已成为投机的中心和焦点的巴黎的权力，这个派系的领袖们就在指导着，或者不如说是在号令着整个立法和整个行政部门。因此凡是能够加强那个城市对其他共和国的权威的事情，都必须要做到。巴黎是坚实的；她有着与任何方块形的共和国的力量完全不成比例的巨大力量；而且这一力量是被汇集和凝聚到一个狭小的范围之内的。巴黎各个部分之间有着自然而轻易的联系，那不会受到任何几何式宪法图式的影响，它在代表制中的比例或多或少对它也无关紧要，因为在它的渔网里有着整

① 正如同时代的许多学者一样，柏克在这里将中央集权及巴黎在法国社会各方面的支配地位当成了大革命的产物。但事实上，这一进程在旧制度下已经基本完成。在大革命之前，巴黎已经是法国真正的“中心”了，大革命只是加剧了这一倾向而已。参见托克维尔(1805—1859 年)的《旧制度与大革命》。——译注

网的鱼。但这个王国的其他区划却被撕割成了碎片,并且脱离了它们全部的习惯办法,甚至于统一的原则,所以至少在相当时间内,无法联合起来对抗她。在所有从属于她的成员中,除了软弱、疏离和混乱而外,就没有被留下任何别的东西了。为了加强计划的这一部分,[国民]议会近来已经决定,他们的共和国不得有两个是有同一个主管长官的。

对于一个纵观全局的人来说,这样所形成的巴黎的强大,将会出现一种普遍衰弱的体制。他们夸耀说,采用了这种几何学的政策,所有的地方观念就会消失,于是人民就不再会是加斯科涅人(Gascons)、皮卡德人(Picards)、布列塔尼人(Bretons)、诺曼人(Normans),而是法国人;只有一个国家、一个中心和一个议会。但是,更大的可能倒是,那个地区的居民很快就会没有国家,而并不是都成了法国人。从来就没有人由于一种骄傲、偏爱和真正的亲切感而依附于一种方格形划分的归属的。他绝不会因为属于第71号方格或任何其他号码而感到光荣的。我们是在我们的家庭里开始我们的公共感情的。没有任何一种冷漠的关系意味着一个热诚的公民的。我们进而扩展到邻里情谊和我们惯常的地方性的种种联系。这些都是客栈和休息地。我们国家的这种区划乃是由习惯而不是由权威突如其来的举动所形成的,它们是这个伟大国家的许许多多的小化身,而心灵则在其中找到了某些自己可以去充实的东西。对于整体的热爱并不会由于这种低一级的偏爱而消失。或许,它是对那些更高级和更宏大的关怀的一种基本训练——正是由于这一点,人们才会像对他自己的事业一样地倾心于像法兰西那样一个如此广阔的王国的繁荣。公民们由于古老的偏见和非理性的习惯——而不是由于它那外形上的几何学的特性——才对它那全部领土的本身深感兴趣，就像是对各个地方的古老的名称一样。只要它能延续下去，巴黎的权力和显赫地位肯定会压服这些共和国并把它们拢在一起的。但是，由于我已经告诉了你们的那些理由，我认为它是不可能持续太久的。

从这个宪法的政治创造和政治结合的原则过渡到国民议会——它是作为主权者而出现和行动的——我们就看到有一个实体：在它的宪法中有着一切可能的权力而没有任何可能的外部控制。我们看到了一个实体：没有根本法、没有确定的准则、没有受人尊重的行事规则，没有任何东西能使它坚持任何一种体制。他们的权力观念总是从立法权限的最大程度的扩张中取得的，并且他们总是从最紧急的必要的种种例外情况取得他们通常的样板的。未来在大多数方面将会像是当前的[国民]议会一样；但是，由于新的选举方式和新的流通趋势，它将清除掉那少量存在于本来是从各种不同利益中选出来的少数人中的、并保存他们精神里某些东西的内部控制。如果可能的话，下一届[国民]议会必定会比目前的更糟糕。目前这个议会由于摧毁了和改变了一切事物，显然不会留给他们的后继者们有什么受人欢迎的事情可做。他们将被好胜心和先例所唤起而去做那些最鲁莽而又最荒谬的事情。要设想这样一个[国民]议会开会时能保持完全的安宁，那将是荒唐可笑的。

你们无所不备的立法者们在急于立即做出一切事情时，却忘记了看来是带根本性的一件事，而我相信那在理论上和实践上从来都不曾为任何共和国的规划者所忽略过。他们忘记了创立一个参议院，或者具有那种性质和特征的某种东西。在此之前，从未听说过由一个立法的和主动的议会所组成的政治体，而它的行政官却没有这样一个咨询会议；却没有某种外国可以使自己本身与之相联系的机构；却没有某种在政府的通常事务中人民可以指望着的机构；却没有某种在国家事务中带来倾向性和稳定性，并保持某种类似一致性的东西的机构。国王们一般总是有这样一种团体作为一个咨询会议的。一个君主制可以没有它而存在，但它看来却是一个共和制政府的实质所在。它占有一种介乎由人民所行使的或由他们所直接委派的最高权力与单纯的行政权二者之间的中间位置。这在你们的宪法中没有丝毫迹象；而由于没有提供任何这类的东西，你们的梭伦们和努玛们①就像是在别的任何事情上一样地发现了一种主权的无能。

现在让我们把目光转移到他们在构造一种行政权力上所做的事。为此他们选择了一位被贬黜了的国王。这位他们的首席行政官，将是一部机器，在他职能的任何一种活动中都没有任何一种深思熟虑的决定权。他最多也只是一个向国民议会传达可以让那个机构知道的那些事情的渠道而已。如果他是被当作独一无二的渠道的话，这种权力也并非没有其重要性；尽管对于那些选择了要运用它的人是无比危险的。可是公共消息和事实通报也可以由任何其他的传递方式以同样的精确性传到[国民]议会。因此，就通过

① 梭伦(Solon，约公元前 630—前 560)，古希腊时雅典著名的立法家。努玛(Numa，活动期约公元前 700)，古罗马的第二个王，被认为是古罗马国家的创制者。——译注

一个被授权的报道者的陈述而对措施给予指导的方法而言,这种信息机构就是形同虚设了。

现在就从民事的和政治的两个自然分支上来考察法国对一个行政官的规划——在前者中必须注意到,根据新宪法,司法权的最高部分无论在它的哪一条线上,都不属于国王。法国国王并不是司法的源泉。法官们——无论是初级法院的,还是高等法院的——都不是由他任命的。他既不能提出候选人,也对人选没有否决权。他甚至于连检查官都不是。他只是作为公证人来认证若干地区对于法官的选择。他得由他的官员们执行他们的判决。当我们深入考察他的权威的真实性质时,他看来只不过是个捕役、执杖警官、法警、狱吏和绞刑吏们的头领罢了。不可能把任何被称为王权的东西,置之于更有辱人格的观点之下了。像他那样被剥夺了一切可尊敬的东西和在那个职位上一切可慰藉的东西,没有发起任何审判的权力,没有悬置权、减刑权和赦免权,如果他和司法行政根本就毫无关系的话,对于这位不幸的君主的尊严来说,倒还要好上一千倍。司法中的一切卑鄙可憎的事体都丢给了他。当他们决心把那位最近还是他们的国王的人放到仅仅比刽子手高一级的地位上而且差不多是同样性质的一个职位上时,[国民]议会如此煞费苦心地要抹掉某些职务的污点,并非是一无所图。像法国国王被安放在现在的位置上,使他无法尊重自己,也无法得到别人的尊重,这并不是自然的事。

再从他的政治能力这方面来观察这位新的行政官,因为他是依国民议会的指令在行事的。执行法律乃是一个君主的职责;而执行命令就不是一个国王了。然而一项政治上的行政职能,尽管不过如此，也还是一项重大的托付。它确实是一项托付，它非常之有赖于主持它的人和所有他的下属们双方的忠诚而勤勉的表现。履行这一职责的手段应该由法令赋予；并且对它的意向应该由伴随这一托付的环境所鼓舞。它应该与尊严、权威和深思熟虑相伴随，并且它应该导向光荣。行政的职务是一种费力的职务。并不是由于无能为力，我们才期待着由权力来工作。一个国王要指挥行政机构而又没有任何办法来酬报它，那算是一种什么样的人呢？没有一份长久的职务，没有一笔土地的赏赐，不，没有一笔 50 镑的年俸，没有一个最空洞和最卑微的头衔。在法国，国王不再是荣誉的源泉，正如他不再是司法的源泉一样。所有的报偿、所有的奖赏都在别人的手里。那些对国王效劳的人们不是被天然的动力而是被恐惧所驱使的；是被一种对于除了他们的主人而外的一切事物的恐惧所驱使的。他那对内的强制职能和他在司法部门所行使的职能是同样地可憎。如果要给予任何自治市以救济，那要由［国民］议会来给予。如果要派部队来，使之服从［国民］议会，那要由国王来执行这一命令；而且他在每种场合都溅上了他的人民的血渍。他没有否决权，然而他的名义和权威却被用来增强每一项粗暴的法令。不仅如此，他还必须赞同屠杀那些要试图把他从监禁中解救出来，或者是对他个人或他那古老的权威表示最轻微依恋的人。

行政官职应该以这样一种方式来组成，使得那些组成它的人应该倾心爱戴和尊重那些他们必须要服从的人。一种蓄意的忽视，或者更坏的是，一种字面上的但却是颠倒而恶意的服从，必定只能是毁灭最有智慧的建议。法律企图预见和追踪这种精心的忽视和狡猾的用心都会是枉然。要使人们热情地行动起来，并不是法律所能胜任的。国王们，即使是那些真正的国王们，可以而且也应该容忍臣民们的那些对于国王们来说是令人讨厌的自由。他们也可以在不贬损自己的情况下甚至容忍这样一些人的权威，只要它能促进他们的服务。路易十二对黎塞留主教恨得要命，但他对于那位大臣反对其敌手的支持，却是他的统治的全部光荣的来源和他王位本身的坚实基础。路易十四登基时并不喜欢马萨林主教[①]，但为了他本人的利益却保持住马萨林当权。老年时他厌恶卢伏瓦[②]，但在许多年内当他忠实地效劳于他的伟业时，他容忍了这个人。当乔治二世让肯定并不讨他喜欢的皮特先生[③]进入他的御前会议时，他并没有做玷污了一个明智君主的任何事情。但这些是因事务而不是因亲倖而选出的大臣们，是以国王的名义并受了国王的托付而行事的；而不是作为他们所公开承认的、宪法上的和表面上的主人。我想，任何国王，当他从他最初的恐怖之中恢复过来时，都不可能热诚地把生机和活力注入到他知道是由他一定会信服地认为是对他本人最不怀好意的那些人们所制定的措施的。又有哪一个仅仅是以得体的貌似尊重而效劳于这样一个国王（或者，不管他是叫什么）的大臣会热诚地服从那些在另一天就会以自己的名义把他们投入巴士底狱里去的人的命令呢？他们会服从那些人的命令吗？那些人在行使专制的裁判时还自以为是在以

① 马萨林（Mazarin，1602—1661），路易十四时期的权臣。——译注

② 卢伏瓦（Louvois，1641—1691），路易十四的陆军大臣。——译注

③ 皮特（William Pitt，1708—1778），英国政治家，演说家，为柏克写作此书时任英国首相的小皮特之父。——译注

宽恕待人,还自以为是给进了监牢的人提供了一个庇护所呢。如果你们期望在你们其他的创新和改造中有这种顺从的话,你们就应该在自然界制造一场革命,并为人心提供一种新的组成。否则,你们的至高无上的政府就不会和它的执行体系相和谐。在有些情况下,我们是不能采用名称和抽象化的。你们可以把我们有理由恐惧和憎恨的半打领袖人物称为民族。这无非是使我们更加恐惧和憎恨他们而已。倘若由这些人以这些手段来制造这样一场革命——就像你们制造了你们的革命那样——被认为是有理由且有利的,那么完成10月5日和6日的任务[①]就会是更明智的了。这位新的行政官就会把他的处境归功于那些既是他的主人又是他的创造者的人们;而且他不得不在利益上、在犯罪社团上并且在感激之情上(如果在罪行中也可能有德行的话)服务于那些把他提升到一个有着大笔的钱财和大量的感官享受的地位的人们;还有更多的东西:因为他必定从那些人那里收到了更多的东西——那些人在造就了一个屈服的对手之后,当然不会去限制这个被夸大了的人的。

一个国王处在目前的这种境遇,如果不是完全被他的不幸击晕了头脑,以至于认为吃和睡并不是生活的必需,而是生活的奖赏和特权,并且还毫不顾及光荣的话,是绝不可能适合于这一职位的。如果他的感受也像人们通常感受的一样,他一定会感觉到一种处于这种境况之下的职位并不是一种他能从中得到声名和荣誉的职位。他没有浓厚的兴趣可以激励他去行动。他的行事最多

① 1789年10月5日和6日,巴黎妇女进军凡尔赛宫,强迫王室迁至巴黎。——译注

也只是消极的和防卫性的。对于下层人民，这样一种职位也许是一件荣耀的事。但是被提升到这种职位和被降低到这种职位，却是完全不同的两回事，并且会引起不同的感情。他是*真正*在任命大臣吗？那么他们将会对他怀有同情。他们是被强加于他的吗？那么他们和这个名义上的国王之间的全部事情，就将只有相互的抵触。在所有别的国家中，国务大臣的职位都享有最高的尊严。在法国那却是充满了险恶而不可能有任何光荣。尽管他们微不足道，但只要是世界上还存在有浅薄的野心，或者对一点可怜的薪金的向往就成为对目光短浅的贪婪者的一种刺激时，他们就会有对手的。这些大臣的竞争者们有能力依据你们的宪法而在他们的最致命的方面攻击他们，而他们除却犯罪者的落魄特征而外并没有任何驳斥别人对他们的指控的办法。法国的国务大臣们是那个国家里仅有的不能够参与国家会议的人。什么大臣！什么会议！什么样的一个民族啊！——但是他们是负有责任的。那是一种由责任而来的可怜的服务。由于恐惧而得到的心灵的提高，是绝不会使一个民族光荣的。责任防止了罪行。它使得所有反对法律的企图都有危险。但是就一种积极而热诚的服务原则而言，除非白痴而外是没有人会想到它的。难道指挥一场战争要托付给一个憎恨战争原则的人吗？他在采取可能使战争成功的每一个步骤时，都在加强着那些压迫他的人的权力。外国会认真地对待他这个并没有掌握战争或和平的大权的人吗？没有，无论是他或他的大臣们，或者他可能影响的任何人，连一票的权利都没有。一个可鄙的国家是一个配不上有一位君主的国家，最好是干脆不要君主。

我知道有人会说，宫廷和执政的政府中的这些滑稽事只会在这一代人之中继续；而且国王已经被引导宣布了王太子将会受到与他的地位相符合的教育。如果他真要被塑造得符合他的地位的话，那他根本就不会有任何教育了。他那训练甚至于要比对一个专横的君主的训练更坏。如果他读书的话——不管他读不读书，总会有好的或坏的才子们会告诉他，他的祖先是国王。自此而后，他的目标便是肯定他自己并为他的父母报仇雪耻。你们会说这不是他的义务。也许是这样，但这就是本性；而且如果你们挑起本性来和你们作对，你们就是很不明智地在信赖义务了。在这个徒劳的政体规划中，国家就在自己的胸膛里给目前培育了软弱、混乱、逆反、无效和衰败的根源；而且还为它最终的毁灭准备了手段。总之，在这一行政力量（我不能称之为权威）中，我看不到任何东西有着即使是外表上的生机，或者有着在最小程度上与它目前所有的，或者是为将来的政府所规划的最高权力的对应或相称，或者是友好的关系。

由于经济和政治一样地误入了歧途，你们已经建立了两套[①]政府建制；一套是真实的，一套是虚拟的。二者都以巨大的费用来维持；但是我以为虚拟的那套花费最大。像后者这样一种机器根本不值得它那轮子上的润滑油。费用过大，而它的外表和用处却都抵不上花销的1/10。啊！但我并没有对这些立法者的才能有所不公。正如我所应该做的那样，我并不承认有其必要性。他们对于行政力量的规划并非出于他们的选择。这种装饰是必须保

① 把地方的共和建制计算在内，事实上是3套。——原注

持的。人民不会同意和它分手的。对，我懂得你们。你们知道——尽管你们有着可以使天地为之低首的煌煌理论——你们确实知道怎样使你们自己与事物的本性和环境相适应。但是当你们不得不走得这么远来适应环境时，你们应该是使你们的顺从走得更远，并把你们所不得不采取的东西做成有利于它的目的的合适的工具。那是在你们权能之内的。例如，在许多别的权能之中，给你们的国王保留战争与和平之权，就是在你们权能之内的。什么！把所有特权中最危险的那种保留给行政官？我不知道还有什么更危险的事，也不知道有任何比它更有必要如此加以托付的事了。我并不是说这一特权就应该托付给你们的国王，除非是他享有他现在并不掌握的与之相伴的其他从属性的托付。但是，如果他的确拥有它们，它们固然无疑是冒险的，但从这样一种宪法中却会带来足以补偿这一风险的更大的好处。没有别的办法可以防止一些欧洲列强公然地和私下地与你们［国民］议会的成员相勾结，干预你们所有的事务和在你们国家的心脏中煽动最有危害的派系——那些为了外国的利益并受外国指挥的派系。感谢上帝，我们还没有这种最坏的罪过。你们的技术——如果你们有的话——应该是用来找出对这种危险的托付的各种间接的修正和控制。如果你们不喜欢在英国我们所选择的那些办法，那么你们的领袖们就应该竭尽全力去设计出更好的来。如果有必要对你们那样的行政机构在管理重大的事务上的后果举出例证的话，我应该向你们指出德·蒙莫兰[①]先生近日向国民议会所作的报告，以及

① 德·蒙莫兰（de Montmorin，1745—1792 年），曾任法国外交大臣。——译注

所有其他有关大不列颠和西班牙之间的分歧的讨论。但要向你们指出这些，未免对你们的理解力是太不尊重了。

我听说那些被称为大臣的人们，表示了要辞去他们职位的意图。使我吃惊的倒是，他们并没有早就辞职。无论怎样，我都不会容忍他们在这最近的 12 个月里所处的境况的。我以为理所当然的是，他们对革命有着良好的愿望。无论这一事实是怎样的，既然他们置身于显要地位（尽管是一种充满了屈辱的显要地位），他们就只能是第一批集体地看到了并且每个人都在自己的部门里感受到了那场革命所制造的种种罪恶。在他们所采取或所避免采取的每一步骤中，他们都必定感受到了他们的国家的那种堕落局势，以及他们全然无能为力为它服务。他们处于一种附庸的奴役状态，这在他们以前还没有人见过。从他们的君主（他们是被强加给他的）那里，或者是从把他们强加于他的那个[国民]议会那里他们都得不到信任，他们的官职的全部崇高的职能都被[国民]议会的各个委员会在行使着，丝毫也不顾及他们个人的或他们官方的权威。他们没有权力，却还要执行；没有自由决定权，却还要负责任；没有选择，却还要深思熟虑。处于他们这种为难的局面——在两个统治者之下，对哪一个他们都毫无影响力——他们就必须以这样的方式来行事了（事实上不管他们可能意图着什么），即有时出卖一个，有时出卖另一个，而且总是要出卖他们自己。这就是他们的处境；这也必定是他们的后继者们的处境。我对内克先生十分尊敬并抱有良好意愿。我感激他的关照。我以为当他的敌人们把他从凡尔赛驱逐出去时，他的被逐乃是最值得郑重庆贺的一件事——Sed multœ urbes et publica vota vicerunt.［但是一大批城市和它们的公共祈祷者占了上风。][①]他现在正坐在国家财源和法国君主制的废墟之上。

对于这个新政府的执行部分的怪异组织还有很多可以考察的，但是疲倦却一定要限制我们对于那些其本身几乎是没有界限的主题的讨论的。

在国民议会所形成的司法规划中，我没能看出有什么显露聪明才智的地方。根据他们不可变易的程序，你们宪法的缔造者们是从彻底废除最高法院[②]而开始的。这些可敬的机构和旧政府的其余部分一样，需要改革，尽管在君主制中不应做任何改变。它们需要几种更多的变动以使它们能适应于一部自由宪法的体制。但是它们在它们的宪法中有其特点，其中不少是值得明智之士嘉许的。它们有一个根本的优点：它们是独立的。伴随着它们的职位的最可疑的情况——亦即它是可买卖的——却是有助于这种性格上的独立。他们终身任职。实际上他们可以说是由继承而任职的。他们是由君主任命的，所以他们被认为几乎是从君主的权力而产生的。反对他们的那种权威之最坚定的努力，恰好表明了他们具有极端的独立性。他们组成了若干永久的政治体，组成得足以抵制任意妄为的创新；而且从那种团体的构造以及它们大多数的形式而论，它们是被计算好了足以向法律提供确定性和稳定性的。它们在一切情绪和见解的革命中，都曾成为保障这些法律的

① 语出朱文纳尔《讽刺诗》，X，284。此处意味内克正因其受到普遍拥戴而遭难。——译注

② 此处“最高法院”原文为 parliament，法文为 parlement，系指法国大革命前兼具行政与管理职能的司法机构。——译注

一个安全的避难所。它们在专制妄为的君主的统治和专制妄为的派系斗争期间，曾经为这个国家挽救了她那神圣的储存。它们活生生地保持着对宪法的记忆和记录。它们是私有财产的巨大保障——可以说，（当个人自由已经荡然无存时）私有财产事实上在法国和在任何其他国家一样是得到了很好的保护的。在一个国家中无论至高无上者是什么，都应该尽可能地使其司法权威要这样来构成，从而使之不仅是不依赖于它，而且在某些方面还可以平衡它。它应该赋予它的司法权以一种可靠性来反对它自己的权力。它应该使得它的司法机构就仿佛是某种外在于国家的东西那样。

这些最高法院提供了(肯定不是最好的,却是某些颇为可观的)对于君主制的放纵和恶行的矫正。当一种民主制成为了国家的绝对权力时,这样一种独立的司法机构就更是10倍地必要。在那种宪法中,像你们所设计的那种由选举产生的、短期的地方法官,在一个狭小的社会中行使他们依赖性的职能,这肯定是所有法庭中最坏的一种。在他们那里,要寻找对于异乡人,对于易受打击的富人,对于失败了的少数党派的人,对于所有那些在选举中支持了未成功的候选者的人们的任何公正的表现,将是徒劳的。要使新的法庭清除最坏的派系精神也是不可能的。我们根据经验知道,所有用投票的办法来防止出现某些倾向,都是徒劳的而且是幼稚的。在它们可以最好地适宜于掩盖某些目的的地方,它们也适宜于制造猜疑;而这是造成偏颇性的一个更有害的原因。

如果最高法院得以保留,而不是在这样一场对国家是如此具有毁灭性的变动中被解散的话,它们在这个新的共和国中就可以服务于也许并不是确切(我不是指精确的平行),但却近似于阿雷奥帕古斯[①]的法庭和元老院的在雅典所致力的同样的目的,亦即作为对于一个轻浮而不公正的民主制的罪恶的一种平衡和矫正。人人都知道,这种法庭曾是那个国家的伟大支柱;人人都知道它曾是怎样被精心地加以维护的,又被奉献了何等之宗教性的敬畏。我承认,最高法院不可能完全免除派系;但是这种罪恶是外在的和偶然的,而不是在它们的构成本身中就有那么多的邪恶,像是你们6年一次选举产生的司法机构的那种新发明中必定会有的那样。有些英国人对取消旧法庭的行动表示赞许,认为它们是由贿赂和腐败来决定一切事情的。但是它们却经受住了君主制的和共和制的审查的考验。当它们在1771年被解散[②]时,审判庭很想要证明那些机构的腐化。那些再次解散它们的人,如果能够的话,会做出同样的事情的;但是两次审讯都已失败了,所以我得出结论:在它们中间,重大的金钱上的腐化是颇为罕见的。

和这些最高法院一起保留下它们对国民议会所有法令进行登记和至少是抗辩的古老权力的做法会是审慎的,正如它们在君主制时代对所通过的那些法令所做过的那样。它将是使一种民主制的偶然的法令符合于某些普遍的法理原则的一种手段。古代民主制的弊病和它们崩溃的一个原因就是,它们像你们的做法一样,是以偶然的法令,即 psephismata [决议],来进行统治的。这种做法

① 阿雷奥帕古斯(Areopagus),古希腊雅典城边的一座山,为元老院的聚会地。——译注。

② 路易十四的大法官莫普(Maupéou,1714—1792)于1771年解散了最高法院。——译注

很快就打断了法律的进程和一致性,减少了人民对它们的尊重,而且最终是整个地摧毁了它们。

你们把在君主制时代存在于巴黎最高法院的抗辩权委之于你们主要的行政官(尽管在通常意义上,你们仍然称他为国王),这是极端荒谬的。你们绝不应该使抗辩权在要去执行它的那个人的手里遭殃。这就是既不理解会议也不理解执行,既不理解权威也不理解服从了。你们所称为国王的那个人,应该是没有这种权力,否则就应该有更多的权力。

你们目前的安排是严格的司法性的。你们的目标不是要模仿你们的君主制并把你们的法官置于独立的位置上,而是要把他们降低到最盲目的服从。既然你们已经改变了所有的事物,你们就已经发明了新的秩序原则。你们起初指派了法官——我设想他们是要依据法律作出决定的——而后你们就让他们懂得,在这样或那样的时候,你们有意要给他们某些他们所要据以作出决断的法律。他们所做的任何研究(如果他们曾做过任何研究的话),对于他们都毫无用处。但是为了提供这些研究,他们就要发誓服从他们不时从国民议会所接受的一切规则、命令和训令。这些如果他们屈从了的话,他们对问题就没有留有任何法律的根据了。他们就变成了统治权——它在诉讼中或在其前景上,是可以完全改变决定的权威——手中完全的和最危险的工具。如果国民议会的这些命令违反了在地方上选出他们的法官的那些人民的意愿,就一定会发生令人一想就会感到恐惧的混乱。因为法官们的地位得之于地方的权威;而他们所发誓要服从的各种命令又来自于与他们的任命完全无关的那些人。与此同时,他们在行使他们的职能时又有着沙特莱法庭[1]的先例在鼓励着和指引着他们。那个法庭审讯由国民议会送来的或由别的指控途径带到它前面来的罪犯们。他们坐在一个卫士的身下以保护自己的性命。他们不知道依据什么法律进行审判,也不知道他们在什么权威之下行动,还不知道他们有什么样的任期。人们认为,他们有时不得不冒着危险埋怨自己的生活。这一点或许并不确实,也无法可以肯定;但是当他们离去时,我们知道他们已经看到了,他们完全免于处罚而加以释放的人们,却被吊死在他们法庭的大门前。

这个[国民]议会的确允诺他们将制定一套法律,那将是简短的、简单的、明白的,等等。那也就是依照他们简短的法律,他们将留给法官许多自主权;而他们却已经破坏了可以使司法的自主权(在最好的情况下这也是件危险的事情)配得上一种健全的自主权的称号的所有学术权威。

如果观察一下行政机构小心翼翼地回避这些新法庭的裁决,那会是非常奇怪的。那就是,那些应该最完全地服从法律的人们却不受法律权力的约束。那些执掌公共金融信托的人们是所有的人中最应该严格地坚守他们的职责的。人们会认为,如果你们不是意图使那些行政机构成为真正的、主权的、独立国家的话,那么在你们最初的考虑中,就必定是要组成一个类似于你们以前的最高法院,或者类似于我们的王家法院的那种令人生畏的法庭;在那里,所有公共官员在合法行使他们的职能时都得到保护,而逾越了

① 沙特莱(Châtelet)法庭:攻占巴士底狱后,国民议会决定将某些王权主义者由巴黎的沙特莱法庭以叛国罪进行审判。——译注

他们的法定职责时就会遭到强制。但是这种豁免的理由很简单。这些行政机构乃是目前的领袖们在他们从民主制到寡头制的进程中的重大工具。因此它们必定要被置之于法律之上。有人要说，你们所创立的法庭并不适宜于强制他们。它们无疑是如此。它们不适宜于任何合理的目的。也有人要说，这些行政机构要对那个立法机构负责。我猜想这是未曾很好地思考一下那个议会或那些机构的性质的一种说法。无论如何，服从那个议会的意思，并不就是服从法律，不管为的是保护还是约束。

这种法官的建制，还需要某些东西来完成。它要由一个新的法庭来加冕。这是一个宏伟的国家司法机构；而且它是要审判犯下了反对国家的、也就是说反对国民议会的权力的罪行的。看来就仿佛是在他们的观点之中，他们有着属于英国在大篡位时期[①]建立的高等法院的性质的某种东西。既然他们尚未完成这部分规划，所以还无法对它做出一种正确的判断。无论如何，如果不是极端谨慎地以一种与指导他们进行对国事犯的诉讼截然不同的精神来构成它的话，这个屈服于他们的审讯的法庭，即调查委员会[②]，就会扑灭法国最后一点自由的火花，并建立起在任何国家闻所未闻的最恐怖和专断的暴政。如果他们希望给予这个法庭以任何一种自由和公正的外表，他们就一定不可随意从它那里调来或转给它与他们自己成员有关的案件。他们还必须把那个法庭的位置移

① 大篡位(the Great Usurpation)时期，指17世纪英国革命后克伦威尔统治的共和国时期。——译注

② 调查委员会(the Committee of Research)，法国国民议会中专司调查叛国阴谋的委员会。——译注

出巴黎的共和国。[①]

在你们军队的构成中是不是表现了比在你们对司法机构的规划中所能发现的更多的智慧呢？对于这一部分加以能干的安排就更困难了，而且需要有更大的技巧和关注。不仅由于它本身事关重大，而且由于它是你们所称之为法国民族的那个新共和体的第三项黏合的原则。那支军队最终会成为什么样子，的确不易猜测。你们已经投票赞成有一支很大的军队，而且待遇优厚，至少是完全等于你们公开的支付方式的。但是什么是它那纪律的原则呢？或者说，它要服从谁呢？你们已经抓住了狼的耳朵，而我希望你们为你们已经选择了安顿你们自己的幸运的位置而高兴，在那个位置上你们可以很好地有条件自由地思考有关那支军队的或者是有关别的什么事情。

军事部门的国务大臣和秘书，是德·拉·杜尔·杜班先生。[②]这位先生和他在政府中的同僚们一样，是革命的最热诚的维护者和在那场事件中所产生的新宪法的诚挚崇拜者。他对于有关法国军事的事实的陈述是重要的，不仅由于他的官方的和个人的权威，而且还在于它非常清晰地展现了法国军队的实际情况，以及它表明了[国民]议会在管理这一关键机构时所依循的原则。它可以使

① 对于所有这些司法机构和调查委员会的论题的进一步说明，请参看德·卡洛纳先生的著作。——原注

② 杜班(M. de la Tour du Pin，1727—1794)，当时主管国民议会的军事委员会。1794年被送上断头台。——译注

我们对于在这个国家(英国)中仿效法国的军事政策会在多大程度上是有利的,形成某些判断。

德·拉·杜尔·杜班先生在最近的6月4日,就国民议会主持下的他那个部门的状况作了一个报告。没有人能了解得如此之充分,没有人能表达得更好了。在向国民议会讲演时,他说道:“陛下**今天**派我来向你们报告那种复杂的混乱状况,他**每天**都得到有关它的极其令人不安的消息。军队(le corps militaire)有陷入最狂乱的无政府状态的危险。整团整团都敢于当即冒犯对于法律、对于国王、对于由你们的法令所建立的秩序以及对于他们以最令人敬畏的庄严态度而作出的誓言所应有的尊重。我的责任迫使我通报你们这些过度的行为,当我考虑到那些干下这些事的人都是什么人的时候,我的心在流血。那些人——制止对他们的最令人忧伤的控告并不在我的权能之内——正是直至今天还是充满着荣誉和忠诚、而且是五十年来我作为同志和朋友一样与他们生活在一起的那些军人中的一部分。

“是什么不可思议的狂幻和迷乱的精神把他们突然之间就引入了歧途?当你们不知疲倦地要使帝国达成一律,并把全体铸成一个一贯而一致的整体时;当法国人被你们同时教导着法律对人权所应有的尊敬以及公民对于法律所应有的尊敬时,军队管理却只呈现出一片骚动和混乱。我在不止一个军团中看到纪律的约束松弛了或者是被破坏了:公然直接地和毫无遮掩地提出了最闻所未闻的种种要求;条令没有效力了;长官没有权威了;军用的箱箧和旗帜被拿走了;国王本人的权威[risum teneatis(你能忍住不笑吗)]遭到狂妄的挑衅;军官们被鄙视、被贬斥、受威胁和被驱逐,他们中的一些人成为他们军团里的囚犯，胸中满怀着厌恶和屈辱在苟延残喘。为了使所有这些恐怖更加充实，各地的指挥官们就在他们自己士兵的眼底下，甚或是在他们的怀抱里被割断了喉咙。

“这些罪恶是巨大的；但它们还不是这类军事暴乱所能产生的最坏结果。迟早它们会危及国家自身的。**事物的本性就要求**，军队只能是作为**一种工具**而行动。一旦它使自己成为一个决策机构，它就会根据它自身的决定而行动，而**政府，不管它可能是什么政府，就马上会蜕变为一种军事民主制**，一种总是以吞噬那些创造出它来的人们而告结束的政治怪物。

“出现了这一切之后，谁还会不害怕有些团队中由普通士兵和未受任命的军官所组成的非常规的协会和骚动的委员会呢？他们不知道有上级甚而蔑视他们上级的权威，尽管那些上级的出席和同意并不能赋予这些怪物式的民主会议[comices ①]以任何权威。”

对于这幅完备的图像没有必要再增添多少东西了：就它的画面所容许的而言，已经很完备了；但我担心它并没有容纳这种军事民主制的混乱状况的性质和复杂程度的全部；而它正如那位军事大臣所真切而睿智地指出的，无论是存在于哪里、以什么正式的名称而通行，都必然会成为国家的真正宪法。因为，尽管他报告［国民］议会说，军队中更大的部分并没有抛弃他们的服从性，而是依然坚持着他们的职责；然而那些看到了表现得最好的

---

① comices 一词源于拉丁文的 comitia。comitia 为古罗马选举官员和通过法律的会议。——译注

军团的旅行者们所观察到的与其说是存在着纪律，不如说是还没有发生兵变。

我禁不住要在这里暂停一下，来反思这位大臣在涉及他所谈到的过度行为时所流露的惊恐之情。对于他来说，部队脱离了他们古老的忠诚和荣誉的原则，似乎是非常之难以想象的。当然，那些听他报告的人们对它的原因是知道得太清楚了。他们知道他们所鼓吹过的学说、他们所通过的法令、他们所支持的实践。士兵们记得 10 月 6 日。他们回想到那些法国卫队。他们没有忘记攻占国王在巴黎和马赛的城堡。两处总管的被害都未受到处罚，[①]这是并未在他们的心灵中消逝的事实。他们并没有放弃被如此招摇而费力地制订的人类平等的原则。他们不能闭上眼睛，看不见全部法国贵族之遭受贬斥和对绅士观念本身的压制。全盘废除头衔和差别，也并没有漏掉他们。但是当[国民]议会的医生们与此同时在教导他们对法律应有的尊重时，杜班先生却诧异于他们的不忠。很容易断定，手里拿着武器的人在这两种课程中会愿意去学哪一种。至于国王的权威（如果对于这一题目的任何论证不是太浮浅的话），我们就可以从这位大臣本人那里看到，它对于这些部队来说并不比对于其他任何一个团体来说更受到重视。他说："国王曾经再三地重复他的命令，制止这些过度行为；你们的[（国民）议会的]同意对于防止危及国家的罪恶已经成为必不可少的了。是**你们**把更为重要的**舆论的力量**结合到立法权力的力量上来。"确

① 1789 年巴士底狱被攻占时，监狱长洛奈（Launey）被民众杀害，1790 年 4 月马赛要塞被国民自卫军攻占时，要塞长官博赛（Bausset）被害。——译注

实，军队对于国王的权力或权威不可能有任何见解。或许士兵到这时候已经懂得了，[国民]议会本身并不比那位王室人物享有更大得多的程度的自由。

现在就来看看，在一个国家中所可能发生的这个最为重大的危急关头，都曾提出过什么建议。这位大臣请求[国民]议会拿出它的恐怖手段，并唤起它的全部威严。他希望由他们宣告的庄重而严肃的原则，会给国王的文告注入生气。在此之后，我们还应该求助于民事的和军事的法庭；解散一些军团，撤销其余的大部分，以及采用在这种情形下必须采用的一切可怕的手段来制止所有罪恶中最可怕的罪恶的进展；特别是人们会期望对指挥官在他们的士兵眼前被害进行严肃的追查。对于所有这些以及任何类似的事情，却没有一字提及。在他们被告知军方践踏了由国王颁布的[国民]议会的法令后，[国民]议会就通过新的法令；并且他们授权国王发出新的公告。在这位军事部长陈述了团队无视于 prêtés avec la plus imposante solemnité [他们做出了最庄重的]宣誓后——他们又提出了什么呢？只是更多的誓词。他们更新了法令和公告——当他们感到了它们的不足时他们加倍地要求宣誓，那与他们削弱人心中的宗教制裁适成比例。我希望伏尔泰、达朗贝尔、狄德罗和爱尔维修[①]关于灵魂不朽，关于有一个在进行特别监督的天意以及关于有一个未来的赏罚国度的精彩布道，能有一种袖珍的缩写本，与他们的公民誓词一道，被送给这些士兵们。对此我毫不

① 伏尔泰(Voltaire，1694—1778)、达朗贝尔(d'Alembert，1717—1783)、狄德罗(Diderot，1713—1784)和爱尔维修(Helvetius，1715—1771)，均为18世纪法国启蒙运动的重要思想家。——译注

怀疑；因为我理解，某一类别的读物对于他们的军事训练并非只是无关紧要的一部分，而且他们也像补充弹药一样地被充分补充了宣传小册子的军火。

为了防止由士兵们的密谋、不合法的磋商、煽动叛乱的委员会和怪异的民主议会［"comitia，comices"］而产生的各种灾难，以及由怠惰、奢侈、放荡和不服从而产生的一切动乱，我相信，在人类所曾有过的、甚至在这个多产的时代里所有发明中最骇人听闻的办法都已经采用过了。它竟是这样的：——国王在通告中向所有的团队宣布了他的直接的权威和鼓励：若干团队应该亲身加入若干城市的俱乐部和联盟，并参加他们的宴会和公民娱乐！这种令人愉快的纪律，似乎是要缓和他们心灵中的狂暴，使他们与其他行业的酒伴互相融合，并把个别的阴谋溶入更广泛的社团之中。[①] 我很愿意相信，正像德·拉·杜尔·杜班先生所描述的，这种补救办法对于士兵们来说会是很开心的；而且无论在其他方面是怎样地反叛，他们都恪尽职守地服从这些王室的通告。但是我要问，是否所有这种公民的宣誓、聚会和庆祝，会使得他们比目前更愿意服从他们的长官呢？或者会更好地教导他们去遵守军事纪律的严厉规定呢？它会使他们成为法国式的令人钦佩的公民，而不大会成为任何类

① Comme sa Majesté y a reconnu, non une systême d'associations particulières, mais une réunion de volontés de tous les François pour la liberté et la prosperité communes, ainsi pour le maintien de l'ordre publique; il a pensé qu'il convenoit que chaque regiment prit part à ces fêtes civiques pour multiplier les rapports, et reserrer les liens d'union entre les citoyens et les troupes.［既然国王陛下这里所承认的并不是一套特殊的组织，而是所有法国人为了共同的自由和繁荣以及为了维持公共秩序的一种志愿的结合，所以他认为每一个团队都应参与这些公民的节日庆祝，以便在公民和部队之间增进和加强这种团结的联系。］——我引了批准部队与民间组织共享盛宴的这些话，否则我就不会被人信任了。——原注

型的良好的士兵。人们很可以发生一个疑问，是否这些美好的桌边谈话会使得他们更好得多地适合于作一个单纯的工具这种性质呢？——这位资深的军官和政治家正确地指出了，事物的本性总是要求一支军队要作为单纯的工具。

关于由士兵们和城市中的庆祝组织的自由交流——它就这样由王室的权威和认可而得到了官方的鼓励——而来的这种增进纪律的可能性，我们可以从这位军事大臣在这份报告中向我们所提供的那些城市本身的状况来判断。对于恢复目前某些素质良好的团队的秩序，他对自己的努力的成功怀有良好的愿望；但是他发现未来却有某些阴暗的东西。至于防止混乱的卷土重来，“对此，”他说，“政府不能对你们负责，只要他们看到城市攫取了你们的体制所全部保留给君主的对于军队的权威。你们规定了军事权威和市政权威的界限。你们限制了你们所许可的后者对于前者的征用权的行动；但是你们法令的文字和精神从来都没有授权给这些城市的平民们来制服军官们，审讯他们，向士兵们下达命令，把他们驱逐出委派给他们的卫戍岗位，阻止他们在国王的命令下进军，或者简而言之，就是使部队听命于他们所要经过的每个城市、甚或每个集市的异想天开。”

这就是要改造士兵们，使他们回到军事服从的真正原则上面来，并且使他们成为国家最高权力手里的机器的那种都市社会的特征和意图！这就是法国部队的症结！这就是对他们的治疗！陆军如此，海军也是如此。城市取代了[国民]议会的命令，而海员们又反过来取代了城市的命令。我从内心里可怜像这位军事大臣那样的一位可敬的公仆的处境，在他老年时还不得不在他们的公民酒杯中吁请[国民]议会，并且以鬓发斑白的头钻进这些青年政客们的各种各样的奇思怪想之中。这样的方案不像是出自一个在人世上饱经磨难50年的人的建议。它们看起来似乎更应该被认为是出自那些政治上自负的跳班生①(他们缩短了通向他们在国家中的学位的途径)；并且对于一切事情都有一种内心狂热的信心和解说；关于信誉，他们有一位医生曾以极大的赞同和更大的成功认为应该告诫[国民]议会不要理睬老人或者任何把自己的价值置于自己的经验基础之上的人。我猜想所有的国务大臣都必须通过和接受这种考验并完全摒斥经验和观察的种种错误和邪说。每个人都有他自己的爱好。但是我想，如果我不能达到智慧，至少我会保持某种老年的不屈不挠的绝对尊严。这些先生们经营的是更新；但是任何代价都难以使我的顽强性格屈从于被他们所更新；我也不会在自己的大关口上②开始用他们的新腔调大嚷大叫或者是在我的第二次摇篮里结结巴巴地发着他们那种野蛮的形而上学的原始发音。③ Si isti mihi largiantur ut repueriscam, et in eorum cunis vagiam, valde recusem! [但是如果有哪位神灵要让我重新年轻并在摇篮里哭叫，我就会断然拒绝！]④

他们称之为宪法的这种幼稚而迂腐的体制中的任何部分的无能，若未经发现与它发生接触的、或者与它有着任何最遥远的关系

① 跳班生，原文为 compounder，指英国大学中在某些情形下可以不通过正常的程序而获得学位的人。——译注

② 大关口，原文为 grand climacteric，指63岁，旧时通常被认为是一个很关键的年龄。——译注

③ 这位军事大臣至此就退了学并辞了职。——原注

④ 语出西塞罗《论老年》，ⅩⅩⅢ，83。——译注

的每一个其他部分的彻底不足和危害,就不可能被暴露出来。不显示[国民]议会的虚弱,你们就无法对于王权的无能提出一种补救办法。不揭露出武装城市的更糟糕的混乱,你们就无法考虑国家军队的骚动。军事的暴露了民政的,而民政的又泄露了军事的无政府状态。我希望每个人都仔细阅读德·拉·杜尔·杜班先生的那篇雄辩的讲话(它确实是雄辩的)。他把对城市的拯救寄希望于某些部队的良好表现。这些部队是要保存那些城市中的用意良好的那部分人(那被承认是最弱的部分)免于遭受用心最恶劣的那部分人(那是最强的部分)的掠夺。但是这些城市却要装出是一种主权并且要指挥那些对于保护它们乃是必不可少的部队。的确它们必须是指挥他们,或者是讨好他们。城市由于它们处境的必要性以及它们所获得的共和权力,在对部队的关系上,必须是主人,或者是仆从,或者是盟友,或者相继地是其中的每一种;或者依据局势,它们必须成为所有这些的一个杂货店。除却城市又有什么政府来抑制军队,或者,除却军队又有什么政府来抑制城市呢?为了在权威消逝了的地方维持和谐,[国民]议会不顾一切后果试图以疾病本身来医治疾病,他们还希望通过在城市中给予它一种堕落的利益而使他们自己免于一种纯粹的军事民主制。

如果士兵们一旦在任何时候参与了城市的俱乐部、阴谋集团和联盟,一种选择性的吸引力就会把他们引向最低级和最不可救药的方面去。随这些而来的,则是他们的习惯、情感和同情。用公民同盟来加以避免的军事阴谋,由于向它们提供了引诱那些用以维持它们秩序的国家军队的手段而得以驯服的那些反叛的城市;所有这些由一种古怪而不祥的政策所造成的怪物,必定都要加剧它们所由之而产生的种种混乱。必然会有流血。在他们所有各种力量的结构中和他们所有各种民政和司法的权威中所表现出来的缺乏共同的判断,将会使得血流成河。骚乱无序可以在一时一地平静下来。它们又会在其他的地点和时间爆发;因为这种罪恶是激烈的和内在的。所有这些把反叛的士兵和暴动的农民混合起来的方案,必然还会越来越多地削弱士兵和他们长官之间的军事联系,并且还给狂暴的设计者和农民增添了军事的和反叛的胆量。要确保一支真正的军队,长官应该是士兵眼中的第一个人和最后一个人;是他们所关注、追随和敬重的第一个人和最后一个人!似乎所需要的军官,其主要的资格必须是冷静和耐性。他们要以竞选活动的艺术来掌管他们的部队。他们必须把自己看成是候选人而不是司令官。但是由于用这样的办法,权力可能有时候是在他们手中,所以他们赖以得到提名的那种权威就具有高度的重要性了。

你们最终都可以做什么,现在还没有呈现出来;而且它也无关紧要,只要你们的军队与你们的共和国的所有部分之间的奇特而矛盾的关系以及那些部分彼此之间的和它们与整体之间的令人困惑的关系始终保持现状。你们最初似乎是给了国王临时的军官提名权,而由国民议会保留了批准权。有兴趣追索下去的人,会极其精明地发现真正的权力之所在。他们必定很快就察觉,那些可以无限否决的人,事实上是在委派。因此军官们必定会把他们在那个[国民]议会里的阴谋诡计看作是唯一可靠的升迁途径。再有,依照你们的宪法,他们必须是从宫廷开始提出他们的申请。在我看来,这种对于军阶的双重谈判,乃是一种适宜于在

［国民］议会本身中加剧和这个庞大的军事荫庇制相关的派系之争的设计，就仿佛它并不是为了什么别的目的而研究出来的；并且随后就以其性质对于政府（不管它可能是置之于任何基础之上）的安全来说乃是更加危险的、而且最终会摧毁军队本身效能的各种派系倾轧而毒害了军官团。那些丧失了王权为他们谋划的晋升机会的军官，必定会成为曾拒绝了他们的要求的那个［国民］议会的反对派，并且必定会在军队的内心里培养起针对着统治权力的不满。另一方面，那些把自己的利益系于［国民］议会的军官们则感到他们自己在王权的善意中最多也不过是次要的，尽管在［国民］议会的善意中乃是首要的，所以他们必定会轻视一个既不会推进，又不能延迟他们的晋升机会的权威。要避免这些弊害，如果除了资历而外你们就没有别的任用的或晋升的规则的话，那么你们就会有一支形式上的军队；同时它会变得更加独立，并且更加是一个军事共和国。并不是他们而是国王，才成为了机器。一个国王是不能够部分地加以废黜的。如果在指挥一支军队时他不是一切的话，那么他就什么都不是。个人的权力在名义上被置于军队之首，而他又不是军队感恩和惧畏的对象，那结果会是什么呢？这样一个无足轻重的人是不适于掌管一切事物中最微妙的一种对象，即对军人的最高指挥权的。他们［军人］必须被一个真正的、生气勃勃的、有效的、决断的个人权威所节制（并且他们的趋向会把他们引导到他们的必需所要求的东西）。［国民］议会的权威本身由于通过了他们所选择的这样一个虚弱的渠道而受到损害。军队将不会长期指望一个通过虚假的表演和明显的欺骗而行动的议会。他们不会认真地服从于一个囚徒。他

们将或则是蔑视一件装饰品，或则是怜悯一个被俘的国王。如果我没有犯太大的错误的话，你们的军队对于王权的这种关系将会成为你们政治中严重的两难局面。

此外还要考虑的是，像你们的这样一个议会，即使假定它拥有另一种可以传达它的命令的机构，是否就适于增进一支军队的服从和纪律呢？人们都知道，军队迄今为止对任何参议院或人民的权威都只有一种非常不稳定的而又不可靠的服从；而且他们尤其不会屈从于一个任期只有两年的议会。军官们必定会全然失去军人的特性的，如果他们以十足的屈服和应有的崇敬来看待乞求者们的管辖权的话，尤其是当他们发现他们得重新谄媚那一长串无数的乞求者的时候——那些人的军事政策和指挥天才（如果他们有任何一点的话）必定和他们的任期之短暂是同样地不确定。在一种权威软弱而一切权威又都在变动不已之时，一支军队的军官们在一段时期内会始终是反叛的和充满派系倾轧的，直到某一个懂得安抚军人的艺术并具有指挥的真正精神的受人拥戴的将领，把所有人的眼光都吸引到自己的身上来为止。军队将由于他个人的原因而服从他。在这种事态中，要保证军队的服从就别无其他途径。但是那种事件一旦发生时，真正指挥着军队的人就成了你们的主人；成了你们国王的主人（这个主人还是小的），你们议会的主人，你们整个共和国的主人。①

[国民]议会以他们现有的权力会对军队怎么样呢？可以肯定，主要地是使士兵们不效忠于他们的长官。他们已经从一种最

① 这段话常被认为是对后来拿破仑崛起的预言。——译注

可怕的措施而开始了。他们已经触动了组成军队的各个分子围绕着它得以安宁的那个中心点。他们在军官和士兵之间的最重大、最根本和最为紧要的联系中破坏了服从原则——那正是军事服从的链条所开始的地方,全部的那个体系都有赖于此。士兵被告诉说,他是一个公民,享有人和公民的权利。他被告诉说,一个人的权利在于成为他自己的主宰,并且只被那些委派他到自己的政府的人所统治。很自然的是,他应该认为,他应首先做出自己的选择,他要向哪里付出他最大程度的服从。因此他很可能有系统地做出他在目前只是偶尔做出的事;那就是,他至少会在对他的长官的选择上行使一种否决权。目前,人们都知道军官们最多也只是被容忍而已,而且是根据他们良好的作为。事实上,现在已经有了许多他们被自己的队伍革职的事例。这里还有对于选择国王的第二种否决权:那至少也是和[国民]议会的别的否决权一样有效的一种否决权。士兵们已经知道这是在国民议会中顺利通过的一个问题:他们难道不应该直接选择他们的长官或者是其中的某一部分人吗?当这样的事情被考虑时,他们将倾向于最有利于他们的要求的那种见解,就不会是过分的猜想了。他们不会容忍被人认为是一个被囚禁的国王的军队,而同一国家中的另一支军队[①]——他们也得与之联欢和结盟——却被视为是一部自由宪法的自由的军队。他们将把他们的目光投向另一支更持久的军队:我指的是市镇的军队。他们清楚地知道,那支军队确实是选出自己的长官的。他们也许不能够弄清楚他们之不去选出一位他们自己的

① 指国民自卫队。——译注

拉斐特侯爵[①](或者他所叫的新名字),是基于什么样的差别基础?如果这种对司令官的选举是人权的一部分的话,为什么就不是他们的呢?他们看到了选出来的保安官、选出来的法官、选出来的牧师、选出来的主教、选出来的市政机构和选出来的巴黎军队的指挥官。为什么单单要把他们排除在外?难道英勇的法国军队是那个民族中唯一不能成为对于一个司令官乃是必要的军事才干和各种资格的合适的裁判者吗?是不是他们由国家支付报酬,就因此丧失了人权?他们自身就是那个民族的一部分,并且是为那份报酬做出了贡献的。而且难道国王不是,国民议会不是,以及所有选举出国民议会的人不是都同样地得到了报酬吗?他们看到了在所有这些情形下,对那些权利的行使都被付给了一份薪水,而不是看到所有这些人都由于得到一份薪水而丧失了所有这些权利。你们所有的决议、你们所有的文件、你们所有的辩论、你们在宗教和政治方面的医生的全部工作,都被辛苦地置于他们的手中;而你们却期望着他们将只在符合于你们意愿的程度上把你们的学说和范例运用到他们自己的事情上。

在你们的这样一个政府中,一切都依赖于军队;因为你们已经辛辛苦苦地摧毁了全部见解和偏见,以及你们身上所具有的支持政府的全部本能。因此,一旦在你们的国民议会和国家的任何一部分之间出现了任何分歧,你们就必定得求助于强力。你们没有别的东西;或者不如说你们没有给自己留下任何别的东西。你

---

① 拉斐特(Marquis de Lafayette 1757—1834),法国革命中著名的政治家,曾参加美国的独立战争,时任法国国民自卫队司令。——译注

们从你们的军事大臣的报告中看到，军队的分布在很大程度上是着眼于对内的强制的。① 你们必须用一支军队来统治；而且你们已经向你们用于统治的那支军队以及国家的整个肌体，灌输了那些在一段时期之后必然会使得你们在决心使用它时会使你们感到无能为力的原则。当世人被告知军队不应该向公民们开火，而且这种说法仍旧在我们的耳中回响的时候，国王却要召集军队行动起来反对他的人民。殖民地向他们自己肯定了独立的宪法和自由贸易。对他们必须用部队来加以制止。在你们人权法典的哪一章里，他们能够读到，使他们的商业为了别人的利益而受到垄断和限制乃是人权的一部分？正如殖民者起而反抗你们，黑奴们就起而反抗他们一样。再度使用部队——屠杀、酷刑、绞刑！这些就是你们的人权！这些就是胡编乱造出来却又可耻地被收回了的形而上学宣言的结果！只不过在几天以前，你们某个省的农夫曾拒绝向土地的主人交纳某几种地租。其结果是，你们命令农村居民要交纳所有的地租和应付的款项，除了那些已被你们作为弊政而废除了的以外；而且如果他们拒绝，你们就命令国王调遣军队去对付他们。你们制订了带有普遍效果的形而上学命题，然后你们又试图以专制主义来限制逻辑。当前体制的领袖们告诉他们说，作为人，他们有权利攻取要塞、杀害卫兵、在毫无权威（甚至是来自［国民］议会的权威）显现的情况下就去捕捉国王；而作为最高立法机构，那个［国民］议会却以国家的名义在开会——然

① *courier François*《法国通讯》，1790 年 7 月 30 日。*Assemblée Nationale*《国民议会》，第 210 期。

而这些领袖们却擅自派遣正是在这些混乱中行动过的军队，去强制那些依照被他们亲自批准所保证过的那些原则和范例而作出判断并遵循着的人们。

这些领袖们教导人民要把一切封建性都作为暴政的野蛮主义去憎恨和排斥，而后来又告诉他们要以耐心来容忍那种野蛮的暴政到什么地步。由于他们对于苦处大肆渲染，所以人民发现他们对于矫治却是极其吝惜的。他们知道，不只是你们准许他们赎取（但却没有提供任何用于赎取的钱）的某些免役税和个人税，对于那些你们根本就未作规定的负担来说是无足轻重的。他们知道，几乎地产的整个体系在其起源上都是封建性的；它是由一个野蛮的征服者把原来的所有者的财产分配给他的野蛮的工具们；而且这种征服的最苦难的后果就是，每一种地租毫无疑问地仍然像它们原来的那样。

农民们极有可能是这些古代的产权所有者古罗马人或高卢人的后代。但是倘若他们以根据古文物学家和律师的原则而确定的资格在任何程度上遭到了失败，他们就退回到人权的堡垒里去。在那里他们发现人是平等的；而大地这位所有人的仁慈而平等的母亲，不应当被垄断而助长任何人的傲慢和奢侈——这些人的天性并不优于他们自己，并且如果他们不为他们的面包而劳动的话，还要更糟。他们发现，依照自然的法则，土地的占有者和开垦者才是真正的所有者；并不存在有任何违反自然的规定；而且在奴隶制时代与地主所达成的协定（在有任何这种协定的地方），都只是胁迫和强制的结果；并且当人们重新进入人权领域时，那些协定就和别的在旧的封建制和贵族制暴政盛行之下所确立的一切东西一样化为乌有了。他们将告诉你们，他们看不出一个戴着帽子和国民徽章的懒汉与一个戴着头布穿着法衣的懒汉之间有什么不同。[①]如果你们把收取地租的资格置于继承和由长期占有而获得的权益的基础之上，他们就会告诉你们，根据国民议会为了使他们了解信息而出版的加缪先生[②]的讲演，开端恶劣的事物是不能享有因长期占有而获得的权益的；这些领主的资格在其根源上是邪恶的；而且那种强力至少和欺骗是一样的恶劣。至于由继承而来的资格，他们会告诉你们，是那些耕种土地的人的继承，而不是破烂的羊皮纸文件和愚蠢的替代品，才是财产的真正来源；那些领主们已经享用他们的僭取太久了；而且如果他们允许给这些世俗的僧侣们任何慈善性的年金的话，那么他们就应该对真正的所有者（对于对他的物品的假冒的要求者，他是如此之慷慨大度）的施与感激不已。

当农民们把刻有你们的肖像和铭文那种诡辩理性的硬币还给你们时，你们当作伪币而拒收它，还告诉他们说，你们在将来会向法国自卫军和龙骑兵、轻骑兵付出代价的。为惩罚他们，你们抬出国王的第二手权威，而国王只是用于破坏的工具，并没有任何保护人民或者他自身的力量。经过他，似乎你们会使自己服从。他们会回答说，你们教导过我们不存在什么绅士；你们的原则中有哪一条教导我们要向并非是我们选出来的国王低头呢？无需你们的教导我们就知道，授予那些土地是为了维护封建尊严，封建头衔和封

---

① 指法国革命时的革命派与中世纪天主教的主教和修道士的不同。——译注

② 加缪（Camus，1740—1804），制宪议会成员，曾起草“教士公民法”。——译注

建官职的。当你们把这种原因视为弊端而取消的时候，为什么还要保留更加有害的后果呢？既然现在已经不存在世袭的荣耀和显赫的家族，为什么我们还要纳税来维持你们告诉我们是不应当存在的东西呢？你们取消了我们的旧贵族地主，他们再没有别的特点和别的头衔，只不过是你们权威之下的收租者而已。你们曾努力要使你们的这些收租人受到我们的尊敬了吗？没有。你们派他们到我们这里来，他们的武器被扭折了，他们的盾牌被打碎了，他们的徽章被损坏了；而且是如此之铩羽落魄和变了形，成为那样一种两条腿而无毛的东西[①]，以至于我们不再认识他们了。他们对我们来说是陌生人。他们甚至于不以我们古老的领主的名义行事。从肉体上说，他们可能是同样的人；虽则按照你们关于人的身份的新哲学来说，我们对此并不能太确定。在所有其他方面，他们是完全改变了。我们看不出，为什么我们就不能像你们具有取消他们的一切荣誉、头衔和优遇那样，也有权拒绝向他们缴纳地租。这一点我们从没有授权你们去做，而且这确实是你们冒用未经委托的权力的许多事例中的一个。我们看到巴黎的市民们，通过他们的俱乐部，他们的暴民和他们的国民自卫队，随意地在指挥你们，并且作为法律给了你们那些在你们的权威之下作为法律而传达给了我们的东西。通过你们，这些市民们支配了我们所有的人的生命和财产。为什么你们就不应该像关怀这些横暴的市民们涉及荣誉的优待和头衔（这些对他们和对我们都全无关系）的要求那样，来关怀涉及我们地租（它会以最严重的方式影响我们）的劳苦

① 按柏拉图的定义，人是有两条腿而无毛的动物。——译注

农民的愿望呢？但是我们发现，你们对他们的幻想比对我们的必需更加关切。向与自己平等的人交纳贡赋，难道这属于人权吗？在你们的这种措施面前，我们可以认为我们并不是完全地平等的。我们可能会怀有某些旧的、习惯性的、无意义的偏袒那些领主的先入为主的成见，但是我们不能设想除非是摧毁对他们的全部尊敬而外，你们能以什么观点来制订贬斥他们的法律。你们曾禁止我们以任何旧有的尊敬礼节来对待他们，而现在你们又派部队用军刀和刺刀逼着我们屈服于恐惧和强力——你们不让我们屈从于温和的舆论权威。

对于所有理性的耳朵来说，这些论据中的某些项，其理由是可怕而荒谬的；但是对于那些开办了诡辩学校并确立了无政府状态的形而上学的政客来说，这一点却是确凿的。明显的是，如果单纯考虑权利，[国民]议会的领袖们对于把地租与头衔和家族徽帜一并废除，是不会有丝毫犹豫的。那只不过是贯彻他们推理的原则和完成他们行动的类推而已。但是他们自己新近拥有了一大笔没收来的地产。他们把这种商品放到市场；而且假如他们允许农民以他们如此自由地使自己陶醉过的那些想法进行叛乱的话，市场就会全部毁灭了。任何一种财产所享有的唯一保障，乃是出自他们对于别的某种东西的贪婪的兴趣。他们没有别的什么，仅凭自己恣意任性来决定什么样的财产权要受到保护，什么样的财产权要被推翻。

他们也没有保留任何原则可以使他们的任何市镇不得不服从；或者甚而是在良心上有义务不从整体中分离出去而闹独立，或者是使自己与某个别的国家相联合。似乎里昂的人民近来已经拒绝纳税。他们为什么不呢？还保留有什么合法的权威来向他们征收呢？国王征收了它们中的一些。由各等级所程式化了的旧三级会议确定了更为古老的税种。他们可以对〔国民〕议会说，你们既不是我们的国王，又不是我们所选出来的三级会议，也不是根据我们所据以选举你们的原则而开会的，你们是谁呢？当我们看到你们所曾命令要交纳的〔盐税〕被完全拒绝，当我们看到不服从的行为随后却被你们自己认可时，我们又是谁呢？我们不去判断我们应不应该交纳哪种税，而且不去使我们自己运用你们在其他事情上赞同其有效性的那种同样的权力，我们又是谁呢？对这一点的回答就是，“我们”要派军队。国王们的最后一条理由，永远是你们〔国民〕议会的第一条。当增加报酬的印象还保留着，而且在所有争端中充当仲裁者的那种虚荣受到奉承时，这种军事上的援助会起一时的作用。但是，不忠于那只利用它的手的这种武器将会突然折断的。〔国民〕议会在开办一个学校，在那里他们系统地以不懈的毅力在教授着原理并订立种种规划，那对于民事的和军事的一切服从精神都是破坏性的——于是他们就期望他们能以一支无政府状态的军队去使一种无政府状态的人民保持服从。

市镇的军队——它依照他们的新政策，乃是要平衡这支国家军队的——如果仅仅从其自身来考虑，那组织就要简单得多，而且在每一方面都更少有什么例外之处。它是一个单纯的民主的团体，与王权或王国并无联系；由各军团所分别隶属的地区随意加以装备、培训和指派军官；而且构成它的每个个人的服务，或者是代替私人服务的罚款，都是由同一权威所指导的。[①] 没有什么东西是更整齐划一的了。然而，如果从它对于王权、对于国民议会、对于公共论坛或者对于其他军队的任何关系上加以考察，或者从它各个部分之间的任何凝聚力或联系这一角度加以考察，它看来就是一个怪物，而且几乎一定会在某场巨大的国家灾难中终止它那混乱的运动。比起克里特同盟[②]，或者波兰联盟[③]，或者任何别的在由一个结构很糟糕的政府体系所产生的必要性之下所曾想象出来的设计得很糟糕的矫正办法来，它是一部普遍宪法的一种更坏的保护品。

在结束了我对于最高权力、行政、司法、军队的结构以及所有这些建制之间的相互关系的这些评论之后，关于你们的立法者在国家岁入方面所表现出来的能力我也要说一些话。

在他们有关这个对象的行动中，如果可能，更少有什么迹象表现出了政治的判断力或财政上的才能。当三级会议召开时，看起来重大的目标是要改善岁入体系、扩大它的征收、清除对它的压迫和干扰并把它建立在最稳固的基础之上。整个欧洲都对那个项目抱有很大的希望。法国的存亡就系于这一宏伟的安排，而且这就成为了(在我看来是非常恰当的)那些主宰着[国民]议会的人们的技能和爱国心所要经受的一场考验。国家的岁入也就是国家。事

① 从内克先生的报告中我看到，巴黎的国民自卫军得到了公共财政中的大约14.5万英镑——超出在他们自己本城中所征收的金额。这究竟是他们9个月的存在的实际开支，还是他们年度费用的估计数，我没有看明白。这一点无关紧要，因为他们肯定可以随意支取而无论多少。——原注

② 原文为 Systasis of Crete，系古希腊克里特各城邦所组成的防御同盟。——译注

③ 波兰在历史上长期是许多独立、半独立的封建诸侯的松散联盟。——译注

实上，无论是为了支持还是为了改革，全都有赖于它。每种职业的尊严都完全有赖于其中所发挥的美德的质和量。既然在公众中发挥作用的（而并非仅仅是忍受苦难的或消极的）有才智者的一切伟大品质，都需要靠力量来展示它们，我几乎就要说，为了它们那毋庸置疑的存在，作为一切权力的源泉的岁入在其管理中就成为了每一种积极美德的领域。公共美德的性质是宏伟而光辉的，是为了伟大的事物而树立的，并且与伟大的关注相通，它需要广阔的领域和范围，而不能在束缚之下和在窄小的、狭隘而污秽的环境之中发展和成长。单只是通过岁入，政治体就能够以其真正的天才和性格而行动，并且因此它将展现出正像它拥有一项公正的岁入一样之多的它那集体的美德，以及可以体现那些推动它而且仿佛就是它的生命和指导原则的那些人的特征的美德。由此，不仅是慷慨、大度、仁慈、刚毅和远见以及对一切美好的艺术的监护获得了它们的养料和它们器官的成长，而且节制、克制、勤勉、戒慎和俭省以及无论别的什么东西，凡是心灵在其中表现得超于嗜欲之上的，都没有比在公共财富的供应和分配中还有着更多的恰当成分的了。因此，这门理论上和实践上的财政科学——它必须得到很多辅助性学术分支的协助——得到了不仅是一般人的，而且是最睿智和最优秀的人的高度推崇，就不是没有道理的了。而且由于这门科学随着其研究对象的进展而成长，国家的繁荣和改善就总是随着其岁入的增长而增长；而且只要留下来加强个人努力的部分与征用于国家的共同努力的部分二者之间的平衡，有一种彼此适宜的相互比例，并保持一种紧密的对应与联系，它们两者就都会持续地成长和兴旺。并且，或许是由于岁入的庞大和由于国家的紧迫需要，财政体制上的旧有弊端被人发现了，而它们的真实性质和合理的理论也更为完整地为人所理解；就此而言，一笔较小的岁入在一个时期内可能比一笔大得多的岁入在另一个时期内更令人苦恼，而成比例的财富甚至是保持不变的。在这种事态之下，法国[国民]议会就发现，在废止和变更的同时，还要保持、维护和明智地管理岁入中的某些东西。尽管他们的傲慢自负可能证明最严峻的检验是有道理的，然而在检验他们在财政事务方面的能力时，我还是只考虑什么是一个普通财政大臣的简单明白的责任，并且根据这一点而不是根据理想的完美模式来检验他们。

这样，一个财政家的目标就是要保障一份充足的岁入，以明断和平等来征收它，节约地使用它，而且当必需迫使他利用信贷时，要以他行事的清白和正直，他算计的精确性和他基金的稳固性在那种情况下（并且永远地）保证它的基础。在这些问题上，我们可以简明地看一下国民议会中那些让自己承担了这一艰巨事业的人们的长处和能力。我根据财政委员会的韦尼耶先生[①] 8 月 2 日的报告发现，他们手中的国家岁入额非但不是有了什么增加，比起大革命以前它的出息来，年岁入总额减少了 2 亿，亦即800万英镑，远多于总额的 1/3！

倘若这就是伟大才能的结果，那就确实绝不会有什么才能会以更卓越的方式表现出来或者能带来如此之强有力的后果了。通常的愚蠢、平庸的无能、日常公务上的疏忽，甚至官方的罪行、腐

① 韦尼耶（M. Vernier，1731—1818），是当时国民议会中主要的财政专家。——译注

败、盗用公款,几乎我们在近代世界中所见的任何直接的敌对行动,都无法在如此短促的时期之内如此完全地摧毁了财政以及与之相伴的一个伟大王国的力量。——Cedo quî vestram rempublicam tantam amisistis tam cito?[请问你们是怎样丧失了你们那样伟大的国家的?][1]

[国民]议会刚一召开,那些诡辩家和演说家们就开始责难旧体制岁入的许多最根本的部分,比如公家对盐的专卖。他们真实地而又同样不明智地指控它是设计拙劣的、压迫性的和有偏向的。这一表述他们还不满足于只用在先于某些改革计划的演说中;他们以一种庄严的决心或公共的裁决来宣布它,好像它是被合法通过了的;而且他们把它传播到全国。在他们通过这一法令的时候,他们又同样郑重地下令这同一种荒唐的、压迫性的和偏袒性的税必须要交纳,直到他们能够找到另一种岁入来取代它。后果是无可避免的。一向被免除了这种盐的专卖的省份——它们之中有些被课以其他(或许是相等)的赋税——完全不愿意承担这种(由于平均分配而抵偿了其他税种的)负担的任何部分。至于[国民]议会,因为它正忙于宣布和破坏人权以及他们对普遍混乱的部署,所以既没有工夫也没有能力来设计,也没有权威来推行任何种类的任何计划来取代那种赋税,或者是平衡它,或者是补偿那些省份,或者是引导它们的心智转向与别的要被减免的地区相调和的任何方案。

产盐省份的人民,不能忍受掌管他们交款的这种权威所责成

① 语出西塞罗《论老年》,Ⅵ.20。——译注

的税款，很快就发现他们的耐心被耗尽了。他们认为自己在破坏方面和［国民］议会所能做到的是一样地内行。他们推翻了全部的负担而解救了自己。受到这一样板的鼓舞，每个地区，或者一个地区的每个部分就都根据自己的感受来判断自己的苦难，都以自己的意见来判断其解救办法，对其他的赋税也都随意而为。

我们下一步就来看他们怎样引导自己去设计平等的课税——与公民们的财富成比例，而又很不可能去倚重公共财富所必然由之而来的那种私有财富世代所运用的活跃的资本。通过损害若干地区和每个地区中的一些人，一种最富压迫性的新的不平等、而不是更好的平等原则就被引用来判定旧的岁入里面他们可以保持哪些部分。金额是由意向所调节的。这个王国中最驯服的、最守秩序的或对这个共同体最感亲密的那部分，就担负了国家的全部负担。没有什么东西会变得像一个软弱的政府那样具有压迫性而又不公正的了。要补充旧税的全部不足和预期之中的每一种新的不足，一个丧失了权威的国家还能有什么办法呢？国民议会呼吁一种自愿的捐赠；根据那些交纳者的荣誉来估计，大约为全部公民的收入的 1/4。他们得到了比可以合理地计算出来的更多的东西，但又的确远不能解决他们的实际需要而且大大少于他们的渴望。有理性的人不大能对他们这种在捐赠掩饰下的赋税有什么期望的；这是一种虚弱无效而又不平等的税；这种税掩盖了奢侈、贪婪和自私，把负担抛给了生产性的资本、正直、慷慨和为公的精神——这是一种管制德行的税。终于这张面具要被抛掉了，他们现在正试图（却很少成功）使用强力来征收他们的捐赠。

这种捐赠，这种虚弱的软骨病的产物，得依靠另一种力量来支持，那是同一种百般无能的孪生兄弟。爱国的捐献是要补偿爱国的贡税的失败的。约翰·多伊成了理查德·罗伊[①]的担保。通过这种方案，他们从赠予者那里取走了价值很多的东西，而对于接受者而言，则价值相对地很小；他们破坏了若干贸易；他们掠夺了王家的华饰、教会的捐款盘和人民的个人装饰品。自由的这些稚嫩的乔装者们的这种发明，事实上只不过是对于老朽的专制主义的最贫乏的策略之一种奴性的模仿罢了。他们从路易十四的过了时的装饰品的衣橱里取出了一件陈旧而庞大的宽底假发，用来遮盖国民议会那过早的秃顶。他们制造了这种老式的纯形式的愚蠢，假如对于明理的人它还需要有什么论据来指明其危害和不足的话，《圣西门公爵[②]回忆录》早就已经极其充分地揭露了它。同类的诡计我记得路易十五也曾尝试过，但它从来没有奏过效。无论如何，毁灭性的战争所需乃是无可救药的规划的某种借口。对于灾难的考虑极少是明智的，但这正是做出安排和筹备的一个时机。而正是在一个深远的和平的时期——当时已享有5年之久，而且有希望更长地延续——他们却去求助于这种不可救药的轻率之举。在他们严峻的处境下，玩弄这些充斥于他们流水账的半数内容的财政上的玩偶和玩具，他们就一定会比由他们所提供

① 约翰·多伊（John Doe）与理查德·罗伊（Richard Roe）在司法中常用以代表原告和被告双方的名字。——译注

② 圣西门公爵（Duke of St. Simon，Louis de Rouvoy 1675—1755），路易十四时期的廷臣和外交家，为后来法国空想社会主义者圣西门的伯祖父，其《回忆录》中大量描述了当时的宫廷生活。——译注

的可怜的暂时供应所可能补偿的，丧失更多的名誉。看来似乎那些采取了这样一些规划的人完全昧然于他们的境况，或者是完全不胜任他们的需要。无论在这些设计中可能有着什么美德，明显的是再也不能求助于无论是爱国的馈赠还是爱国的捐献了。这种公共的愚蠢，其资源很快就告枯竭。他们的岁入方案的全部，的确是要用一切诡计，以造成库藏充足的一种假象；而与此同时，他们却割断了长年补充的泉水和活生生的源头。内克先生不久以前提出的报告，毫无疑问还意在表明前途有望。他对度过这一年度的办法，给出了一种诱人的看法；但是他表示了（正如很自然的是他所应该的那样）对于继之而来的事情的某些忧虑。由于这次最后的预言，内克先生受到了［国民］议会议长友好的责备，因为他没有以一种适宜的远见去深入探讨这一忧惧的基础，从而防止已有预兆的祸害。

至于其他的税收方案，就无法确定地对它们说些什么了，因为它们还没有运作起来；但是没有人会如此乐观，以至于设想他们能填补他们的无能在他们的岁入中所造成的巨大缺口的任何显然可见的一部分。目前他们的库存在现金上一天比一天下降，而在虚假的代替物[①]上则膨胀得越来越多。当现在发现里里外外除了纸币——纸币不是财富的代表而是缺匮的代表，不是信用而是权力的产物——就没有什么东西的时候，他们就想象我们英国的繁荣状况要归因于那种银行的票据，而不是银行票据要归因于我们商业的繁荣状况，归因于我们的信用的牢固以及归因于在交易的任

① 指指券。——译注

何方面都完全排除了一切权力观念。他们忘记了，在英国没有任何一种1先令的纸币不是由人们的选择所接受的。全部纸币都在实际储存的现金中有着它的根源，而且它可以随意立刻兑换成现金而不受最微小的损失。我们的纸币之在商业上有价值，是因为它在法律上毫无价值。它在交易所中是有力量的，是因为它在威斯敏斯特厅里是无能为力的。[①] 在偿还一笔20先令的债务时，债主可能拒绝英国银行所有的纸币。而且在我们中间也没有一种由权威所强加的不管是哪种品质或性质的独一无二的公共担保。实际上可以很容易地说明，我们的纸面财富并不是减少了真正的货币而是有着一种增加它的趋势。它不是金钱的一种替代品，而只是便利了它的出入和流通；那是繁荣的象征而不是困扰的标志。在这个国家[英国]从来没有过对于现金缺乏而纸币充斥这个问题的抱怨。

好！但是对于挥霍性开支的削减以及由有德而睿智的[国民]议会所引进的节约措施，补偿了岁入清单中所蒙受的损失。至少他们在这一点上已经履行了一个财政家的责任。那些说这话的人，看过国民议会本身的开销没有？看过各市镇的、巴黎城的开销没有？看过给两支军队增长的开支没有？看过新的司法机构的开支没有？甚而他们仔细比较过目前的和原来的年金表吗？这些政客们是冷酷的，但不是节俭的。以原来那个挥霍无度的政府的开支以及它与当时岁入的关系来与和它的新国库状况相对立的这种

---

① 交易所(Change)指伦敦股票交易所，威斯敏斯特厅(Westminster Hall)为当时英国最高法庭。——译注

新体制的开支做一个比较，我相信将会发现，目前的这种是超乎所有的比较之上更应该受到指责的。[①]

剩下来的就只是要考虑法国目前的管理者们在他们要以信贷增加财源时所表现出来的财政才能的证据了。在这里我要停顿一下，因为确切地说，他们是毫无信用的。旧政府的信用的确不是最好的；但是他们总能够在某些条件下，不仅在国内，而且从积累了剩余资本的大部分欧洲国家那里弄到钱，而且那个政府的信用还在逐日增进。一种自由体制的建立当然会被认为能够给予它以新的力量；而且它会确实做到这样，倘若一套自由的体制已经被确立了的话。他们自称是自由的政府，为了用他们的纸币做交易，从荷兰，从汉堡，从瑞士，从日内瓦，从英国都得到了什么供应呢？为什么这些商业和经济的国家要与这样一个企图颠倒事物本性的民族进行任何金钱交易呢？——他们在这个民族中间看到债务人用刺刀尖作为他偿还债权人的手段，以一项财务上的义务解除他的另一项财务上的义务，把他本身的穷困变为他的力量，并以他的破纸来偿付他的利息。

他们对于掠夺教产是万能的那种狂热信心，导致了这些哲学

---

① 读者将注意到，我只是稍微触及到(我的计划并不需要更多的东西)与对它们的需求有关的法国财政状况而已。如果我另有所图，我手头的材料对于这样一桩任务并不十分完备。对于这一论题，我请读者参看德·卡洛纳先生的著作以及他对于由无知与无能的胆大妄为的良好意图在公共财产和法国一切事务中造成的灾难和毁灭所做的大量展示。那些原因总会造成这样的结果的。以相当严格的眼光并且或许是过于严厉地来看待那份报告，删除可以置之于一个退职的财政家——他的敌人可能认为他渴望最大程度地成就他的事业——的报告中的一切东西；我相信将会发现，针对革新家们的大胆精神，有一种比由法国的代价所提供的更为有益的有关审慎的教训，那是在任何时候都未曾向人类提供过的。——原注

家忽略一切对公共财产的爱护，正如对于哲人石[1]的梦想诱使受骗者们在更动听的炼金术的蒙蔽下就忽视了一切可以增进自己财富的合理手段一样。在这些哲学家式的财政家们看来，这种由教会的木乃伊[2]制成的普遍药剂，是会治愈国家所有的病症的。这些先生们或许不相信许多虔诚的奇迹，但是毫无疑问，他们对亵渎神明的神奇性却有着无庸置疑的信念。不是有一笔债务压在他们身上吗？——发行**指券**。——对那些在自己的职位上被他们掠去了自己的财产或者是从他们的工作岗位上遭到驱逐的人，要进行补偿或者发给生活维持费吗？——**指券**。要装备好一支舰队吗？——**指券**。如果这些强加于人民的1600万英镑的指券，使得国家的需要还和以前一样紧迫的话——有人就说，发它3000万英镑的指券——另外有人就说，发它8000万的指券。他们在财政上争吵的唯一分歧就在于强加于公众苦难之上的指券数量的多少。他们全都是指券教授。即使是那些没有被哲学抹杀自己天生良知和商业知识的人们提出了反对这种妄想的决定性的论据，在结束他们的论证时，也还是建议发行指券。我猜想他们一定要谈指券，因为没有别的语言能为人理解。他们的无效能的全部经验，却丝毫没有使他们气馁。不是旧的指券在市场上贬值了吗？怎么补救呢？发行新的**指券**。—— Mais si maladia，opiniatria，non vult se garire，quid illi facere? assignare — postea assignare；ensuita assignare. [病成这样，想想看，不要治疗吗？怎么办？assignare；然后，

① “哲人石”(philosopher's stone)为中世纪炼丹术家所追求的能点石成金的石头。——译注

② 此处“木乃伊”系取其药物学的意义。——译注

assignare;随后,assignare。][1]这里的文字轻微地变动了一下。你们目前的医生的拉丁文也许比你们的老喜剧中的要好;他们的智慧以及他们策略的变化却是同样的。他们歌声中的音符并不比布谷鸟更多;尽管他们的声音非但不像那夏天和丰收的预告者的声音那么柔和,反而有如乌鸦一样地刺耳而不祥。

除了哲学上和财政上最无可救药的冒险家们之外,有谁竟然能想到要摧毁国家的固定岁入这一公共信用的唯一保障,而寄希望于以没收来的财产为原料来重建它呢?如果说对于国家的过度热忱会使得一个虔诚而可敬的主教[2](按教会的一位神父的预言[3])打劫他自己的教派,而且为了教会和人民的好处使自己登上掌管没收财产的大财政家和亵渎神明的主计长的位置的话,那么在我看来,他和他的助手们一定会以他们随后的作为表现出来他们是知道他们所担负的职务的某些东西的。当他们已经决定要把被他们征服的国度[4]的地产的某一部分拨给国库时,怎样使得他们的银行有一笔真正的信用基金(就这样一家银行能够变得如此而言),就是他们的事情了。

---

① 此段文字系模仿莫里哀的喜剧《幻想病》(La Malade Imaginaire),剧中一个学生在被问及如何治疗不同病症时,都回答以同样的答案"先灌肠,后放血,最后吃泻药"。柏克以此讽刺法国国民议会以指券来应付一切危局的做法。该处拉丁文系不合文法的蹩脚拉丁文(dog-latin)。assignare 影射指券。——译注

② 此处系对塔列朗(见前注)的嘲讽。——译注

③ 波舒哀笔下的拉布吕耶尔(La Bruyère of Bossuet)。——原注

拉布吕耶尔(Jean de la Bruyère,1645—1696),法国杂文和格言作家。波舒哀(Jacques-Bénigue Bossuet,1627—1704),法国莫(Meaux)地方的主教、作家、政论家。——译注

④ 此处"被他们征服的国度"系指教会。——译注

在无论任何情况下,要在任何地产银行的基础上建立一套通用的流动信贷,迄今已证明了至少也是困难的。这种尝试往往以破产而告终。但是当[国民]议会被引导从蔑视道德原则走到不顾经济原则时,人们至少可以期望着他们不会在自己这方面取消可以减少这种困难、防止这种破产的任何恶化的东西。还可以期待着,为了使你们的地产银行可以为人忍受,在抵押报告中一切可以表明公开和公正的手段都将被采用,一切有助于恢复需求的东西都将被采用。从最有利于它们的观点来看待事物,你们的处境就是一个人拥有一大笔地产,他为了偿还一笔债务和供应某些用项,就希望卖掉它。既不能马上出售,你们就希望抵押。一个有着良好用心和普通的清醒的理智的人,在这种情况下会怎么办呢?难道他不应该是首先确定这笔地产的总值、它的管理和安置的费用、各种影响它的永久的或暂时的负担,然后得出一个净余数,用以计算这份抵押品的正确价值吗?当那个余数(这对债权人来说是仅有的担保)被明确地确定了下来而且是确切地置于受托人之手的时候,于是他就标明这片土地要出卖,以及出卖的时间和条件。此后,如果他愿意的话,他就会容许公共的债权人把他的股本划入这种新的基金,或者他也可以从那些要预付钱款购买这种抵押品的人们那里接受某些关于指券的建议。

这就会是像商人那样井然而合理地行事了,并且根据的是公私信贷中所存在的唯一原则。交易者这时就会准确地知道他所买的东西,而可能挂在他心上的唯一疑虑就是对这笔赃物重新被收回的恐惧——由于在他们无辜的同胞公民的拍卖会上可能成为买主的那些可恶的家伙们的亵渎神明的抱怨,这种事在某一天是可能发生的(也许还要加上惩罚)。

对于尽可能多地抹掉迄今烙在每一种地产银行上的烙印而言,一份关于财产的明确价值和出售的时间、环境以及地点的公开而确切的声明乃是最为必要的。根据另一项原则,它也成了必要的,那就是,由于信守先前对于那件事的誓言的缘故,所以他们将来对一件不稳当的事务上的忠实,可以由他们对于他们的第一个约定的信守而确立。当他们最终决定了国家的财源来自掠夺教会的赃物时,他们于1790年4月14日对此事达成了一项庄严的决议。他们向他们的国家保证"在每年公共开支的咨文中,均需规定一笔款项足以支付罗马天主教会的开销、对教坛牧师的支持、对穷人的救济和僧俗两界、男女两性的神职人员的年俸,以便使由国家支配的财产和物品得以付清所有的开支,以及由代表们或立法机构用之于国家的重大的和最为紧迫的危急关头。"他们在同一天进而允诺要毫不延迟地决定1791年所必需的总额。

在这一决议中,他们承认他们的责任是要清楚地表明上述项目的费用,这在他们以前所做的其他决议中应该是处于筹款次序的首位。他们承认,他们应该清楚地说明已经清偿了所有债务的净财产,而且应该立即说明。这一点他们立即做到了吗?还是在任何时候做到了呢?他们提出过一份不动产的地租账目,或者公布过一份他们所没收作为他们的指券的动产清单了吗?既然未确定财产的价值或支出的数量,他们能以什么方式履行他们要给公共服务"一笔清偿了所有债务的财产"这一允诺呢?这一点我留给他们的英国崇拜者们去解释。他们马上根据这一保证而事先并没有任何可以使之成功的步骤,就在如此之漂亮的一纸宣言的信用之上而发行了他们价值1600万英镑的纸币。这倒是很有气魄的。在这一杰出的举措过后，谁还能怀疑他们在财政上的才干？——可是，在另外发行任何这些财政赎罪券以前，他们至少要小心谨慎地兑现他们起初的诺言！——倘若曾做出过这样的关于财产价值的或关于债务数量的估算的话，我并没有看到过。我从没有听说过。

终于他们直说了，而且他们全盘揭露了他们把教会土地作为不管是什么样的债务或用项的抵押这一卑鄙的骗局。他们掠夺只是能使他们进行蒙骗，但是在很短时期内，由于开列了其他用途——那吹胀了他们的武力和欺骗的整个机器——的账目，他们的掠夺和欺骗的目的就都失败了。我要感激德·卡洛纳先生，为了他提到的文件之证明了这一特别的事实；那由于某种方式未能为我所注意到。至于对1790年4月14日宣言的背信，的确没有必要来做出我的论断。他们委员会的一份报告现已表明，维持已减缩了的教会机构的费用和其他有关宗教的和维持男女教士（维持生计或发给年金）的开销以及其他随之而来的同样性质的开销——那是他们由于这场财产痉挛所带给他们自己的——超出了由它获得的地产收入每年总额达200万英镑之巨；此外，还有一笔700万以上的债务。这些就是蒙骗术的计算能力！这就是哲学的财政学！这就是促使一个悲惨的民族投身于造反、谋杀和亵渎神明并使他们成为毁灭自己国家的迅猛而热忱的工具的全部骗局的结果！从来没有一个国家在任何情形下，是以没收公民的财富而致富的。这场新试验也步了所有其余试验的后尘。每一颗诚恳的心灵、每一个自由与人道的真正热爱者必定会欢欣地发现，不正义并非总是好政策,而抢劫也不是通往富裕的大道。我很高兴在注释中附上德·卡洛纳先生对这个问题的精辟而生动的观察。①

为了使世人信服没收教会而来的滚滚不断的财源,[国民]议

① “Ce n'est point à l'assemblée entière que je m'adresse ici; je ne parle qu'à ceux qui l'égarent, en lui cachant sous des gazes séduisantes le but où ils l'entraînent. C'est à eux que je dis: votre objet, vous n'en disconviendrez pas, c'est d'ôter tout espoir au clergé, et de consommer sa ruine; c'est-là, en ne vous soupçonnant d'aucune combinaison de cupidité, d'aucun regard sur le jeu des effets publics, c'est-là ce qu'on doit croire que vous avez en vue dans la terrible opération que vous proposez; c'est ce qui doit en être le fruit. Mais le peuple que vous y intéressez, quel avantage peut-il y trouver? En vous servant sans cesse de lui, que faites vous pour lui? Rien, absolument rien; et, au contraire, vous faites ce qui ne conduit qu'à l'accabler de nouvelles charges. Vous avez rejeté, à son préjudice, une offre de 400 millions, dont l'acceptation pouvoit devenir un moyen de soulagement en sa faveur; et à cette ressource, aussi profitable que légitime, vous avez substitué une injustice ruineuse, qui, de votre propre aveu, charge le trésor public, et par conséquent le peuple, d'un surcroît de dépense annuelle de 50 millions au moins et d'un remboursement de 150 millions.

“Malheureux peuple! voilà ce que vous vaut en dernier résultat l'expropriation de l'Eglise, et la dureté des décrets taxateurs du traitement des ministres d'une religion bienfaisante; et désormais ils seront à votre charge: leurs charités soulageoient les pauvres; et vous allez être imposés pour subvenir à leur entretien!”

[在这里,我决不是向整个议会发难,我只是想对那样一些人讲话,他们把议会引入歧途,向议会伪装掩饰自己想要达到的目的。我要向这些人说:你们并不讳言你们的目的就是要剥夺教士的一切希望,造成他们的毁灭;正是在这里,人们应该相信你们提出的可怕的办法中所具有的东西,而无需猜测其中任何的贪婪成分以及哗众取宠的手法;这就是它所应有的结果。但是你们所关怀的人民,他们从中得到了什么好处呢?你们不断地利用他们,你们为他们都做了些什么呢?什么也没有做,绝对什么也没有做;相反地,你们的所作所为只是加重了他们的负担。你们出于对他们的偏见而拒绝了一笔4亿的捐款,而接受它的话是可以有助于他们的喘息的;你们用一种毁灭性的不公正取代了那种合法又有利的财源。它正如你们自己所承认的,会给国库、因而也就是给人民增加每年至少5000万的支出以及1亿5000万需要偿还的债务。

“可怜的人民!这就是对教会的掠夺以及对待这样一个仁慈宗教的神职人员的征税法令的残酷性所给你们带来的最终结果了;从此,他们的一切就都要由你们来负担了:他们的仁慈抚慰了穷人们;而你们却为了维持他们而承当了负担!”]——《论法国的国家》,第81页。又见第92页及以下。——原注

会对那些享有公职的社会等级采取了其他的没收行动;而不由这一对地产的大举没收来加以补偿的话,它们就无法以任何通常的姿态来完成。他们抛给这笔已偿清了所有债务之后尚有余额的基金以一笔新的费用;亦即,补偿全部被解散了的整个司法机构以及一切被废除的职务和等级;这笔费用我无法确定,但毫无疑问会达到为数好几百万的法国货币。新费用中的另一种是每天都要支付首批指券的利息,一年要支出(如果他们愿意守信的话)48 万英镑。他们麻烦过自己要坦诚地公布在市政当局手中管理教会土地的费用了吗?——他们选定了要把对被没收地产的管理托付给他们的以及他们手下一大批无名人员的谨慎、技能和勤勉,而其后果也已经为南锡主教①如此精辟地指了出来。

但是没有必要逗留在这些明显的负担项目上。他们对所有的巨大负担做过任何的清理吗?——我指的是一切种类的全国的和市政的机构的全部,他们拿它和岁入的惯常收入作过比较吗?在债权人还没能够在教产的哪一块田地上种下自己的卷心菜以前,这些机构中的每一笔亏短的金额都要成为被没收地产的一笔费用。除了这笔没收外,没有别的支柱能够保持整个国家不至于坍塌。在这种局面下,他们有意地用一层浓雾掩盖起来了他们本应孜孜不倦地清理出来的一切东西。而后,就像他们驱赶公牛要遮住它们的眼睛一样地也蒙起他们自己的眼睛来,这时候他们用刺刀尖来驱赶他们的奴隶们(确实并不比他们的主子们被蒙蔽得更

① 此时南锡(Nancy)主教为亨利·德·拉法尔(Henri de la Fare,1752—1829)。——译注

糟),把他们的虚构当做钞票,而且一剂药里就要吞下去3400万英镑的纸药丸。然后,在他们过去所有的偿付约定都没有兑现并且在剩余的地产甚至永远也抵偿不了他们的首批抵押——我指的是那4亿(或1600万英镑)的指券——已经是很清楚的时候(如果在这样一桩事情中有任何东西可以弄清楚的话),他们就傲慢地提出声明,要求一笔未来的信贷。在整个过程中,我既看不出坚牢的公平交易感,也看不出巧妙骗局的精巧灵敏性。[国民]议会内部对于拉开这场骗局的洪水泛滥的闸门的反对意见,没有得到回应,但是它们却遭到了10万名街头财政家们的彻底反驳。这些就是形而上学的算学家们用来做出计算的数目。这些就是法国哲学的公共信用所建立于其上的那种辉煌运算。他们不能够增加供给但是他们可以增加暴民。让他们在邓迪俱乐部[①]的喝彩声中去欢欣鼓舞吧——为了他们的智慧和爱国主义能这样地把掠夺公民的所得用于服务国家。我没有听到英格兰银行的管理者们对于这件事的评论,尽管他们的赞同在信用的天平上要比邓迪俱乐部的分量要多一小点。但是,要对这个俱乐部做到公平,我相信那些组成它的先生们要比他们所表现的更聪明,他们对待他们的金钱并不如对待他们的演说那么慷慨,而且他们是不会用他们折皱破烂的苏格兰纸币的一个折角去换20张你们最漂亮的指券的。

今年[②]早些时候,[国民]议会发行纸币的数额为1600万英镑:如此巨大的一笔供应所支付的救济居然几乎难以被人觉察,然

---

① 指邓迪(Dundee,为英国城市,位于苏格兰东部的一个海港)的"自由之友"(Friends of Liberty)俱乐部。——译注

② 指1790年。——译注

而[国民]议会把你们的事情必定是弄到了怎样的一种地步呢？这种纸币几乎马上就贬值了5%，随即又到了7%。这些指券对于岁入清单的影响是引人注目的。内克先生发现岁入的征收者们接受的是硬币，交纳国库的是指券。由于这样在收取货币而用贬值的纸币入账，征收者就赚取了7%。不难预见，这一点必定是不可避免的。然而它并不就更少使人窘迫。内克先生被迫为了铸币而购买金银（我相信很大的一部分是在伦敦市场上），数额约超过所获商品的价值1.2万镑。这位大臣认为，不管滋养着他们的隐秘的德行可能是什么，这个国家都不能仅赖*指券*为生；一些真正的银币是必需的，特别是为了满足那些人——他们手持武器，当他们察觉到以真正的钱币给他们增加报酬却又被狡诈地以贬值的纸币而被收回去的时候，他们是不愿意使自己以忍耐而闻名的。那位大臣在这种非常自然的困厄之下就向[国民]议会提出请求，他们应该命令征收的人们收到的是硬币，就要用硬币上缴。这一点一定逃不过他的注意：如果国库为使用一种现钞支付3%，而它回笼时会比这位大臣发行它时贬值7%，这样一种交易是不大能使公众致富的。[国民]议会没有注意他的劝告。他们处于这种困境——如果他们继续接受指券，现金就一定会成为他们的国库里的异己分子；而如果国库拒绝那些纸币*护身符*或者在任何程度上不支持它们的话，他们又必定会摧毁对他们唯一财源的信用。这时，他们就似乎做出了他们的选择；并且由于他们自己采纳了它而给予他们的纸币以某种信用；在他们演讲的同时，他们发出了一种吹牛的宣言，我宁可认为那是超出了立法权能的某种东西；那就是，在金属货币和他们的指券之间并没有价值上的差别。这是由这一哲学式的宗教会议中那些可敬的神父们，在一种诅咒之下所宣布的一种良好而坚定的信心的证明。谁愿意相信，谁就去 Credat［相信］吧—— Judœus Apella ［犹太人阿培拉］肯定是不会的。[1]

当听到说他们的财政表中的神灯竟被比作劳先生的欺骗性表演[2]时，你们的群众领袖们的心灵中涌起了一种高尚的愤慨。他们无法容忍听到劳先生那密西西比河的沙子竟拿来和他们建立自己的体系于其上的那种教会的岩石相比。请让他们抑制一下这种光荣的精神吧，直到他们向世人表明了他们的指券（他们没有用其他的债务占用过这个名字）有着一种什么样的坚实基础为止。他们拿那作为原型的伟大骗局和他们堕落了的仿制品相比较，就是对于前者不公正了。劳先生并不是真的仅以密西西比河的投资为基础。他还添上了东印度的贸易；他还添上了非洲贸易；他还添上了法国所有的包税权的岁入。所有这些都加起来，无疑地并不能够支持公众的热情（而不是他）所选择要建立在这些基础之上的那种结构。但是这些，无论如何，相比较而言还是大方的欺骗。他们设想而且他们的目的也在于法国商业的增长。他们向它敞开了两个半球的全部领域。他们并不想用法国自身的资产来喂养法国。宏伟的想象力会发现，在这种商业的飞翔中有些东西是要捕捉的。它是眩惑鹰的眼睛的钱财。它不是用来引诱鼹鼠的嗅觉的——鼹鼠把鼻子插进土里并把自己埋在大地母亲的怀抱中，就像你们那

① 此句系由贺拉斯《讽刺诗集》I. v. 100 中“让犹太人阿培拉去相信吧，我才不会呢”一句转化而来，此处意谓犹太人是不会相信现金与指券是等值的。——译注

② 劳（John Law，1671 — 1729）系密西西比投机破产事件中主事的法国财政官员。——译注

样。那时候人们并没有由于一种堕落而卑鄙的哲学而从他们自然的维度上收缩得太多,并去迎合庸俗下流的欺骗。最要紧的是要记得,在打动人们的想象时,那时候那种体系的经营者们对人的自由还怀有着敬意。在他们的骗局中没有渗进暴力。这就被保留给我们的时代来扑灭理性的这点,可以打破这个启蒙时代的深重黑暗的微弱的闪光。

回想起来,我并没有谈到有关财政规划的任何东西,这种规划可以强调是有利于证明这些先生们的财政才能的,并且还是在国民议会里极为轰动地被提了出来,尽管终于还是没有被采纳。它随着有助于纸币流通的信用的某些稳固的东西而来;而且关于它的效用和它的优点人们已经说得很多了。我指的是把被管制的教堂里的钟拿来铸成货币的计划。这是他们的炼金术。这里有着某些愚蠢扰乱了人们的论证,它们不只是滑稽可笑,而且在我们中间除了憎恶而外激不起任何情感,因此关于它我不再多谈。

同样不值得去进一步评论他们的一切规划与再规划、他们为推延毁灭之日临头而采用的那种纸币流通、国库与 Caisse d'Escompte [贴现库]之间的游戏以及所有这些现在已被提升为国家政策的破了产的古老商业骗局的诡计。岁入是不能掉之以轻心的。对于人权的唠叨也不会被人接受当作是对一块饼干或一磅弹药的付款。于是在这里形而上学家们就从他们虚无缥缈的思辨中走了出来,并且忠实地追寻着先例。什么先例呢? 破产的先例。但是当他们的生机、他们的力量、他们的发明、他们的幻想都抛弃了他们,使他们遭受挫败、阻碍和耻辱的时候,他们的信心依旧岿然不动。在他们的才能明显地失败了时,他们就把信贷当作是他们的仁政。当岁入在他们手中不见了的时候,在他们最近的一些行动中他们还自命是给了人民救济而高度评价他们自己。他们并没有救济人民。如果他们怀有这样的意图的话,为什么他们要下令交纳那些令人可憎的赋税呢?是人民救济了他们自己而不是[国民]议会。

但是撇开一切可能声称有这种虚假救济功劳的党派的言论之后,事实上对人民有没有过任何形式的任何救济呢?贝利先生是一位纸币流通的大经纪人,他可以引你深入到这种救济的实质。他在国民议会的讲演中,包含有对巴黎居民承受艰难困苦的毅力和不可动摇的决心的极高度的赞扬。好一幅公共福祉的绝妙图景!什么!承受利益和支持补偿的巨大勇气和不可征服的心灵的坚定性?从这位博学的市长大人的讲演中人们会想到,巴黎人民在过去的12个月里曾经遭受了某些可怕的封锁的困境,亨利四世切断过他们的供应大道,苏利在巴黎城门高声宣布过他的命令。但事实上,他们不是被别的敌人而是被他们自己的疯狂和愚蠢、他们自己的轻信和顽固所围困。可是贝利先生将比恢复巴黎中心供热更快地融化他那大西洋地区的长年的冰——当巴黎仍旧受到一种虚假和无感情的哲学的“冰冷干硬的化石锤子的敲打”①的时候。在这一讲演过后的某些时候,也就是刚刚过去的8月13日,这同一位长官在同一个[国民]议会的讲台上就他的政府作了一个报告,他表白自己如下:“在1789年的7月(永远值得纪念的一段

① 语出弥尔顿《失乐园》X. 293。化石锤子(petrific mace)为死神所用的工具,可将动植物化为石头。——译注

日子),巴黎城的财政还是状况良好的;收支相抵,而且她那时在银行中有100万(4万英镑)。在革命之后,她被迫承担的支出达到250万里弗。由于这些支出和免税品的生产的巨大下降,就出现了对于货币的不仅是暂时的而且是通盘的缺匮。"这就是巴黎,为了供养她,在去年以来从法国全国各地的生机中汲取了那么巨大的金额都花费掉了。只要巴黎还处于古罗马的地位,她就永远要由属下的各省来维持。这是伴随着主权民主共和国的统治的一种不可避免的弊害。在它发生于罗马时,它还可以比那个产生了它的共和统治活得长。在那种情形下,专制主义本身必定会屈服于群众性所具有的种种祸害。罗马在她的那些皇帝之下,结合了这两种体制的弊害;而且这种不自然的结合乃是她的灭亡的一个重大原因。

如果告诉人民说,他们是由于他们的公共地产的解体而得到了解救的,那就是一种残酷而霸道的谎言了。政治家们在以破坏他们的岁入来给予人民救济而高度评价他们自己之前,首先应该细心地关注这个问题的解决:——对于人民,是让他们付出许多而又成比例地获得更有益呢,还是免除所有的贡赋但获得很少或毫无所获更有益呢?我内心是决意要拥护第一种主张的。我有经验,而且我相信也有最好的见解。在臣民方面取得权力与在国家方面他要承担的需求两者之间保持平衡,乃是一个真正的政治家的技巧的根本部分。获取的手段在时间和安排上是要优先的。良好的秩序乃是一切良好的事物的基础。为了能够取得,人民必须驯服和顺从,但不是奴性十足。官吏必须有威严,法律必须有权威。人民大众不得从自己的头脑里炮制出来的办法去寻找自然的从属原则。他们必须尊重那些他们不能分享的财产。他们必须以劳动去获得依靠劳动可以获得的东西，而且当他们发现(正如他们通常会发现的)成功与努力不成比例时，他们必须被教导在永恒正义的最终的平衡中得到慰藉。谁剥夺了他们这一慰藉，就扼杀了他们的勤劳并打击一切获得与一切保全的根基。干这种事的人乃是残忍的压迫者、穷人和可怜的人们的不仁的敌人；同时他也就以他邪恶的论点把成功的勤劳成果和财富的累积暴露给无知者、失意者和没落者去掠夺。

有太多的职业理财家很容易在岁入中除了银行、流通、生活年金和通蒂式养老保险金[①]、长年租金以及店铺的全部小商品而外，就看不到任何东西。在国家稳定的秩序之下，这些东西是不可加以轻视的，它们中的技巧也不能被认为不值得重视。它们是美好的，并且仅仅在它们是那种稳定秩序的结果并被建立在它之上时才是美好的。但是当人们认为这些并不高明的把戏，可以为由破坏公共秩序的基础以及使财产原则遭到或蒙受破坏而造成的灾祸提供一种力量时，它们在国家的毁灭中就会留下对荒谬政治的后果以及对肆无忌惮的、目光短浅的、心胸狭隘的智慧的一座阴暗而持久的纪念碑了。

由共和国的所有伟大成员中的这些大众领袖们表现出来的无

① 通蒂式养老保险金(tontine)，由意大利银行家通蒂(Lorenzo Tonti，1630？—1695?)所首倡的一种保险制度，参加者共享一笔或多笔养老金，死者所享份额由生者分享。——译注

能的后果，都被自由的“全面补偿的名义”所掩盖了。在某些人民中，我确实看到了伟大的自由；但在许多——如果不是在大多数——人民中，我却看到一种受压迫的卑贱的奴役状态。可是既没有智慧又没有美德，自由又是什么呢？它就是一切可能的罪恶中最大的罪恶了，因为它是缺乏教养和节制的愚蠢、邪恶和疯狂。凡是懂得有德行的自由是什么的人，都不能容忍它被无能的头脑凭着嘴里大唱高调而受尽侮辱。对于自由的伟大而逐渐增强的情感，我确信我并不鄙视。它们温暖人心，它们使我们的心灵宏大开阔，它们在斗争的时候激发我们的勇气。像我现在这样老，我依然欣悦地阅读卢卡和高乃依[①]的美妙销魂的著作。我也并不完全谴责大众性的小艺术和小玩艺。它们促进了许多重要观点的流传，它们保持人民的一致，它们滋润着心灵的努力，而且它们在道德自由的严峻的额头不时散布了欢愉。每个政治家都应该献身于宽仁，并且将顺从与理性相结合起来。但是像在法国发生的这样一场事件中，所有这些辅助性的情感和技巧全都归于无用。要建立一个政府并不需要有什么很多的审慎。安排好权力的座位，教导人民服从，工作便完成了。给人以自由则更加容易，这无需指导，只要放开缰绳就行了。但是，要形成一个自由的政府，也就是要把自由和限制这两种相反的因素调和到一个融贯的作品中去，则需要有深思熟虑和一颗睿智、坚强而兼容并包的心灵。这一点我在那些在国民议会中担任领导的人的身上并没有发现。或许他们并

① 卢卡（Marcus Annaeus Lucanus，39—65），古罗马诗人；高乃依（Pierre Corneille，1606—1684），法国剧作家。——译注

不像他们所表现得那样可怜地有着缺陷,我宁愿相信是这样的。那就把他们置于人类理解力的通常水准之下了。但是当领袖人物决心使自己成为群众性拍卖场上的投标者时,他们建设国家的才智便毫无用处了。他们就变成为谄媚者而不是立法者了,变成为人民的工具而不是人民的指导者了。如果他们当中有什么人恰好提出了一种要以恰当的标准严格加以限制和界定的有关自由的规划的话,那么他会被那些能炮制出更加漂亮动人的货色的竞争者们马上给压倒的。他对事业的忠诚会受到怀疑。温和被污蔑为是懦夫的德行,而妥协则是变节者的审慎;直至为了保持他能在某些场合起到调和与缓解作用的信用,群众领袖才不得不主动鼓吹某些学说、确立某些权力——而这些在以后却会挫败他最终所要达到的任何严肃的目标。

但是,我是如此之不理智,以至于在这个[国民]议会的不知疲倦的辛劳中居然一点也看不到任何值得赞扬的东西吗?我不否认在无数的暴力和愚蠢的行动中,也可能做出过一些好事。他们摧毁了一切,肯定也消除了一些积弊。那些创新一切事物的人,也有机会可以建树一些有益的东西。但要对他们利用他们所窃取的权威而做的事情给予信任,或者对他们赖以获得权威的那些罪行加以原谅的话,那就必须是不制造这样一场革命,同样的事情就无法完成。它们极其肯定地是可以完成的,因为几乎他们所制订的每一项并不十分含糊的法令,都或者是包含在三级会议自愿规定的国王的让权中,或者是包含在对各等级的一致同意的指示中。一些陈规以正当的理由被废除了;但是它们却是这样一些规矩:如果像它们过去那样永久地存在的话,它们也不会减损国家的任何幸福和繁荣。国民议会的改进乃是表面上的，他们的错误则是根本性的。

无论他们是什么，我希望我的国人不如向我们的邻居推荐英国宪法的样板，而不是为了我们自己的改进而从他们那里拿过来模型。从前者之中，他们得到了一种无价之宝。我以为，他们并不是没有某些忧惧和抱怨的理由的；但是这些他们不应归咎于他们的宪法，而应归咎于他们自己的行为。我以为我们的幸福境遇要归功于我们的宪法，但要归功于它的全体而不是任何单独的一部分，在很大程度上要归功于那些在我们若干次的修正和改革中所保存下来的东西以及那些我们加以改变或增添的东西。我们的人民在捍卫自己的所有免遭暴力侵犯时，会充分运用一种真正爱国的、自由的和独立的精神。我也并不排斥变动，但即使当我改变的话，那也是为了有所保存。我应该是被巨大的苦难引向我的补救之道。在我的所作所为中，我应该追随我们祖先的先例。我会尽可能地在原建筑物的风格之内进行修补。在我们祖先最关紧要的行动中，政治上的审慎、顾虑、周详、道义上而非表面上的小心乃是其中主导性的原则。没有被那些法国的先生们告诉我们他们已经如此丰富地享有的那种光明所照亮，他们就在人类的无知和易于犯错误的强烈影响之下而行动。那位使得他们如此之易于犯错误的上帝，会为他们按他们的本性行事而报偿他们的。如果我们希望能配得上他们的财富，或者保存他们的遗产，就让我们仿效他们的谨慎吧。如果我们乐意，让我们也有所增多，但是让我们保存他们遗留下来的东西吧！并且，立足于英国宪法的坚实基础之上，让我们满足于赞美而不要试图在他们不可救药的飞翔之中去追随那些法国的飞艇航行家吧。

我已经坦诚地向您诉说了我的情感。我想它们不大可能改变您的情感。我不知道它们是否应该。您还年轻，您不能指导，却必须追随您的国家的命运。但是今后在你们的共和国所可能采取的将来的某种形式中，它们或许会对您有某些用处。目前它①还几乎无法保持不变，但是在它最终确立以前，它或许不得不像我们的一位诗人②所说的那样“要经过未经检验过的存在之各式各样的形态”，并且在它的全部轮回中被火与血所净化。

除了长期的观察和富有公正无私的精神而外，我没有什么可以推荐我的见解的。它们出自一个不曾充当过权力的工具或伟大性的谄媚者的人；而且是一个在他最后的行动中不希望辜负他自己一生的宗旨的人。它们出自这样一个人，几乎他在社会上所作的全部努力都是一场为了别人的自由的斗争；出自这样一个人，在他的心胸中除了他所认为的暴政而外，从不曾点燃过任何持久的愤怒和激情；并且在他一涉足于你们的事务时，就从被好人们用于怀疑富人压迫的各种努力中也攫取了自己应有的一份，而且在这样做的时候他使自己相信，他并没有脱离他通常的职守。它们出自这样一个人，他也渴望着荣誉、声名和酬报，但所望甚少，而且他根本就不期待着它们；他并不鄙视名声，也不怕责骂；虽然他要冒一种见解上的风险，但他并不躲避辩论；它们出自这样一个人，他期望着保持一贯，但是要通过变换他能确保他的目的的一致性的

① 此处“它”指上文中“将来的某种形式”。——译注

② 指艾迪生(Joseph Addison，1672 — 1719)，英国诗人，散文作家。引文出自他的悲剧《卡图》第5场，第1幕。——译注

手段来保持一贯；而且，当他航行的船只的平衡可能由于一边超载而有危险的时候，他愿意把他的理性的轻微重量移到可以维持船的平衡的那一边来。

图书在版编目(CIP)数据

法国革命论/(英)柏克(Burke, E.)著;何兆武等译.—北京:商务印书馆,1998.7(2023.5重印)
(汉译世界学术名著丛书)
ISBN 978-7-100-03249-0

Ⅰ.①法… Ⅱ.①柏… ②何… Ⅲ.①法国大革命(1789～1794)—研究 Ⅳ.①K565.41

中国版本图书馆CIP数据核字(2010)第044608号

权利保留,侵权必究。

汉译世界学术名著丛书
法 国 革 命 论
〔英〕柏克 著
何兆武 许振洲 彭刚 译

商 务 印 书 馆 出 版
(北京王府井大街36号 邮政编码100710)
商 务 印 书 馆 发 行
北 京 冠 中 印 刷 厂 印 刷
ISBN 978-7-100-03249-0

1998年7月第1版　　开本850×1168 1/32
2023年5月北京第13次印刷　　印张10⅝
定价:55.00元